혁신학교는
지속 가능한가

혁신학교는 지속 가능한가

초판 1쇄 발행 2017년 5월 8일
초판 2쇄 발행 2019년 10월 14일

지은이 | 이중현

발행인 | 김병주
출판부문대표 | 임종훈
주간 | 이하영
편집 | 신은정, 박현조
디자인 | 디자인붐
마케팅 | 박란희
펴낸 곳 | (주)에듀니티(www.eduniety.net)
도서문의 | 070-4342-6110
일원화 구입처 | 031-407-6368 (주)태양서적
등록 | 2009년 1월 6일 제300-2011-51호
주소 | 서울특별시 종로구 인사동 5길 29 태화빌딩 9층

ISBN 979-11-85992-38-9 (13370)
값은 표지에 있습니다.

혁신학교는 지속 가능한가

혁신학교의 도약을 위한
진단과 제안

이중현 지음

에듀니티

차례

여는 글

교사로서 첫걸음을 임시교사로 시작했다. 산골에 있는 4학급, 전교
생 50명 정도로 그 당시로써는 아주 작은 학교였다. 1학년과 6학년을
제외하고 2, 3학년과 4, 5학년은 복식학급이었다. 1977년 3월 중순에
서 4월 하순까지 약 한 달 반을 임시교사로 지냈다.

학교를 찾아가자면 면 소재지에서 버스를 내려 한 시간 정도 산길을
걸어야 했다. 왼쪽으로는 개울물이 흐르고, 오른쪽 산비탈에는 진달
래꽃이 막 피어나기 시작했다. 산길을 걸어갈수록 골짜기는 좁아지고,
산은 높아만 갔다. 개울물이 너무 맑아서 온몸이 정화된다거나 분홍색
진달래꽃 때문에 가슴이 두근거리는 느낌은 전혀 없었다. 도시로 발령
받은 친구들을 생각하면 앞날이 캄캄해지고 아득해졌다. 그때 나이가
22살이었다.

그날 저녁은 교장 선생님 사택에서 손칼국수를 얻어먹었다. 전기가

들어오지 않는 곳이어서 촛불을 켜고 먹었다. 평소 좋아하는 칼국수 맛이 고무줄 씹는 기분이었다. 교장 선생님과 함께 먹는 것이 부담스럽기도 했고, 이제 22살 청춘이 산골에서 캄캄하게 시작하고, 앞으로도 그럴지 모른다는 걱정이 몰려왔기 때문이다.

그곳에서 임시교사를 마치고 낙동강 가에 자리한 6학급 180명 정도의 학교로 정식 발령을 받았다. 임시교사로 있던 학교에서는 종일 산만 쳐다보고 지냈는데, 여기서는 강만 바라보고 살아야 했다. 지금이라면 일부러 산과 강을 찾아가고 싶은 마음이지만, 22살 총각 선생의 마음은 그렇지 않았다. 도시 학교로 가서 퇴근 후 맥주도 마시고, 영화 구경도 하고, 많은 사람과 말을 섞고 싶었다. 시를 습작하는 22살 문학 청년에게는 산골 마을과 강 마을은 너무 자극이 없었다. 내가 태어난 곳이 산골 마을이고 강 마을이었으니까.

선배들은 이제 막 발령받은 내게 두 가지 주의를 주었다. 동네 처녀들이 찾아오면 피하라는 것과 동네 청년들과 되도록 길에서 만나지 말라는 것이었다. 동네 처녀들이 막걸리와 김치를 들고 숙직실이나 사택을 찾아올 경우 생기는 문제를 다양한 사례를 들어 설명해 줬다. 모두 자기들이 겪은 일이었다. 동네 청년들과의 문제는 결국 동네 처녀들 때문에 생기는 것이었다. 마을에 몇 남지 않은 처녀들이 총각 선생을 찾아다니니 마을 총각들이 화가 날만도 했다. 그래서 동네 길에서 총각 선생을 만나면 시비를 걸거나 어깨로 일부러 밀어젖히기도 한다는 것이었다.

70년대 후반은 여러 곳에 산업공단이 만들어지고 섬유, 전자 제품 공장에 많은 인력이 필요했다. 동네마다 웬만한 처녀들은 모두 도시로, 공장으로 일자리를 찾아 떠날 때였다. 이런저런 사정으로 떠나지 못한 처녀들이 몇 명 남아 있을 뿐이었다. 그런데 그 귀한 처녀들이 총각 선생한테 눈을 돌리고 있으니 동네 총각들이 화가 날 법도 했다. 그러나 내가 발령받고는 마지막 남은 처녀들마저 공단으로 일자리를 얻어 떠나버렸기 때문에 나로서는 별 걱정할 필요가 없었다.

이 책의 내용은 이렇게 교단에 첫걸음을 내디디고 살아온 40년 동안의 흔적이다. 무슨 이론을 말하는 것이 아니라 한 일에 대한 내 나름의 이야기다. 그리고 더 하고 싶은 일을 못 하게 된 아쉬움을 적은 글이기도 하다.

뒤돌아보면 내 흔적은 있는 듯 없는 듯, 모래밭에 쓴 글자가 파도에 지워지듯 아무것도 아닌 것 같다. 그래서 더 하고 싶은 일을 말해서 뭐 하겠는가 하는 고민도 했다. 대단한 이야기도 아닌데 그저 내 집착을 드러낼 뿐이라는 생각에서다. 집착은 사랑의 표현은 아닐 것이다. 애정결핍에 가까울 것이다. 우리 교육과 사회에 대해 내 애정 결핍의 모습을 드러내는 것 같아서 부끄럽다.

퇴직을 앞두고 '나는 학교에서 무엇을 했는가'라는 질문을 해 본다. 그동안 교육은 쉽게 변하지 않는다는 말을 수없이 들었다. 그때마다 내 생각을 접기도 하고 몸을 움츠리기도 했지만, 정말 변할 수 없는지를 확인하고 싶었다. 이 글의 대부분이 그 과정의 기록이라고 보면 된다. 그래서 결론이 무엇인가를 묻는다면 선문답 같지만, 바로 이 글을 읽는 여러분이라고 말하고 싶다.

이 책의 제목을 '혁신학교는 지속 가능한가'로 정했다. 여기에 대한 답도 마찬가지다. 혁신학교를 추진하는 과정에 여러 문제가 있다. 관점의 차이, 이해의 차이, 운영 방식의 차이, 내용의 차이에다 정책적 편향까지 드러나고 있다. 그러나 이 문제는 혁신학교 운동이란 관점에서 보면 그렇게 중요한 문제가 아니라고 생각한다. 전국 여러 학교에서 이러한 고민을 나누는 자체가 성장이기 때문이다.

전국의 혁신학교는 대체로 공교육 정상화를 위한 학교로 볼 수 있다. 시도별로 추진되는 혁신학교의 지향, 추진과제나 내용을 볼 때 그렇다. 하지만 현재 추진되는 혁신학교가 혁신학교의 전부는 아니다. 정말 말 그대로의 혁신학교는 아직 그리지 못하고 있다. 그렇다고 진정한 혁신학교는 하늘에서 떨어지는 난데없는 학교가 아니다. 이미 다른 나라에서 사례가 많이 있다. 다만 우리가 알고는 있지만, 갈 길을 제대로 찾지 못하고 있는 것이다. 우리의 손으로, 입으로 이름 짓지 못하고 있을 뿐이다. 아직 걷어내야 할 덤불이 우리 앞에 많이 있기 때문이다. 그 길을 찾는 데 조금이라도 도움이 되었으면 하는 마음이지만, 퇴직 1년을 앞둔 한 선생의 부질없는 집착이라고 생각해도 기꺼이 받아들이겠다.

교직에 첫걸음을 내딛던 날, 학교를 찾아 산길을 한 시간이나 걸어가면서 내 앞날이 어떻게 될 것인지 고민했다. 이제 곧 학교를 나와 세상의 골짜기로 혼자 걸어가면서 무슨 고민을 할지 궁금하다. 그 길에서 살아있는 혁신학교를 만날 수 있을까?

1장

학교는 변할 수 없는가

1977년 6월, 지금으로부터 40년 전에 교사가 되어 오늘까지 그 길을 걸어왔다. 되돌아보면 한 십 년 정도의 세월이었나 싶을 정도로 순식간에 흘러온 것 같다. 40년 전의 학교와 지금의 학교를 비교하면 무엇이 달라졌을까? 강산이 네 번이나 변했으니 엄청난 변화가 있어야 할 것 아닌가?

40년 전에는 있었지만, 지금은 그림자조차 찾을 수 없는 것들이 있다. 우선 원지와 철필로 원지를 긁는 철판인, 일본말로 '가리방'으로 부르는 줄판이 없어졌다. 롤러에 검은 잉크를 묻혀 원지를 밀어 복사하던 등사기가 없어졌다. 그 자리에 컴퓨터와 프린터, 복사기가 들어섰다. 상상도 못 하던 일이었다. 학교마다 주판이 있었고, 수학이나 실과 시간에 주산을 가르쳤으나, 지금은 학교에서 찾아볼 수 없다. 전자계산기가 대신하고 있다. 직접 손으로 적어야 하는 출석부나 각종 장부가 많았지만, 지금은 교육정보시스템으로 처리하고 있다. 이렇게 흔적조차 찾을 수 없는 것들은 주로 기술의 발전에 따른 변화로써 교육의 본질적인 것보다는 사무적인 것, 수업을 지원하는 교구들의 변화가 대부분이다.

그러나 아직까지 변하지 않는 것이 있다. 교대나 사대에서 배운 것은 배운 것이고, 교단에 서서는 배운 것과 전혀 관계없이 실천하는 것들이다. 예를 들어 직업에 귀천이 없다고 하면서도 여전히 더 나은 직장을 위해 대학, 그것도 일류대를 가야 한다는 것, 전인교육을 해야 한다면서도 입시 위주, 점수 위주의 교육을 한다는 것, 학력은 시험 점수만이 아니라고 하면서도 시험 점수 중심으로 교육하는 것, 학생평가에서 수행평가가 중요하다고 하면서도 객관식 지필평가를 더 중요시하는 것, 교과서만이 교과서가 아니라고 하면서 교과서를 벗어나지 못하는 것, 협동은 중요한 덕목이라고 하면서도 경쟁을 가르치는 것, 교육은 민주시민을 기르기 위해서라고 하면서 시민교육을 하지 않은 것 등이다. 40년 동안 큰 변화 없이 거의 제자리를 맴돌고 있는 것들이다.

또 있다. 학교의 자율성을 보장해야 한다면서도 교육부나 시도교육청의 상명하달식 교육행정은 여전하다. 교사들의 행정성 업무를 경감해야 한다면서도 시도교육청별로 정도의 차이는 있지만, 체감도는 그리 높은 편이 아니다. 시민을 길러야 할 학교의 민주주의 수준은 아직 가야 할 길이 멀다.

이런 이야기를 할 때 많이 듣는 이야기는 대체로 두 가지다. 교육은 그리 쉽게 바뀌지 않는다는 것과 그래도 조금씩은 바뀐다는 말이 그것이다. 어쨌든 40년 동안 크게 변하지 않은 것들은 교육 본질적인 가치나 지향의 문제, 이를 지원하는 행정체제 등이다. 정말 바꾸어야 할 것들은 40년이 지난 지금도 우리 앞에 변함없는 과제로 놓여 있다.

교사로서 40년간 학교에 머물면서 약 30년에 걸쳐 내가 때때로 질문하고, 적절한 여건이 될 때 시도해 본 것은 학교는 정말 변할 수 없는가 하는 문제였다.

80년대 후반에 내 삶에 많은 변화가 왔다. 1987년은 시로 등단을 한 해였다. 사실 초임부터 1989년 전교조 결성으로 해직이 되기까지 내 관심은 시를 쓰는 일이 전부였다.

해직이 된 다음부터 비록 학교는 떠났지만, 언젠가는 돌아갈 수 있다는 생각에서 교육에 대한 고민을 이전과 달리 좀 더 적극적으로 했고, 참교육의 실체를 어떻게 만들 것인가를 고민했다.

전교조 결성 당시 초등에서는 열린교육 열풍이 불기 시작했다. 전교조는 참교육을 말했지만, 교육과정에서 구체적인 내용과 프로그램은 없었다. 중등은 교과 단위로 어느 정도 내용을 가졌으나 초등은 부족한 편이었다. 또 부분적으로 내용을 가졌다고 해도 교육부가 전교조의 참교육을 불온시했기 때문에 교실에서의 개인적인 실천을 넘어설 수 없었다.

그러나 열린교육은 교원들의 자발성에 의해 엄청난 속도로 확산되기 시작했다. 전교조 내부에서는 초등의 경우에는 그 특성상 열린교육이 가능하지만, 중등의 경우는 중등 교육의 현실을 볼 때 적용이 어렵다는 생각과 함께 교육의 본질적인 변화를 가져올 수 없는 실천 활동으로 생각하여 적극적으로 검토하지 않았다. 그러나 일부 조합원은 내용과 방법에서 획일성과 경직성을 극복하고 있는 열린교육의 실천에 적극적이기도 했다.

1996년에 열린교육학회에서 제정한 '열린교육 강령'을 보면 초기에 어떤 방향과 내용으로 나아가고자 했는지를 짐작할 수 있다.

1. 열린교육은 교육받는 모든 대상을 각기 존엄하고 고유한 인격체로 여김을 당위적 전제로 한다.
2. 열린교육은 몸과 마음의 활동에 의한 경험의 총체적 성장을 교육적 이상으로 삼는다.
3. 열린교육은 선천적 잠재력과 후천적 체험을 토대로 형성된 개성의 신장을 기하는 데 역점을 둔다.
4. 열린교육은 자신이 속한 공동체의 가치를 함께 추구하고 그 문화에 적응하며 문제의 해결에 참여하는 사회성의 발달을 적극적으로 돕는다.
5. 열린교육은 자율성과 창의성을 발휘케 함으로써 사고와 행동의 성장을 기하는 데 특별한 관심을 기울인다.
6. 열린교육은 교육활동의 목적, 내용, 방법, 시설, 환경, 운영 등의 획일성을 지양한다.
7. 열린교육은 경직된 기계적 학습을 지양하고 사고와 감성과 행동의 자유로운 성장을 도모한다.
8. 열린교육은 명령, 강제, 회유 등의 권위주의적 방법에 의한 지도를 배격한다.
9. 열린교육은 교사, 부모, 학교, 관청 등이 그 권위에 의하여 학습의 내용과 방법, 생애와 진로의 선택을 일방적으로 강요하는 타율적 통제를 지양한다.
10. 열린교육은 소외, 차별, 무관심, 편애, 방치 등에 의해서 발생하는 학습

기회의 불평등 현상을 경계한다.

나는 학교운영과 교육과정 운영의 총체적인 변화를 추구하는 초기 열린교육이 진행 과정에서 내용의 문제는 있지만, 교원의 자발성에 의해 추진되는 현상을 간과해서는 안 된다고 생각했다. 그러기 위해서는 참교육의 교육과정화와 참교육 실천이 가능한 학교운영의 변화에 대한 전교조 차원의 대안이 필요했다.

그러나 초기 열린교육은 학교운영과 교육과정의 총체적인 변화에서 차츰 수업 방법으로 좁게 실천되기 시작했고, 나중에 교육부와 시도교육청에서 적극 개입하면서부터 열린교육의 일반화 과정에서 교원들의 자발성이 현저히 약해지기 시작했다.

1994년에 복직을 하면서 수업 방법으로 좁혀진 열린교육의 한계를 극복하고 아이들의 삶을 가꾸는 교육활동과 참교육의 교육과정화를 위해 개인적인 시도를 해 보았다. 교과 활동과 연계된 통합활동과 특별활동을 다양하게 구성한 점이 특징이라고 할 수 있다. 다음의 표는 당시 학급에서 시도한 주간활동과 내용이다.

복직한 학교는 전교생이 120명 정도였고, 내가 맡은 4학년은 28명이었다. 이렇게 주간활동을 한 몇 가지 이유가 있었다. 첫째, 열린교육의 다양한 방법을 도입하면서 교사가 갖는 부담과 아이들의 반응은 어떠한지 알고 싶었다. 둘째, 열린교육은 방법적인 면이 강하나 내용 면에서 문제가 있었다. 아울러 교육과정의 기능주의적 관점을 보완하기 위한 의도였다. 셋째, 이것을 '열린교육'으로 생각하지 않고 나는 스스로 '자주교육'으로 이름을 붙였다. 그 이유는 열린교육에서도 자주성을 중

- 4학년 주간교육활동 -

시간 \ 요일	월	화	수	목	금	토
09:00	전체 조회	종이접기	노래마당	생각하기	놀이	전체 조회
09:10	휴식과 공부 준비 시간					
09:50 / 10:00	국어	도덕 / 휴식	산수	사회 / 휴식	산수	국어
10:10 / 10:20	휴식	자연	휴식	자연	휴식	휴식
11:00	미술		사회		국어	학급행사
11:10		휴식		휴식		음악
11:40	휴식	주제학습	휴식	도덕	휴식	
11:50	컴퓨터		협력학습	휴식 / 자유시간	모둠활동2 (학급회)	
12:20						
13:20	점심시간					
14:00	모둠활동 1	실과	클럽활동	체육	체육	
14:10		휴식				
14:50		음악				

시하는 편이었지만, 학습에서의 자주성을 강조하기 위함이었다. 나는 학습 이전에 '삶의 자주성'을 강조했다. '삶의 자주성'이란 관점에서 바라볼 때 상당히 폭넓게 아이들의 학습이나 생활을 볼 수 있기 때문이다. 그리고 열린교육이 기능이나 방법을 중심으로 전개되는 데 대한 불만에서였다. '주어진 내용, 즉 교육과정을 효율적으로 학습하는 태도'가 아니라 '자주적으로 삶을 찾아가는 눈'을 갖도록 해야 한다는 생각이었다.

처음에는 4학년 전 교과를 분석하여 기본적으로 지도해야 할 읽기, 쓰기, 계산을 제외한 나머지는 교과를 통합하여 주제별로 교육과정을 마련할까 했지만, 워낙 방대한 작업이고 자료 준비가 쉽지 않았다. 그래서 교과 활동과 생활지도를 통합하여 활동할 수 있는 내용만 추가하기로 했다.

1년 동안 운영해 보았는데, 당시 학교의 일반적인 시간 운영과 다른 점을 몇 가지 들면 다음과 같다. 첫째, 학교 전체적인 시간 운영과 관계없이 운영했다. 둘째, 교과나 생활지도, 특별활동과 연계되는 활동 중심으로 편성했다. 셋째, 교과 지도를 동일 교과 2차시를 연속으로 배치하고, 적정 시간을 확보하여 교과와 관련한 추가 활동 시간으로 편성했다. 새롭게 추가한 활동은 앞의 표에서 색칠한 부분으로 활동 종류에 따라 20~40분으로 배정했다.

모둠활동 1은 교사가 의도적으로 활동 내용을 제시하고, 활동 내용은 모둠별로 다양한 경험을 쌓으면서 개개인의 소질이나 역량을 발휘하도록 했다. 이런 활동을 통해서 성취감을 맛보게 하여 자주성을 높이는 것을 목적으로 했다. 활동 내용은 모둠별 영화 제작(비디오카메라 이용), 마을 문화유적 답사, 농사짓기, 들꽃 관찰 등이었다.

모둠활동 2(학급회)는 모둠별 주간활동의 반성과 계획을 수립하는 시간으로 주제학습, 협력학습, 자유 시간, 부별 활동, 학급행사를 논의하는 시간이다.

주제학습은 개인별, 모둠별 연구 시간으로 조사 학습이나 교과와 관련되거나 기타 내용을 개인 혹은 모둠별 계획에 따라 자율적으로 실천하는 시간이다. 이를 통해서 주변 사물과 생활, 현상을 보는 눈을 갖도록 했다. 활동 내용은 가공식품과 자연식품의 차이, 모둠에 대한 우리

반 친구들 설문조사, 생일선물에 대한 설문조사 등이었다.

협력학습은 모둠별로 의논하여 교과 중심으로 활동하는 시간이다. 협동하여 학습하면서 이기적인 태도를 극복하고, 더불어 살아가는 자세를 갖는 것을 목적으로 했다.

자유 시간은 학생 개인이 자유롭게 활용할 수 있는 시간이다. 시간이 나면 거의 의미 없이 TV를 보거나 무료하게 보내는 아이가 대부분이어서 여가를 의미 있게 계획하며 생활하는 태도를 기르는 것을 목적으로 했다.

학급행사는 학급어린이회에서 매주 정하여 실천한다. 이 시간은 행사를 계획하는 능력, 협동, 서로의 장점 알기, 자기의 소질 발휘를 통하여 성취감을 맛보게 하는 것으로 했다.

컴퓨터는 교과 시간을 단축해 남는 시간을 관련 교과와 연계하여 컴퓨터를 활용한 학습 활동을 했다. 그 당시에는 컴퓨터 지도 시간이 별도로 없었지만, 아이들이 관심을 보여 별도 시간을 확보했다.

개인적인 실천 활동과 함께 전교조의 초등참교육실천위원장을 맡아서 교육과정에 관심이 있는 전국의 교사들과 함께 1995년부터 '새학교 만들기 사업'을 시도했다. 열린교육에서 제대로 추진되지 못하는 학교 운영과 교육과정 변화를 위한 비교적 총체성을 갖는 사업이었다. 당시 내가 제안한 새학교 만들기의 추진 배경과 주요 내용을 자료집에서 일부를 옮겨 소개하고자 한다. 5·31 교육개혁이 막 시행되는 90년대 중반, 우리 교육의 사정, 전교조 초등의 고민, 열린교육에 대한 입장을 읽을 수 있다. 20년 전의 상황이지만, 지금 혁신학교를 추진하는 데 상상력을 보탤 수 있다고 생각하여 자세히 소개한다.

Ⅰ. 왜 '새학교 만들기'인가?

1. 우리의 교육과정을 가집니다

초등의 교육개혁 분야 중에서 가장 변화를 보이고 있는 부분이 '교육과정 운영의 다양화와 자율성'입니다. 이 부분에 대한 실질적인 방법은 '열린교육'입니다. 한편 제도교육 바깥에서는 '대안교육'이 활발하게 모색되고 있습니다. 요즘 우리 초등교육과 관련하여 언론을 통해 자주 소개되는 내용은 '열린교육'과 '대안교육'인 것입니다.

그동안 우리가 주장해 온 '참교육'이란 말은 언론에서는 물론 학교 현장에서도 차츰 그 목소리가 줄어들고 있는 현실입니다. 그동안 '참교육'에 많은 관심을 가졌던 교사들도 '열린교육'에 관심을 갖고 있습니다. 그 이유는 '참교육'을 현장에서 실천할 수 있는 구체적인 활동 내용이 체계화되어 있지 않기 때문입니다. 오히려 그동안 우리의 성과를 '열린교육'에서 활용하고 있는 사정입니다.

그동안의 성과를 모아 이제 '참교육과정'을 가져야 합니다. '참교육과정'은 '6차 교육과정을 참교육의 관점에서 재구성한 내용과 방법'입니다.

2. 자율적인 학년(학교)운영 방식을 만들어 갑니다

농어촌 지역의 학생 수는 감소되고 대신 중소도시 이상의 지역은 학생 수가 늘어나고 있습니다. 특히 수도권에서는 다른 지역보다 심각한 상태입니다. 소규모 학교의 학급당 학생 수의 감소는 바람직한 현상이지만, 교사의 업무 부담은 여전하여 질 높은 교육에 장애 요인이 되고 있습니다. 중소도시 이상의 지역은 학년당 학급 수 증가, 학급당 학생 수 증가 때문에 어려움이 있습니다.

이런 점에서 농어촌 소규모 학교와 중소도시 이상의 거대 학교, 과밀학급에서 질 높은 교육과 참교육과정의 적용을 위해 '자율적인 학년(학교)운영계획서'를 만듭니다. 이것은 5·31 교육개혁에서 요구하는 '교육과정 운영의 다양화와 자율성'이자 우리 교사들 스스로가 주기 전에 확보해야 할 권리이기도 합니다. 전교조 결성 이전부터 '교사가 교육과정 결정에 참여해야 한다'라는 주장을 끊임없이 해왔기도 합니다.

거대 학교, 과밀학급에서 질 높은 교육은 동학년 단위로 자율성을 확보하는 것이 가장 효과적이란 판단입니다. 다시 말해서 지금까지 학교 단위로 운영하는 방식을 동학년을 하나의 학교로 보고 동학년 단위의 자율적 운영을 위한 것입니다.

이러한 형태의 학교를 우리는 소규모 학교의 개념을 확대해서 동학년 단위의 학교까지 '작은학교'라고 부를 수 있을 것입니다. 따라서 '새학교 만들기'의 구호를 '작은학교, 큰교육(참교육)'으로 정리할 수 있습니다.

3. 열린교육은 문제가 있습니다

우리 교육의 대안으로 열린교육은 방법 면에서, 참교육은 내용 면에서 장점이 있습니다. 그러나 지향할 내용의 가치를 배제한 방법은 문제가 있습니다.

열린교육의 문제는 첫째, '방법, 형식'에 지나치게 얽매여 있다는 점입니다. '무엇을 어떻게 지도하는가?'라는 물음에 '무엇'에 대한 관심보다 '어떻게'에 더 관심을 가지고 있습니다. 둘째, 열린교육이 왜곡된 '세계화' 논리에 편승하는 문제입니다. 그것은 곧 '세계화=국가경쟁력 강화=창의적인 인력=열린교육'이란 등식으로 이해되는 경우인데, 이렇게 기업에서 요구하는 고급기술 인력 양성을 위한 열린교육으로 변질될 가능성도 있는 것입니다.

셋째, 열린교육이 제대로 되기 위해서는 학급당 학생 수 감축, 학교 시설의 확충·보완, 교과 전담 교사의 확보, 수업시수의 감축 등의 여건과 환경이 중요합니다. 그러나 이것에 대한 요구 없이 진행되는 현재의 열린교육은 교사의 무한봉사를 요구하는 것으로 현장에서 형식적으로 받아들이는 요인이 되고 있습니다.

그 밖의 문제로 소규모 학교에서는 교사의 업무 부담으로 인한 적용의 어려움, 다인수 학급에서는 학생 수의 과다 문제와 공간의 문제가 있습니다. 또 다른 면에서 공립에서 전출입이 잦은 문제로 지속성이 부족한 점, 열린교육의 개념과 지향이 불투명한 점 때문에 많은 교사가 형식 중심으로 이해할 수밖에 없는 실정입니다.

앞으로 열린교육은 '무엇'에 관심을 두면서 '교실 안의 아이를 어떻게'에서 벗어나 진정한 '아동 중심'이라면 '아동을 둘러싼 사회'에까지 관심의 폭을 넓혀야 할 것입니다. 다시 말해 '방법의 열림'만이 아닌 '내용의 열림'까지 발전할 때 비로소 '열린교육'이란 용어 자체가 의미 있습니다. '참교육과정'은 '열린교육'에서 소홀히 하고 있는 문제에 대해 적극적인 대안을 마련하는 것이기도 합니다.

4. 교육개혁은 참교육실천의 공간이자 고립의 공간이기도 합니다

교육개혁의 내용 중에는 그동안 전교조가 주장해 온 많은 내용이 들어 있습니다. 특히 교육과정의 자율적 운영은 교사가 국가수준의 교육과정을 존중하는 한 교과서에 얽매이지 않고, 자유롭게 재구성하고, 다양한 방법을 실천할 수 있습니다.

따라서 참교육의 관점에서 재구성하여 다양한 활동을 펼칠 수 있는 공간이 마련되어 있습니다. 그러나 우리가 충분한 내용의 준비가 없어서 그 공간을 활용하지 못하고 있습니다.

또 교육정보통신망(EDUNET)이 1996년 9월부터 개설되어 1998년 정도에는 단위 학교에 엄청난 양의 학교운영, 학급운영, 교과 지도 자료 등 다양한 정보를 보급할 예정입니다. 이것이 설치되면 학교운영, 학급운영, 교수학습자료 등 교육 관련 전국적인 정보가 컴퓨터 통신망을 통하여 각급 학교로 보급, 활용됩니다.

이럴 경우, 그동안 초등의 경우 우리의 참교육실천 관련 자료가 '우리 아이들'을 통해서 보급되는 것이 전부인데 이제 현장에서는 단편적이고, 학급운영이나 교육과정 운영에 지속적이지 못한 우리의 자료는 경쟁에서 밀릴 가능성이 충분히 있습니다. 이런 변화에 대비하기 위해 체계적인 작업이 준비되고 우리의 몸과 의식도 그만큼 유연해져야 할 것입니다.

따라서 교육개혁의 공간은 참교육의 실천 공간이기도 하지만, 준비가 없으면 고립의 공간이 됩니다.

5. 참교육실천의 질을 높이고, 활동 내용을 마련합니다

그동안 우리의 참교육실천 활동은 일부 교과, 일부 영역을 중심으로 전개되어 왔습니다. 그 일부 영역이나 교과도 교과전담인 중등과 처지가 달라서 체계적이지 못합니다. 학급운영만 하더라도 초기에 자료를 출판하고는 그 뒤에 무수한 실천 활동이 있었지만 정리하지 못했습니다. 오히려 우리의 내용을 다른 곳에서 정리, 출판하고 있습니다.

그런 데다가 교육개혁의 내용은 이제 교과나 영역별 대응으로는 부족할 정도로 많은 변화를 요구하고 있습니다. 이제 교육과정 차원에서 연구, 실천이 필요하고 학급 단위가 아닌 학교운영 차원의 대응이 필요하게 되었습니다. 이를 위해서 그 기초 작업으로 '새학교 만들기'가 준비되고 있는 것입니다.

II. '새학교 만들기' – 어떤 내용인가?

1. 구성

통합활동, 교과, 특별활동으로 3개 영역으로 구성될 예정입니다. 모두 6차 교육과정을 참교육의 관점에서 재구성한 내용으로 국가수준의 교육과정을 최대한 존중하면서 부분 수정·보완한 것입니다.

2. 참교육과정 내용

(1) 통합활동 13개 주제: 환경, 통일, 민족, 노동, 삶, 경제, 미디어, 건강, 취미, 나와 이웃, 고장, 국가와 세계, 우주. 6차 교육과정에서 이 주제에 관련된 전 교과의 목표와 배당된 시수를 통합하여 운영하게 됩니다.

(2) 교과: 통합활동에서 제외된 내용으로 각 교과를 재구성합니다.

(3) 특별활동: 현재 형식적인 운영을 아동 중심으로 실질적인 활동이 되도록 내용과 형식을 바꿉니다.

3. 통합활동(통합교육과정)의 필요성

(1) 지식과 정보의 급증에 대비: 학교 교육에서는 개별적 지식의 학습이 아닌 학습 방법의 학습(자기 학습력)을 길러야 합니다. 또 지식, 정보의 활용뿐만 아니라 이것이 건강한 삶에 이바지하는 것으로 비판적으로 수용, 창조하도록 해야 합니다.

(2) 철학적 관점의 결여를 극복: 아이들의 삶은 통합적인 데 비해 개별 교과로는 지식 습득 위주의 학습이 전개되고 있어 생활에서 참다운 가치를 깨닫는 데 한계를 가집니다. 삶이 기능적으로 나누어지지 않듯이 아이들의 학습도 통합된 내용으로 삶의 태도와 가치를 깨닫고, 이를 바탕으로 지식과 기능이 습득될 때 아이들 나름대로 삶을 인식하게 되는 관점을 가질 수 있습니다.

(3) 지식과 기능에 치우친 내용과 방법의 지양: 지식, 기능 중심으로 전개되는 교과별 교육체계는 더욱 다양해지는 사회변화나 문제를 해결하는 데 적절하지 못합니다. 그리고 그것이 지식과 기능

에 치우칠 경우 그 사회체제 유지에는 효과적일 수 있으나 진정한 인간의 삶의 질을 높이는 데 어려움이 있습니다. 따라서 통합교육과정으로 여러 분야의 지식을 통합하고, 아동생활과 밀접한 학습경험을 조직하여 태도와 가치교육을 강화해야 합니다. 학습방법의 학습(자기 학습력)이란 지식과 기능의 문제만이 아니라 삶의 태도에 있어서도 자주성, 창의성을 발휘할 수 있도록 의미를 넓혀서 생각해야 합니다.

(4) 아동 중심의 체험과 생활 반영: 통합교육과정에서는 교수-학습 활동이 아닌 학습활동(아동 중심)을 중시하게 됩니다. 따라서 아동 주변의 생활을 반영하여 학습의욕과 흥미도를 높이고, 주변 생활을 통하여 삶의 가치와 이와 관련된 지식과 정보를 활용하게 해야 합니다.

(5) 참교육으로 참사람을 기르는 데 적절한 방법: 참교육을 통해서도 말 그대로 '자아실현'을 이루고 '전인'을 목적으로 합니다. 그러나 '자아실현 교육' '전인교육'이란 말은 시대나 국가에 따라서는 내용이 달라질 수 있습니다. 이것을 배제한 심리적, 개인적 차원의 자아실현과 전인교육이라는 것은 교육을 지나치게 좁게 해석하는 일이라고 봅니다. 민족, 민주, 인간화 교육이 우리 민족과 사회라는 특수한 상황 속에서 살아가는 아이들에게 미래를 위해 필요한 교육이고, 이를 바탕으로 인류 보편의 가치를 지향해야 합니다. 또 민족, 민주, 인간화 교육을 지향하는데 아이들 주변에 여러 장애가 있다고 할 때 이를 극복하는 개인적, 집단적, 사회적 올바른 노력의 결정체가 진정한 자아실현이고 참사람(전인)으로

말할 수 있는 것입니다. '아이들의 자주적이고 창조적인 태도가 개인의 요구에 맞게 최고로 발휘되는 수준'이 자아실현에 이르는 일일 것입니다. 개별 교과로 전개되는 수업에서는 이를 극복하고 참사람을 지향하는 데 많은 한계가 있어서 통합과정을 적극 모색해야 합니다.

4. 통합활동 구성 원칙

(1) 독서지도: 아이들의 통합활동과 교과 학습활동의 사전 준비로 '독서'를 필수로 합니다. 따라서 주제별로 통합과정을 구성할 때 아이들이 읽을 도서를 제시하고, 학습활동에 어떻게 연관을 지을 것인지 고려합니다.

(2) 통합활동 중 국어과는 철저히 활동이 되도록 하고, 모든 통합활동에 국어과는 반드시 포함합니다(1학기와 2학기 합하여 통합 차시 확보).

(3) 국어과 활동은 철저히 하되 말하기·듣기, 읽기·쓰기의 활동은 통합활동과 관련된 내용으로 재구성하여 지도합니다.

(보기: 국어과를 연속으로 6~12차시를 해도 되지만, 그럴 경우 지루하고 흥미를 잃을 수 있다. 또 통합의 취지를 충분히 살릴 수 없다. 환경을 보기로 들면 '논설문'과 '동화'를 '읽기' 자료로 선정하여 지도한다면 국어과 1, 2학기를 포함하여 최소 12차시를 전체 통합활동 차시 안에서 알맞은 활동과 관련하여 분산지도 할 수 있다는 것이다. 환경 전체 시수가 20차시로 진행된다면 논설문 읽기 목표로 2차시, 쓰기 목표로(주장과 이유가 목표라면) 통합활동 중 환경실험이나 답사 중의 활동 14~16차시 등으로 배치할 수 있다는 것이다. 이렇게 한다면 국어 쓰기 활동을 도덕, 혹은 자연과 활동과 함께할 수 있어 활동 내용을 실제로는 더 확보

할 수 있다.)

(4) 보기처럼 통합활동으로 배치하여 남는 국어과 차시는 주제학습(통합활동의 심화활동)으로 배정하되 영역별로 주제학습 배정 차시를 밝힙니다. 기본적으로 배정 차시를 활용하되 충분한 시간 확보는 사실상 어렵습니다. 따라서 일정 기간 과제를 수행하도록 지도하거나, 계획을 세우고 점검, 발표하는 시간으로 계획할 것입니다. 여기서 주제학습이란 통합활동의 심화학습으로 모둠별(학년 수준이나 개별 능력에 따라 개인별로도 가능)로 선택한 주제로 적정 지도에 필요한 차시를 시간표상 배치, 나머지는 과제로 해결하는 학습을 말합니다. 주제학습 시간 확보 방법으로는 책가방 없는 날이나 국어 교과에서 2학기 활동을 통합할 때 생기는 여유 차시를 활용할 수 있습니다. 예를 든다면, 설명문일 때 1학기 설명문 활동시간은 통합활동에 6차시, 2학기 6차시 중 2차시만 통합활동에 투입하고 나머지 4차시를 주제학습으로 활용할 때 주당 2차시를 확보할 수도 있습니다.

(5) 각 영역별로 국어과, 음악·미술과는 교육과정 목표나 교사용 지도서의 목표가 영역과 일치하지 않은 경우가 있습니다. 이럴 경우 글의 내용이나 목표를 중심으로 생각하지 말고 활동 내용을 중심으로 생각하여 필요한 교과 활동을 확보하여 목표를 배치합니다.

(보기: 통합활동 '미디어'일 경우 미술, 음악의 목표나 내용에는 없지만, 활동의 다양화를 위하여 필요할 것으로 판단된다. 그럴 경우 음악, 미술도 각각 2차시를 확보하고 미디어 관련 내용으로 음악과 미술과와 관련된 활동을 하되 교육과정상

음악, 미술과 목표를 제시하여 통합활동에 배치한다.)

⑹ 4, 5, 6학년 모두 6차 교육과정, 6차 교과서나 교사용 지도서를 바탕으로 작업을 진행합니다.

⑺ 그동안 정리된 학급운영 활동(각종 서적이나 자료 활용)을 통합활동으로 적극 배치합니다.

(보기: 통합활동 '취미'일 경우 '들꽃 관찰', '슬라이드 영화'나 '비디오 영화' 제작 등을 배치할 수 있고, 통합활동 '경제'일 경우 '알뜰시장'과 같은 활동을 배치, 통합활동 '나와 이웃'일 경우 '한솥밥 먹기' 등을 배치할 수 있다. 이러한 방법은 보통 학급운영 관련 활동은 현재 별도의 시간 확보가 필요하고, 그 이유로 학급운영의 지속성이 없고 단절된 형태의 프로그램으로 역할에 그치는 경우가 많다. 학급운영 활동의 통합활동 배치는 이러한 문제 극복과 함께 지향과 활동 내용에 있어서 흥미와 다양성을 가져올 수 있다.)

⑻ 통합활동이라도 수업모형, 형태와 활동 시기, 활동 기간을 고려하여 합리적으로 조정합니다.

(수업모형일 경우 교육개발원에서 나온 수업모형 자료를 참고하거나 수업형태일 경우 열린교육에서 정리된 수업형태를 적용하거나 창의적으로 응용하여 다양하면서 아이들 활동 중심이 되도록 구성한다. 활동 시기는 통합내용 구성상 1학기, 2학기로 나누거나, 아니면 학기 중 2회로 나눌 수 있고, 활동 기간은 2일 연속할 경우에도 1일 4차시 활동이 될 수 있고, 1일 6차시 활동일 수도 있다. 이런 것을 고려하여 활동안을 준비한다.)

⑼ 통합주제별로 참교육을 담되 모든 교사가 동의할 수 있는 내용으로 구성합니다. 아이들 활동 중심으로 구성하되 지식과 기능적인 부분을 무시하지 않습니다. 내용만이 아니라 수업형태나 방법도

최대한 고려합니다.

⑩ 학습활동에 사용될 아이들 활동 자료를 고려하여 구성합니다.

5. 학년운영계획서의 필요성

⑴ 현재 집필 중인 '참교육과정'을 공동실천 하기 위한 단위는 동학년 단위가 가장 적절합니다.

⑵ '참교육과정'과 동학년 운영을 함께하는 과정에서 단위 학교의 조직력을 확대, 강화할 수 있습니다.

⑶ 현재 교육개혁에서 학교 단위의 자율성을 주고 있는데 진정한 학교 단위의 자율성은 학년 단위의 자율성을 확보하는 것이 과제입니다.

⑷ 앞으로 학년협의회, 교과협의회 중심으로 전환되는 학교조직 운영의 변화에 대응하기 위한 것입니다.

⑸ 그리고 교육개혁의 긍정적인 부분을 적극 활용한다는 측면과 학교 단위에서 실천을 전제로 하기 때문에 주어진 열린 공간을 활용하되 현재 법적, 제도적으로 허용할 수 있는 범위 내에서 계획서를 작성합니다.

⑹ 참교육과정이 '새학교 만들기'의 내용이라면 학년운영계획은 그 형식입니다.

6. 참교육과정 운영을 위한 학교운영의 변화

⑴ 학교의 개념 | 학교는 단순히 배우고 가르치는 곳이 아니라 교사, 학생, 학부모, 지역주민의 생활 공동체로서 공간입니다. 학교

의 공간적 범위는 학교 건물이 위치한 곳을 말하는 것이 아니라 지역 전체를 학교로 봅니다. 따라서 교실의 개념도 그만큼 확대되는 것입니다.

⑵ 작은학교란? | 일반적으로 작은 학교(소규모 학교)란 학생 수 180명 이하(초등학교의 경우 6학급 규모)를 말합니다. 우리가 말하는 작은 학교란 학교의 학생 수, 학급수의 정도에 따라 작은 학교라고도 하지만 학년 단위 규모를 하나의 학교로 본다는 작은학교인 것입니다. 결국 학교 안에 있는 학교입니다.

⑶ 큰교육이란? | 민족, 민주, 인간화 교육 = 참교육을 말합니다.

⑷ 작은학교의 조직은 어떻게 되는가? | 현재의 학교조직은 행정업무 중심의 조직입니다. 따라서 실질적인 교육활동의 실천보다는 형식적인 문서 작성이 주된 역할로 되어 교사의 자율성과 전문성을 살리기에는 힘든 구조입니다.

교장-교감-주임-계원으로 구성된 운영 조직을 교장-교감-학년주임-담임으로 바꾸고 학년주임과 학년 담임이 중심이 되는 작은학교로서 자율적인 기능을 갖도록 하자는 것입니다. 이러한 형태는 우리가 만족할 만한 것은 아니지만, 현재 조건을 고려하여 시작하는 것입니다.

지금까지 유지해오던 주임의 사무는 그대로 하되 작은학교의 교육활동을 지원하는 역할을 담당하고 작은학교의 실질적인 교육활동을 보장하기 위해 사무 처리를 주요 역할로 하자는 것입니다.

그렇다면 작은학교를 운영하는 데 있어서 실질적이고 중요한 단위는 학년협의회(작은학교 교무회의)가 될 것입니다. 작은학교 교무회의는 학년주임, 담임, 교과전담교사로 구성됩니다. 전체 학교에서 가장 중요한 역할을 하는 단위는 작은학교 학년주임이 중심이 되는 기획위원회 혹은 주임협의회(학년주임을 중심으로 하고 각 사무 주임이 보조)가 됩니다.

작은학교 단위는 구성 인원에 따라 교과 지도, 학급운영, 특활지도를 기본으로 하고 인원에 따라 세분할 수 있습니다. 작은학교 교사 구성은 해당 학년과 작은학교 교육방침에 뜻을 같이하는 교사들로 구성하고 최소한 3년을 작은학교(동학년) 교육 활동을 지속해야 합니다.

작은학교는 자체로 학부모 조직이나 운영위원회를 학부모, 단체, 개인으로 구성할 수 있고, 자원교사(학부모나 개인)를 둘 수 있습니다. 작은학교의 예산은 전체 학교의 예산을 작은학교별로 배분할 수 있습니다.

(5) 작은학교는 어떤 활동을 하는가? | 작은학교별로 자율적인 교육과정을 운영합니다. 그러나 현재의 법체계상 교장, 교감의 법적 역할을 인정합니다. 교육과정은 되도록 통합과정으로 구성합니다. 작은학교의 교육내용이나 활동에도 적합하기 때문입니다. 전체 학교의 행사로 하던 것은 협의에 의해 작은학교별 행사로 할 수 있습니다. 공동연구와 공동실천을 최대한 실현합니다. 이것은 자율성 신장과 전문성 확보를 위해 반드시 필요한 내용입니다. 운영 방식도 작은학교별로 자율과 다양성을 찾아야 합니다. 현 교육개혁처럼 '학생, 교사들의 상호 경쟁'으로 질을 확보하는 것이 아니라, '서로 다른 개성으로 협동'을 추구하는 교육

활동입니다.

⑹ 작은학교의 시설과 운영 | 당연히 전체 학교의 시설이 기본이 됩니다. 지역의 단체, 공공시설도 교실이나 운동장으로 활용합니다. 이를 충분히 달성하기 위해서는 지역주민과 자치단체의 학교에 대한 개념의 정립이 필요합니다.

작은학교의 교실은 지금처럼 4학년 1반 교실로 고정되는 것이 아니라 그 학년 구성원 전체가 활용하는 교실이 될 수도 있습니다. 예를 들어, 4학년 1반 교실은 독서지도를 위해, 2반 교실은 환경교육을 위해 특별히 꾸미고 나서 해당 교육과정이 전개될 때 그 교실을 이용할 수도 있습니다.

반별 담임은 있되 해당 교사의 전문성을 최대한 살릴 수 있도록 교과별 혹은 통합영역별 담임을 정할 수도 있습니다. 그리고 학부모나 개인을 영역별(교과별)이나 활동 내용별로 자원교사로 둘 수 있습니다.

개성이나 능력을 중심으로 개별화 지도를 하는 시간을 정규시간으로 편성합니다. 이때 해당 내용별 교실과 담당교사를 정할 수 있습니다. 시간표 작성을 전체 학교 활동에 방해되지 않는 범위에서 다양하면서 자율적으로 편성합니다.

교사, 학생, 학부모, 지역의 삶의 공동체 공간이라는 점에서 작은학교 활동이 전체 학교의 행사 속에서 지역에 공개되는 축제가 있을 수 있고, 초·중등이 함께 참여하는 지역학교 문화제 같은 행사도 필요합니다.

7. '참교육과정' 제작 이후 참교육실천 활동의 변화는?

(1) 97년에는 1~3학년 '참교육과정'이 만들어집니다.

현재는 4~6학년을 대상으로 만들어지고 있습니다. 이 작업이 끝나면 97학년도에는 1~3학년을 대상으로 '참교육과정'이 제작됩니다.

(2) 앞으로 국가수준의 교육과정의 대안을 제시하게 됩니다.

현재 7차 교육과정의 총론이 발표되었고, 연말까지 각론이 마련됩니다. 우리 교사들의 참여가 거의 없는 가운데 일방적으로 이루어지는 교육과정에 대하여 앞으로 우리가 국가수준의 교육과정을 미리 제시하거나, 맞서서 대안을 제시할 수 있습니다. 이번 참교육과정의 제작과 실천을 경험으로 그 역량을 높여갈 것입니다.

(3) 교과서 검인정제에 대비합니다.

앞으로 교과서가 검인정으로 바뀌는 것에 대비하여 우리가 교과서를 제작할 수 있는 역량을 참교육과정의 제작·실천으로 준비가 되어야 합니다.

(4) 교육정보통신망(EDUNET)과 멀티미디어 자료에 대비해야 합니다.

EDUNET과 기업에서 만들어지는 멀티미디어 자료가 학교에 보급되면 우리의 자료는 도저히 경쟁의 상대가 되지 못합니다. 여기에 대비하여 '참교육과정'에 따른 자료를 체계화하고, 첨단기술을 활용할 필요가 있습니다.

개인적이지만 학급에서 실천 활동이 2년간 계속되는 가운데 전교조 초등의 전국 활동가와 함께 새학교 만들기 사업을 추진했으나 참교육과정을 완성하지 못했다. 1997~8년에는 많은 활동가가 전교조 합법화를 위한 활동에 집중할 수밖에 없었다. 1999년에 합법화가 되었지만, 합법화라는 새로운 환경에서는 조직을 정비하는 것이 우선이었고, 참교육과정에 집중할 정도로 여유가 있었던 것은 아니었다.

다시 개인적인 실천 활동을 할 수밖에 없었다. 경기지부장의 전임 기간이 끝나고 학교로 복귀하여 이번에는 한 학년 단위의 변화를 위한 시도를 했다. 2002년도에 학교로 복귀하여 신설 학교에서 특별활동부장을 맡았다. '즐거운 학교 만들기' 사업을 제안했는데 주요 내용은 특별활동을 새롭게 기획하여 1년간 운영하는 것이었다. 그렇게 1년간 운영을 해본 다음, 2002년 12월경에 평가를 통해 2003년 사업으로 특별활동을 넘어 교과와 재량활동의 창의적인 운영을 위한 시범학년을 제안했다.

교장, 교감 선생님의 동의를 얻어 2003년 1월, 시범학년인 4학년에 참여할 교사 4명을 확보했다. 그해 1~2월에 걸쳐 여러 차례의 연수와 협의를 거쳐 학년, 학급교육과정의 개요를 작성했다.

학년교육과정 운영에서 교과교육과정으로 교과통합학습과 필독도서를 교재화하는 것, 재량활동에서 학년 다모임학습, 주제탐구학습, 독서학습을 실시하는 것, 특별활동에서 어울마당, 학급자치회, 학급자율활동, 동아리활동을 중점 활동으로 정했다.

교과교육과정에서 '통합학습'은 폭넓고 체계적인 지식 습득과 올바른 가치관을 기르기 위한 목적으로 매주 수요일 4교시 전체를 통합학습으로 하는 것이다. 주제는 통일, 환경, 전통문화, 진로, 양성평등으로 각각 16차시를 진행했다. 주제별로 담당교사를 정하여 4학년 4개 반을 순회하며 지도했다. 전통문화를 보기로 들면 16차시의 교과 재구성과 학습내용은 다음과 같다.

〈주제 1〉

* 활동 주제 : 소리로 느끼는 전통문화

* 활동 제목 : 덩 덩 쿵덕 쿵

* 교육과정 분석

교과	단원	학습 목표	차시	기타
미술	2. 움직이는 선과 형	■음악이나 소리의 느낌을 선으로 표현하기	2차시	
음악	○. 사물놀이	■장단에 맞춰 여러 가지 악기를 쳐 보기	2차시	

〈주제 2〉

* 활동 주제 : 손으로 느끼는 전통문화

* 활동 제목 : 내 손으로 만드는 고깔과 만장

* 교육과정 분석

교과	단원	학습 목표	차시	기타
미술	4. 색의 느낌	■ 색의 느낌을 살려 고깔을 만들 수 있다.	2차시	
사회	3. 새로워지는 우리 시·도 ③ 시·도의 상징	■ 우리 시·도의 상징을 알고, 우리 모둠의 상징을 만장으로 만들 수 있다.	2차시	

〈주제 3〉

* 활동 주제 : 몸으로 느끼는 전통문화

* 활동 제목 : 얼쑤〜절쑤〜

* 교육과정 분석

교과	단원	학습 목표	차시	기타
음악	6. 음악과 춤	■ 문화적 배경이 다른 두 춤 곡의 특징을 알 수 있다.	1차시	
체육	3. 덩 덕 덩덕	■ 음악에 맞추어 간단한 소고 춤을 출 수 있다.	2차시	
음악	6. 음악과 춤	■ 모둠별로 소고춤을 만들어 출 수 있다.	1차시	

〈주제 4〉

* 활동 주제 : 지경놀이로 느끼는 전통문화

* 활동 제목 : 신명나는 어우러짐

* 교육과정 분석

교과	단원	학습 목표	차시	기타
사회	3. 새로워지는 우리 시·도 ③ 시·도의 상징	■ 우리 시·도의 대표적인 행사를 알고 지경놀이를 할 수 있다.	1차시	선택 학습
체육	3. 덩 덕 덩덕	■ 간단한 소고춤을 출 수 있다.	2차시	
체육	4. 제기 차고 널뛰고	■ 민속놀이를 통해 조상들의 숨결을 느낄 수 있다.	1차시	

교과교육과정 운영에서 '필독도서의 교재화'는 교재의 다양화를 통해 학습 흥미를 높이고 지식을 폭넓게 습득하게 하는 것을 목적으로 했다. 운영 방법으로는 국어, 사회, 과학, 음악, 미술 교과와 관련한 필독도서를 선정하고, 필독도서와 관련한 단원이나 차시를 학습하기 이전에 과제로 제시했다. 수업을 진행할 때는 과제를 확인하는 것으로 사전 준비 상태를 확인했다. 교과별 필독도서와 관련 교과 내용을 일부 소개하면 다음과 같다.

차례	교과	관련 단원 및 차시	학습목표	지도	과제	필독 도서명
1	국어	다섯째 마당 1. 마음의 창을 열고(읽기 1/11)	인물의 말과 행동을 통하여 인물이 살아가는 모습을 알 수 있다.	6월 (18주)	6월 (17주)	다산 정약용
2	국어	다섯째 마당 2. 좋은 느낌 (읽기 9/9)	이야기 속에 나오는 인물에게 편지를 쓸 수 있다.	7월 (20주)	7월 (19주)	아낌없이 주는 나무
3	도덕	2. 내 힘으로(2/3)	자주적인 생활의 모범을 보고 자신의 생활을 반성해보자.	4월 (5주)	3월 (4주)	아주 특별한 우리 형
4	사회	1–3 우리 시·도의 달라진 모습 ② 알고 떠나자 (14–15/17)	우리 지역의 역사적 유래를 알 수 있는 방법과 그 조사방법과 특징에 대해 설명할 수 있다.	4월 (5주)	3월 (4주)	보고 배우는 문화유산 2 –경기·인천 편

재량활동에서 '다모임학습'으로는 각종 퀴즈대회나 학습대회를 운영했다. 필독도서에 대한 학습 흥미와 관심을 높여 학습의욕과 성취수준을 높이는 것이 목적이었다. 월 1회 1시간, 개인별, 모둠별로 도전 골

든벨 형식으로 운영했다.

'주제탐구학습'은 모둠별로 자유연구를 통해 학생 개개인의 다양한 소질을 찾고, 협력적인 학습태도와 자기 주도적 학습능력을 길러주는 데 있었다. 월 1회, 2시간으로 운영했다.

'독서학습'의 목적은 독서를 통한 인성교육과 사고력 신장에 있었고,

- 월별 독서학습 프로그램 -

월	내용
4	• 책 읽는 모습 보여주기 • 권장도서 및 필독도서 정하기 • 학급문고 수집
5	• 여러 가지 모양의 책 소개하기(노란 병아리, 과일 모양, 새가 나는 모양 등) • 한 줄 쓰기, 네 줄 쓰기(책을 읽고 난 후의 느낌을 간단하게 적어보기)
6	• 책 이름으로 모둠 이름 정하기 • 책 그림 그리기(인상 깊었던 부분을 그림으로 나타내거나, 책에서 가장 마음에 드는 그림을 그려보기)
7	• 장면 이어 그리기(도화지를 반으로 잘라서 윗부분을 4칸으로 나누어주고 밑에 장면 이어서 줄거리 쓰기, 느낌 쓰기를 함) • 책받침 만들기(앞면에는 그림 그리기, 뒷면에는 책 내용 중 좋았던 글귀, 코팅) • 독서왕(칭찬, 선물 또는 일정한 선물)
8	• 각 가정에서
9	• 엽서 만들기(관제엽서 크기의 두꺼운 도화지, 앞면에는 간단한 그림, 뒷면에는 제일 위와 아래쪽에 읽은 책의 내용을 두 줄 정도 쓴다) • 서점에 가봅시다(주의 사항 및 서점 구경 방법 지도)
10	• 자유롭게 독후감 쓰기 • 책 광고 만들기
11	• 독서 퀴즈 대회
12	• 연하장 만들기(독서와 관련된 내용을 넣어서)
1	• 가정에서
2	• 학급문집 • 학급문고를 후배에게(정말로 아끼고 사랑하는 책은 가져가도록 한다)

◈여건이 되면 10월이나 12월쯤에 재미있게 읽은 책으로 연극을 꾸며본다.

월 1회 재량활동을 이용하여 프로그램에 의한 독서학습을 실시했다.

특별활동으로는 우선 '어울마당'이 있었다. 어울마당을 도입한 취지는 학생의 자주적, 적극적 삶의 태도를 기르고, 협동의 즐거움을 느껴 더불어 사는 삶의 태도를 기르는 것이다.

운영 방향으로는 함께할 수 있는 활동으로 아이들이 흥미를 느끼고 즐거워할 수 있는 영역으로 정하고, 아이들의 참여 및 활동 시간을 최대한 이끌어낼 수 있도록 했다. 월 1회, 1시간으로 운영했다.

- 어울마당 연간 계획서 -

차례	시기 (월)	활동 주제	내용	예산 및 준비사항	특활관련영역 자치	계발	행사	적응	봉사
1	3	우리 반이 최고야!	반별 장기자랑 (기악, 성악, 율동, 흉내 내기…)	교실에서 간단한 설명하기					
2	4	학년 육상대회	반별 100미터 달리기, 200미터 달리기, 계주	사전 규칙 숙지시키기					
3	5	학년 구기대회	반별 피구, 축구대회	사전 연습과 규칙 지키기					
4	6	학년 민속경기 대회	반별 줄넘기, 제기 차기, 씨름, 닭싸움, 줄다리기…	준비물					
5	7	예쁜 엽서 만들기 대회	반별 엽서 만들고 전시	각자 준비					

특별활동의 또 다른 프로그램으로 '자율활동'이 있었다. 학급별로 매

월 1회, 아이들이 자주적으로 결정하는 것을 원칙으로 했지만, 필요에 따라서 담임이 주도하여 행사를 가질 수도 있다.

지금까지 열린교육의 대안 혹은 참교육 내용의 구체화를 위해 개인적으로 한 학급 단위의 실천, 한 학년 단위의 변화를 위한 노력을 소개했다. 그 과정에서 참교육과정을 마련하기 위한 새학교 만들기 운동도 소개했다. 학급과 학년 단위 운영은 일정한 성과가 있었지만, 새학교 만들기는 전국적인 사업이어서 당시 활동가들의 사정과 역량이 집중되고 지속되기 어려운 여건이어서 문제 제기 수준에서 끝이 난 셈이다.

그런데 다른 방법으로 시도할 기회가 생겼다. 참여정부의 대통령자문기구인 교육혁신위원회에 참여하게 되었기 때문이다. 전반기에는 전문위원으로, 후반기에는 상임위원으로 참여했다. 후반기에 상임위원으로서 역할은 학교혁신 방안을 수립하는 일이었다. 당시 교장공모제를 비롯한 교원정책의 변화가 추진되고 있었다. 학교혁신안은 교장공모제가 시행될 경우 공모교장이 수행해야 할 학교혁신의 방향과 내용이었다. 당시 초빙교장제가 임기 연장 수단으로 전락하여 학교혁신을 위한 도입 취지가 무색해진 상황이었다. 이를 해결하기 위하여 교장공모제를 보완하게 되는데 핵심적인 것은 교사도 교장 공모가 가능한 내부형 공모제의 도입이었다.

당시 교육혁신위원회에서 준비했던 공모교장의 역할로서 학교혁신안의 일부 내용을 발췌, 소개하면 다음과 같다.

1. 추진 목표

☐ 초중등학교 혁신을 위한 '공모교장' 역할 부여

☐ 교원, 지역사회 참여를 위한 교장공모제 학교 지원 방안 마련

☐ '교장공모제 학교'의 학교혁신 목표 달성을 위한 평가 체제 구축

2. 추진 내용

1) 공모교장에게 학교혁신 역할 부여

[공모교장의 역할]

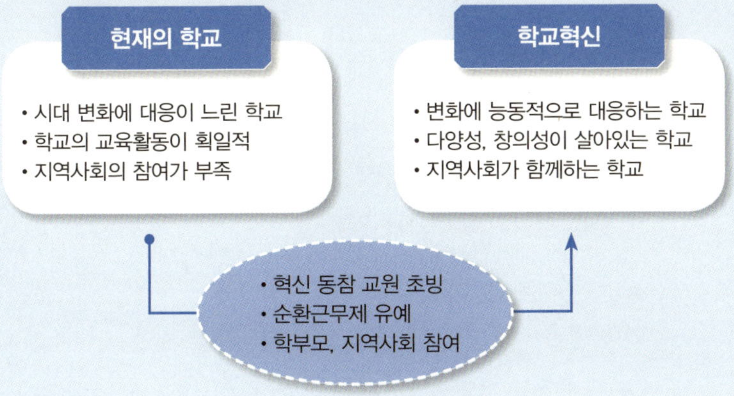

[학교혁신의 상]

성격 | 공모교장이 초중등 학교혁신을 목적으로 운영

지향 | • 학생의 관심과 자기 주도적 학습을 중시하는 학습자 중심의 학교

• 지역사회에 긍지와 희망을 주는 지역사회 학교

• 미래사회의 변화에 대응하는 미래지향의 학교

운영원리 | 학교 구성원의 참여와 자치로 운영되는 공동체 학교

운영체제 | 학년, 교과 단위 자율성으로 창의적 교육활동을 하는
학교

교육과정 | 교육과정의 집중이수, 통합운영 등 다양한 교육활동
의 학교

교수·학습방법 | 프로젝트 학습, 협력, 토론 학습, 팀티칭 등 질
높은 교수·학습 방법이 이루어지는 학교

학생활동 | 학생회, 특별활동, 학교행사를 학생이 주도하는 학생
중심의 학교

[학교 유형별 주요 운영 방향]

□ 농산어촌형

  ○ 도농간 학력격차 해소와 대안적 교육 요구 반영

  ○ 문화 체험의 프로그램 확대

  ○ 결손 가정의 학생을 위한 돌봄의 기능 강화

  ○ 농어촌 지원, 방과후학교 사업과 연계를 통한 교육력 제고

□ 도시 저소득 지역형

  ○ 소득에 따른 학력격차 해소

  ○ 맞벌이 가정을 위한 보육 기능 강화

  ○ 문화 체험활동 및 인성교육의 강화

  ○ 교육복지투자 우선지역 사업과 방과 후 학교 사업과 연계로
  교육력 제고

□ 도시형

  ○ 중소도시, 대도시 등 지역 여건에 맞는 학교운영

○ 과밀학급, 거대 학교 등 학교 조건을 극복하는 창의적인 학

교 조직과 운영

○ 학생의 다양한 교육 요구를 수렴하는 다양한 교육 프로그램

○ 지역의 교육문화 시설 및 인력 활용으로 교육 효과 극대화

[학교운영 방안]

□ '학교운영계획서'에 의한 자율적 운영 보장

○ 학교운영계획서는 교장공모제 2차 심사의 핵심 내용임

○ 공모교장에게 해당 학교를 학교운영계획서에 의해 자율적으

로 운영하도록 행정적인 지원

□ 학교운영계획서 주요 심사 기준(예시)

○ 학생과 지역 여건에 적합한 혁신적인 계획인가?

○ 해당 학교의 4년-8년의 체계적인 발전 방안을 수립했는가?

○ 계획의 실현성 여부는 적절한가?

○ 교육과정 운영이나 교수ㆍ학습 방법이 다양하고 창의적인가?

○ 학교의 조직이 민주적이고, 참여를 유도하는가?

○ 학부모와 지역사회의 참여를 유도하는가?

○ 학생 중심의 다양한 교육활동이 이루어질 수 있는가?

2) 교장공모제 학교의 지원 방안

□ 자발적인 참여 교원 지원

○ 학교혁신에 자발적인 교원들에게 참여 적극 보장

- 공모교장에게 교원초빙권 30% 부여로 자발적인 참여 교원

확보

　　○ 지역사회, 학생과 함께하는 교사로 학교를 지속적으로 혁신
하는 데 전념할 수 있는 근무 여건 조성

　　○ 희망 교사에게 순환근무제 적용을 유예하여 지속적인 학교
혁신을 지원

□ 지역사회 참여 방안

　　○ 지역사회의 시민사회단체, 교원단체, 학부모단체, 학술단체
의 참여

　　- 공모교장의 요청 혹은 단체(단독 혹은 2~3개 단체 연합)가 해당
학교 학교운영위원회에 신청

　　※ 학교운영계획서 작성에 참여하거나 지역사회 시설, 인력
을 활용하여 학교운영 지원

□ 교장공모제 학교의 행정 지원

　　○ 교장공모제 학교의 장학지도나 행정 업무는 공모교장을 '학
교운영계획서'를 주요 기준으로 하여 선정하는 까닭에 학교
운영계획서에 따라 자율적으로 운영하도록 최대한 지원

　　○ 교장공모제 학교의 정보 공유나 사례 확산을 위해 학교 간
네트워크 활동을 행정적으로 지원

3) 교장공모제 학교의 평가

[학교참여평가 도입]

영역		현행 학교평가	학교참여평가
성격		외부평가 중심	내부 평가 중심(외부 포함)
특징		서류에 의한 지표별 계량화 중심	직접 참여에 의한 질적 평가 중심
주요 절차		서류 평가 + 현장 점검	학교 구성원 자체평가 + 학교 평가위원회 워크숍
평가 주체		학교 실무자(서류 작성) + 외부 평가위원(계량적 평가)	학교운영위원(교직원회, 학부모회, 학생회) + 학교 실무자 + 외부 평가위원(컨설팅)
결과 활용	학교개선	학교교육계획 수립과 연관성 미흡	학교교육계획 수립과 밀접한 관련성
	통계	전 영역의 지표 계량화	최소 영역을 표준화
	교육청	학교별 차등 재정 지원	학교지원계획 수립 및 지원
	공개	거의 비공개	공개 수준이 높음(학교 홈페이지, 학부모 공지, 교육청 공개)

교육혁신위원회에서 내가 담당한 학교혁신안은 결국 정책으로 반영되지 않았다. 당시 참여정부 말기인데다 교장공모제를 비롯한 교원정책안에 대한 논란이 많았다. 게다가 공모교장에게 학교혁신이라는 과제를 주면 어려운 상황에서 도입한 교장공모제가 성공적으로 도입되고 정착되기 어렵다는 의견이 있었다.

교장공모제가 도입되어 처음으로 시행된 2007년에 내부형 공모교장으로 양평 조현초에 근무하게 되었다. 조현초에서 그동안 학급·학년 운영의 경험, 새학교 만들기의 내용, 교육혁신위원회에서 구상한 학교

혁신안을 참고하여 여러 선생님과 학교혁신을 추진하기 시작했다. 2년 동안 준비하여 운영하는 과정에서 김상곤 교육감이 당선되자 2009년부터 경기도교육청에서 혁신학교를 추진하기 시작했다. 당시 혁신학교 정책을 수립하는 시작 단계부터 참여를 했고, 조현초는 1기 혁신학교로 지정되어 지금까지 운영되고 있다.

조현초에서 4년간 공모교장 임기를 마치고 2011년경에 도교육청에서 학교혁신 업무를 맡게 되어 2년간 학교혁신 정책을 추진했다. 이 책의 3~6장까지의 내용은 도교육청에서 학교혁신 기획 담당으로 일한 것을 바탕으로 썼다. 2013년에 다시 학교로 와서 2017년 현재 남양주 조안초에서 혁신학교를 3년째 운영하고 있다.

조안초에서 근무하는 동안 나에게 매우 중요한 과제가 있었다. 조현초에서의 많은 변화나 성과가 조안초에서도 일어날 것인가 하는 것이었다. 물론 조현초 이후에 많은 학교가 긍정적인 변화를 가져온 것을 보면 가능하다는 생각이었다. 양평 조현초와 남양주 조안초는 학교 규모와 교육과정이 비슷하고, 구성원과 지역 실정이 다를 뿐이다. 그렇다면 구성원들이 조현초와 다름없는 가치나 철학을 공유하고, 지역사회의 협력이 이루어진다면 동일한 효과가 있어야 한다. 이것이 가능한가가 내 과제였다.

그러나 조안초의 상황은 조현초와는 큰 차이가 있었다. 그것은 구성원의 변화였다. 초기 학교교육과정을 함께한 분들이 2년 사이에 대부분 만기자가 되어 100% 교체가 되었다. 다시 처음부터 학교의 지향과 내용을 공유하는 작업이 필요했다. 이런 과정에서도 조안초에서 일어난 학생의 변화는 조현초에서 경험한 것과 부분적으로 유사했다.

2장

열린교육의 문제와 혁신학교

열린교육과 혁신학교는 직접적인 연관성은 없다. 그러나 교원의 자발성이 발휘된 사례나 내용 면에서 유사성이 있다. 따라서 열린교육의 실패 사례를 살펴봄으로써 지속 가능한 혁신학교를 위해 무엇이 중요한가를 생각해 볼 수 있다고 본다.

우리 교육에서 교원들의 자발성이 집단적으로 발휘된 사례를 정치적 성격과 교육적 성격으로 나눠 생각할 수 있다. 정치적인 성격의 자발성이 1960년 4·19 교원노조와 1989년 전교조 결성이라면, 교육적인 성격의 자발성은 90년대 초 열린교육 운동과 2009년에 시작된 혁신학교 운동이라고 본다. 우리 교육 역사에서 이렇게 교원들의 집단적인 자발성이 발휘된 예는 없을 것이다.

열린교육과 혁신학교는 내용 면에서 유사성이 있다. 초기 열린교육은 교육과정과 학교운영의 변화가 핵심 과제였다. 이것은 혁신학교에서도 동일하다. 다만 열린교육은 당시 초등을 중심으로 자발적으로 실천, 확산되었다. 그러나 초기의 자발성이 나중에 관 주도로 변하면서 위축되었고, 교육과정과 학교운영 혁신을 포함한 총체적 변화의 시도였지만 수업 방법으로 축소되었다. 혁신학교는 교육과정 혁신과 학교운영 혁신을 주요 과제로 설정했다는 점에서는 열린교육의 과제와 유사하나 초등을 넘어 중등까지 확산되었다는 점에서 열린교육의 상황과는 다르다.

그러나 열린교육이 수업 방법으로 협소하게 추진되었던 것처럼 혁신학교에서의 교육과정 혁신도 그럴 위험이 있다. 교육과정은 교육내용, 수업, 평가가 유기적인 관계로 이뤄진다. 그런데 일부 혁신학교에서 교육내용 재구성이나 수업에 중점을 두는 경우가 있고, 학교에 따라서는 평가혁신에 중점을 두는 편향이 있다. 교육과정을 교육내용과 수업, 평가의 총체적인 것으로 인식하지 못하면 나중에는 가장 접근하기 쉬운 수업 방법으로 협소하게 추진될 위험이 있다.

그리고 열린교육은 교원의 자발성으로 시작되었지만, 혁신학교는 교원의 자발성을 지원하는 교육청의 행정력과 결합되어 나타났다는 점이 다르다. 열린교육이 초기에 관의 개입 없이 교원들이 자발적으로 추진했을 때 그 열기는 놀라웠다. 그러나 관 주도로 바뀌면서 자발성이 사라지고 운동성도 사라졌다. 이 점을 생각해 볼 때 혁신학교가 교원의 자발성과 교육청의 행정력이 결합되어 나타났지만, 교육청의 행정력이 성과주의, 관료주의, 행정편의주의로 변한다면 자발성의 위축은 시간문제일 것이다. 혁신학교 정책을 담당하는 부서의 운동성이 얼마나 견고하고 지속 가능한가 하는 점은 혁신학교의 지속 가능과 교원 자발성의 지속 가능을 담보하는 일일 것이다.

90년대 열린교육의 배경, 확산 과정, 내용과 지원체제 문제를 자세히 짚어보는 것이 열린교육처럼 실패하지 않도록 혁신학교의 내용과 추진에 많은 시사점을 줄 수 있을 것이다. 또 열린교육과 관련한 5·31 교육개혁의 성격도 일부 이해할 수 있을 것이다.

특히 요즘 들어 혁신학교에서 교육내용, 수업, 평가를 유기적으로 보지 않고, 교육과정 혁신이라는 총체적 관점이 약화되는 경향도 보인다. 이 총체성이 약화되면, 수업 자체나 아이들과 관계 증진을 위한 학급운영으로 관심이 좁아져서 기능적인 접근이 강해질 수 있다. 당시 열린교육의 문제를 지금의 혁신학교의 수업이나 지원 행정에 대입하면서 새겨보는 것도 의미가 있을 것이다.

- 1 -
열린교육의 확산 배경

기술 인력 양성을 위한 열린교육으로 왜곡

90년대 당시 산업연구원의 보고서에 따르면 기술 인력의 부족 원인을 '공학교육과 산업 현장과의 현장성이 없는 교육으로 기술 수준이 낮다'는 것을 가장 큰 원인으로 들었다. 그러면서 고급기술 인력의 부족에 대응하기 위한 인력 양성의 방향으로 첫째, 산업구조의 변화에 따라 첨단기술 인력을 중심으로 인력공급에 대비하고, 첨단기술의 특성상 기술의 복합성, 통합성이 급속하게 이루어지는 관계로 한 분야의 전공보다는 복수전공의 인력이 필요하다고 지적했다. 그리고 둘째, 다품종소량생산 방식에 따른 인력 수요와 소비패턴의 다양화에 따라 제품의 신속한 공급을 위한 현장 적응력이 있는 기술 인력이 필요하다고 보았다.

1995년 5·31 교육개혁의 1차 교육개혁안에 이어 1996년에 발표된 2차 교육개혁안의 핵심은 바로 첨단기술 인력의 확보였다. 발표된 내용처럼 '현장성을 높이기 위해 학교와 산업체가 협력하고' '기업에 쓸모없는 교육을 쓸모 있는 교육'으로 바꾸고 '비효율적인 교육을 효율적으로' 바꾸는 것이었다.

2차 교육개혁안 중에서 핵심이라 할 수 있는 '신직업 교육체제 구축'이란 항목을 보면 다음과 같이 나타나 있다.

1) 특성화 고등학교(정보, 전자통신, 디자인, 대중음악) 육성

2) 고등학교 교육과정의 통합 운영

3) 교육과정의 현장 적응성 제고

4) 전문대 강화와 특성화 전문대학 설치

5) 신 대학의 육성과 신 대학원 설립

6) 전문 직업 분야의 학위제도 도입

7) 복수전공제 실시 등

산업구조 변화에 따른 첨단기술 인력의 부족에 대한 기업의 요구와 이를 해결하기 위한 대학의 교육개혁 방향과 교육 내용이 이처럼 일치했다. 그런데 대학의 변화는 초·중등교육의 변화 요구와 무관하지 않았다. 이것을 초·중등교육에서 뒷받침하기 위해서 마련된 것이 '초·중등교육과정 개혁'이었다.

이 점에서 당시 초등에서 열린교육을 확산시키기 위해서 노력한 이유가 분명해진다. 다시 말해서 첨단기술 인력 확보를 초·중등교육에서부터 대비해야 하고, 첨단기술의 특성상 이전의 단순 암기식이 아닌 통합적이고 창의적인 학습이 필요했다. 이것을 열린교육을 통해서 교육과정 운영의 다양화와 이를 지원하기 위한 학교조직의 변화를 2차 개혁안에서 요구했다.

초등교육과정 변화의 실질적인 방법은 열린교육이고, 이 열린교육은 기업의 요구인 첨단기술 인력의 필요에 따른 것이었다. 이러한 관점에서 이해되는 열린교육의 문제점이 당시 열린교육을 추진하는 교실에서도 나타났었다.

정보사회에 적응하는 수단으로 열린교육을 좁게 이해

열린교육에서 자주 말하는 '학생 중심', '자기학습력', '개별화', '개성화'라는 용어는 우리나라에 열린교육이 도입되기 전부터 많은 교사와 학자가 중요하게 보았다. 따라서 이것이 열린교육의 독창적인 용어라기보다는 이러한 '아동 중심'의 모든 방법을 '열린교육'이란 이름으로 묶어서 말했다.

그러나 단순히 지식 습득의 방법적인 용어가 아닌 삶을 학습하는 용어로 되어야 할 '학생 중심', '자기학습력'이란 용어들이 협소하게 이해되는 데 문제가 있었다. 그것을 열린교육 전국 세미나 자료집에 실린 당시 김성동 청와대 교육비서관의 글을 통해서 확인할 수 있었다.

그는 '열린교육은 우리 현실의 치유와 미래사회를 대비하고, 교육 본질을 추구하는 것'으로 정리하면서 '정보화시대에 개인은 자기 적성에 맞는 직업을 통하여 사회참여를 하고 그 속에서 자아실현을 함으로써 행복지수가 높아진다. 일생 동안 직업을 4~5번 바꾸어야 하는 변화의 시대에 우리는 필요한 정보에 접근, 저장, 활용, 전달기술 등의 자기학습력이 얼마나 긴요한 삶의 태도인가'라고 말했다.

또 '어떻게 변화의 지식시대에 자기학습력을 지닌 평생학습인으로 키울 수 있는가? 자기 소질과 적성을 탐색 발견하여 그에 맞는 직업준비를 하고 그 연장선상에서 직업생활을 하여 끊임없이 창조성을 발휘하게 도울 수 있는가?'라고 하면서 그 답이 바로 열린교육이라고 말했다.

여기서 '자기학습력(자기 주도적 학습)'에 대하여 좀 더 살펴볼 필요가 있다. 김성동 교육비서관은 자기학습력을 '정보 활용과 변화에 적응할 수 있는 기능'이라는 관점에서 바라보았다.

그동안 교사-학생의 관계에서 이루어지는 교육(수업)이 처음에는 교사 주도의 형태를 갖다가 차츰 학생 중심의 활동으로 변했다. 이것은 단순히 지식과 기능의 습득 측면에서만 바라볼 것이 아니라 삶의 가치를 획득해가는 과정을 포함하는 넓은 개념으로 바라보아야 한다.

이는 어느 시대에서도 중요한 문제였다. 그러나 산업구조의 변화에 따른 첨단기술 인력은 기술과 정보의 급격한 변화에 대응하는 능력(자기학습력)을 갖춘 인력이 더 절실히 요구된다는 점에서 '자기학습력'을 강조했다. 다시 말해서 '학생들의 자주적인 삶의 자기학습력이 아닌 지식과 정보의 기능적인 습득, 활용으로써 자기학습력'을 강조했다. 교육비서관의 말처럼 '일생에 직업을 4~5번 바꾸어야 할 변화의 시대에 적응할 수 있는 인간자본'의 육성을 위한 '자기학습력'이었다.

이처럼 당시 초등교육 현장은 열린교육의 도입 초기의 취지와 무관하게 기업의 요구에 맞는 인간자본을 육성하기 위한 '열린교육'이 확산되었으며, 교육이 지향해야 할 학생들의 총체적인 삶의 학습이 아닌 지식, 정보의 활용과 변화에 적응할 수 있는 기능을 가진 인간을 기르는 교육 방법으로 축소되어 실천되었다.

이 점에서 '열린교육'이 적극적인 기여를 하게 될 때 '열린교육'이 가진 긍정적인 부분마저 훼손될 가능성이 있었다. 그동안 주입, 암기식 교육에서는 암기된 지식의 양이 선별의 기준이었으나 열린교육에서 지식, 정보의 활용 능력이 선별의 기준이 된다면 열린교육은 선별 방법의 차이에 지나지 않는다.

- 2 -
열린교육의 확산 과정

1997년경, 교육부는 주요 업무 추진 계획의 하나로 열린교육의 확산을 위해 열린교육 중심학교를 지정하여 중점 지원하기로 했다. 전국 초등 180개교에 30억 원을 지원하는 한편, 열린교육에 관한 연수를 강화하고 교수학습 자료를 개발, 보급하겠다는 계획도 세웠다.

교육부의 방침에 따라 1997년 경기도교육청이 세운 열린교육 확산 계획을 보면, 우선 열린교육 확산을 위한 지원 조직으로 도교육청은 초등장학과장, 장학관, 장학사 5명으로 구성하여 지원하고, 시·군교육청은 학무과장, 장학사 4명, 시범학교장으로 지원 조직을 갖춘다는 내용이었다.

경기도교육청의 중점 실천 내용을 보면, 다음과 같은 계획이었다.

1. 열린교육 정보 자료실을 운영하여 PC 통신망을 설치하여 다양한 정보를 제공

2. 열린교육 연구 교사제 운영으로 학습안, 자료 개발을 하고 연구 교사에게 도 규모 1등급 연구 실적으로 인정

3. 열린교육 교수-학습자료 개발 공모전을 실시하여 도 규모 연구실적으로 인정

4. 열린교육 학습자료 전시회를 운영하여 연구 실적으로 인정

핵심은 모두 승진가산점을 부여하는 연구실적으로 인정한다는 점이었다.

이처럼 교육부나 도교육청에서는 열린교육의 현장 확산을 위하여 많은 노력을 했고, 시·군교육청의 일선 학교 장학지도는 모두 열린교육을 단위 학교에서 어떻게 준비하고 실천하는가가 주요 점검사항이었다. 열린교육이 얼마나 중요한 사업인지를 단적으로 나타내는 상황이었다.

그러나 도교육청과 시·군교육청의 노력은 어디까지나 행정적인 노

력에 지나지 않았다. 당시 열린교육의 내용에 대한 주도권은 장학사들이 아니라 열린교육연구회를 중심으로 한 관계자들에게 있었다. 따라서 일선 학교에 내용적인 장학을 하기에는 준비가 충분하지 않아서 업무적인 점검이 중심이 되는 편이었다. 단위 학교에서 열린교육을 실천하기 위한 내용적인 지원이나 학교운영의 변화를 가져올 수 있는 정책 추진이 미약할 수밖에 없었다.

또 장학 능력의 부족으로 열린교육 실천 주체의 취약한 부분을 점검, 보완해내지 못했기 때문에 올바른 방향으로 열린교육이 확산되기보다는 기능적이고 형식적으로 나아갈 수밖에 없었다.

- 3 -
열린교육의 내용과 지원체제

내용

열린교육 본래의 지향이나 방법은 학생 중심으로 이루어지는 활동이며, 이를 위한 다양한 형태와 자료의 활용은 긍정적이었다. 그런데 이러한 방법이 앞서 제기한 기업의 요구와 지식정보화 사회로의 변화에 따른 기능적인 적응 교육으로 협소하게 이해될 때 미치는 부정적인 영항을 간과할 수 없다는 점이 문제였다.

지식과 기능의 효율적인 학습이 아니라 올바른 삶의 태도와 가치를 기르는 열린교육이 되자면 단순하게 방법의 적용이 아닌 교육내용에 대한 적극적인 관심과 열린교육의 관점을 말 그대로 '열어야' 할 것이다. 이것이 배제된 열린교육의 문제가 실제 수업에서 나타났다.

백만장자 미로 게임 – 철학적 관점의 문제

이 사례는 열린교육의 방법상 긍정적인 면이 왜곡될 때 어떤 문제를 야기하는지를 잘 보여준다. '백만장자 미로 게임'은 5학년 사회 '1. 국토의 활용' 단원의 '선택학습' 중의 하나였다. 선택학습은 학습 중 남은 시간을 활용하는 방법이다. 이 게임은 네 사람이 미로를 찾아서 백만장자에 먼저 이르는 것으로 무엇이 학습으로 선택되어야 하는지에 대한 교육적 관점 없이 학습자료를 선택한 문제점이 있었으며, 학생 중심의 활동은 학생의 흥미를 유발할 수 있는 것이어야 한다는 점을 왜곡시킨 사례다. 또 도덕과에서 봉사활동을 투자와 배당금으로 환산하는 오류를 범했는데 이윤 추구의 인간형을 기르고 역시 흥미를 왜곡시킨 사례라고 본다. 이러한 자료가 전국적으로 확산되었다는 점이 더 큰 문제라고 본다.

돌려라 오! 예! – 학습의 경박함과 대중문화의 무분별한 수용

아이들이 유행어에 관심을 갖는다는 점을 착안하여 '오! 예!'라는 말을 도입하여 학습동기를 유발하려고 한 것으로 보인다. 아이들이 흥미를 갖는 주변 일들을 학습에서 잘 조직하는 것은 열린교육이 아니라도 중요하게 생각한다. 하지만 '열린'이란 아무 것에나 '열린' 것이 아니라 지켜야 할 건강한 내용을 선정, 조직해야 한다. 열린교육의 '학생 중심' '흥미 중심'이란 말을 잘못 이해한 경우라고 본다. '오! 예!'는 3학년 국어과 '겪은 일 말하기'를 주제로 하는 물레방아 학습형태(돌아가면서 차례로 말하는 것)에서 한 사람에서 다음 차례로 넘어갈 때 사용하는 구호다. 러그미팅 시간에 서로 인사하는 방법으로 '따봉인사'라는 것도 있다.

성적계약제 – 학교라는 시장에서 교사와 학생의 거래 관계

학생들이 스스로 학습할 목표를 정하고 이에 맞는 활동을 전개하고 평가를 하는 것은 올바른 일이다. '성적계약제'라는 것도 이를 위한 하나의 방법으로 도입했을 것이다. 학생이 담임에게 '성적계약서'를 제출하고 날인을 받는데 교과별로 필수, 선택이 있고, 상·중·하의 기준에 따라 계약 성적을 적는다. 계약조항에는 계약한 성적을 완수하지 못하면 벌칙으로 다른 과제가 주어진다는 내용이 있다. 어떤 열린교육 시범학교의 평가유형인데, 열린교육의 취지와도 맞지 않은 방법일 뿐더러 거래에서 이루어지는 계약처럼 학습에서 계약을 생각한다면 그 자체가 비교육적이다.

삶이 없는 기능적인 학습내용

5학년에서 '자원보존의 필요성을 알고 보호하는 방법을 알 수 있다.' '환경보호의 필요성을 알고 환경오염을 줄이는 방법을 설명할 수 있다'라는 목표로 직소우 학습형태로 60분간 전개하고 있다.

학습의 전개형태는 러그미팅 – 목표확인 – 협력학습 방법 안내 – 계획세우기 – 코너학습(주제별 학습활동) – 조별활동(주제별 조별활동 후 다시 자기 조로 복귀) – 내용 정리 – 선택학습 – 러그미팅인데, 여기서 중요하게 볼 것은 중심 활동인 자원의 보존과 오염방지에 관한 활동이다.

활동 내용의 전부가 사전 준비된 자료를 조사하여 준비된 학습지에 정리하는 활동이다. '내용 1'은 '물자원 보존'이란 주제로 필요성과 보존방법을 조사, 정리하는 활동이고, 내용 5의 경우를 보면 '물오염'을 주제로 물오염 결과와 방지법에 대하여 조사, 정리하게 된다.

실제로 오염현장을 답사하여 관찰·실험하고, 우리 고장의 오염실태를 사전조사 하여 토론하거나 문제를 해결하기 위한 적극적인 활동은 없다. 이웃이나 지역에 대한 사랑이나 오염 속에서 살아가는 삶의 문제가 빠져있다.

기능과 형식을 지나치게 중시하는 학습형태

앞의 수업은 지역의 오염 실태를 직접 답사하거나 실험을 통해 학습하는 것이 더 좋을 것인데 직소우 방식을 활용하자니 그 형식에 맞추는 데 급급한 경우다. 앞의 학습으로 60분간 활동하는데 아이들에게 나눠주는 학습지가 무려 9개이고 선택학습지 3개까지 포함하면 모두 12개이다.

열린교육 시범학교 교사들의 이야기를 들어보면, 내용보다는 자료제작 준비에 더 많은 시간이 든다고 한다. '열린교육은 학습지를 만들고 이러저러한 수업형태를 적용해야 한다'는 형식적인 이해에서 이런 문제가 발생한다.

또 단위시간 활동 중 남는 시간을 자유롭게 개인이 선택하여 활용하

는 선택학습의 경우 학습주제나 목표와 관계없는 활동으로 학습의 집
중력 저하를 가져온다. 열린교육에서 학생 중심, 흥미 중심을 형식적
으로 받아들여 학습의 본질을 소홀히 한 경우다.

형식 위주의 열린교육으로 학습내용의 산만

당시 도지정 시범학교의 수업을 참관했다. 그 수업을 보면서 열린교
육과 열린교육의 현실에 대해 다시 많은 생각을 하게 되었다. 참관한
수업은 직소우 형태의 6학년 사회과 수업이었다.

학습목표는 '근대교육이 발달하게 된 까닭과 발달 모습을 조사하여
발표할 수 있다'였다. 이 목표를 가지고 6개의 주제로 나누어 직소우
형태로 학습을 하고 학습이 끝난 모둠은 선택학습을 하는 것으로 전개
되었다.

그 6개의 주제는 다음과 같다.

1. 개화기의 학교 교육

2. 내가 다니는 학교의 역사

3. 근대 교과서와 오늘날의 교과서 비교

4. 교육입국조서의 내용

5. 새롭게 세워진 신식학교의 종류

6. 우리말과 역사 연구에 힘쓴 사람들 조사

직소우 학습형태를 간단하게 설명하면, 위의 6개 주제를 원모둠에서
구성원 각자가 하고 싶은 것을 선택한다. 선택한 다음 동일 주제끼리

다시 모둠을 만들어 학습을 한다. 학습이 끝나면 원모둠으로 돌아와서 자기가 학습한 것을 다른 친구들과 토의하고 보고서를 작성하여 발표하는 순서이다.

이 시범수업이 과연 열린교육인지 몇 가지 문제를 지적하고자 한다.

학습목표와 활동 주제에 관하여

학습목표는 앞에서 말한 대로 '근대교육이 발달하게 된 까닭과 발달 모습을 조사하여 발표할 수 있다'이다. 따라서 학습 요점은 '근대화를 이루기 위해서는 새로운 문화에 대한 지식을 가진 인재가 필요하고 따라서 새로운 교육제도가 생겨나게 되었다. 초기의 학교 모습과 교육 내용은 오늘날과 비교하여 어떤 차이가 있는지를 조사하여 발달 모습을 알아본다'가 된다.

그런데 활동 주제를 보자. 학습목표에 접근한 주제는 6가지 중에서 '1. 개화기의 학교 교육(여성교육)' '3. 근대 교과서와 오늘날의 교과서 비교' '4. 교육입국조서의 내용' '5. 새롭게 세워진 신식학교의 종류' 정도이다. 나머지 '2. 내가 다니는 학교의 역사' '6. 우리말과 역사 연구에 힘쓴 사람들'은 목표와는 거리가 있는 활동으로 보충, 심화학습이나 동일 차시에서 선택학습 주제로 적당하다.

주제 4와 1을 통해서 국가를 부강하게 하기 위해 학교 교육이 필요하고 교육에서 여성 차별을 없애는 노력이 근대교육 발달에 중요한 기여를 했다는 사실을 알 수 있고, 또 주제 3과 5를 통해서 근대교육의 모습을 알 수 있게 된다.

그러나 주제 2와 6은 학습과 상관은 있어도 목표 지향적인 활동은 아니다. 그렇다면 많은 아이(전체의 2/6 정도)가 결국 학습목표와 거리가 먼 활동을 하는 셈이다. 직소우 학습을 통해 다른 아이들이 목표 지향적인 활동의 결과를 알려준다고 해도 2/6의 아이들은 목표에서 소외된 것은 분명하다.

아이들의 흥미와 요구, 수준에 맞는 다양한 활동을 한다고 해서 열린교육이 아니다. 교육과정상의 목표나 아이들이 스스로 정한 목표 지향적이면서 다양한 활동이어야 한다. 그렇지 않을 경우 주입식 수업에서 수준과 흥미를 무시한 획일성이 다수를 소외시키듯이 열린교육이란 이름으로 새로운 형태의 소외를 가져온다.

수업 형태에 대하여

수업 형태(모형)는 학습내용(학문적 성격)에 의해 규정된다. 수학의 원리나 공식을 찾는 학습은 발견학습 형태가 적절할 것이고, 도덕과에서 가치를 내면화하기 위해서는 가치갈등 모형이 적절하다. 형식이 먼저 있는 것이 아니라 지식, 기능, 가치나 태도를 얻기 위해 그 내용(학문)이나 성격에 따라 알맞은 형태(모형)가 생기게 된다. 이것을 모형화한 것이 수업모형이니 학습형태니 하는 것들이다.

열린교육에서 자주 사용하는 모형 중에 직소우가 있다. 이 밖에도 코너학습, 토픽, 팀티칭, 프로젝트, 통합, 개별, 토의, NIE 등이 있는데 토픽, 프로젝트, 팀티칭, 통합학습은 상대적으로 자주 사용되지 않는 것들이다. 이들은 열린교육 고유의 형태가 아니라 이제까지 전개되어 온 여러 학습형태를 모은 것이다.

이 수업에서는 구성원 서로 간에 가르치고 배우는 협력학습인 직소우 형태인데, 형태를 먼저 정하고 내용을 맞춘 경우라고 본다. 그것은 '직소우를 해야 열린교육이다'라는 기능적인 생각 때문이다.

이 수업을 직소우 형태로 전개하는 것이 바람직한가를 검토할 필요가 있다. 이 수업에서 학습 주제 6가지는 학습목표에 도달하는 각각의 단편적 내용이다. 그렇다면 아이들은 많은 시간을 소위 '전문가 활동'이란 이름으로 목표와 거리가 있는 내용에 몰두하게 된다.

한 주제에 몰두하는 아이는 학습목표를 늘 염두에 둘 수 있는 사정이 되지 못한다. 원모둠으로 돌아와서 다른 아이들이 발표하는 내용을 듣고서 목표에 대한 학습내용의 체계를 찾아가야 하는데, 아이들의 경우 이미 전문가 활동으로 한 주제에 관심이 집중될 수밖에 없다.

그렇다면, 학습목표와는 동떨어진 활동으로 단위 시간을 보낼 수밖에 없다. 따라서 이 수업에서 직소우 형태는 학습목표를 충분히 달성하기보다는 목표에 도달하기 위한 과정상의 한 활동에 집중할 수밖에 없게 된다면, 형태가 직소우라고 해서 열린교육이라고 말할 수는 없다고 본다.

이 수업은 상황분석학습 과정을 적용할 때 오히려 더 좋은 결과를 얻을 수 있다고 본다. 상황분석학습은 사회적, 역사적인 사건에 대한 자료를 수집, 분석, 해석하여 배경이나 원인, 결과를 해석, 정리해 내는 수업이다.

학습목표인 근대교육이 발달하게 된 까닭을 교과서나 기타 자료에서 찾아내고 발달과정에 대한 것 역시 자료 비교를 통해 결과를 해석해 내는 것이다. 이것을 직소우 형태가 아닌 상황분석학습 형태로 모둠활동을 통해 학습할 경우 개인은 단위 시간의 학습목표에 밀접한 활동을 할 수 있고, 단위 시간의 학습내용에 대한 지식 체계도 형성될 수 있다고 본다.

학습의 개별화에 대하여

앞의 수업은 자기가 하고 싶은 주제를 선정하여 해당 주제의 학습지를 해결하고 원모둠으로 돌아와 자기 활동 내용을 친구들에게 설명하는 것으로 학습의 개별화를 생각하고 있다.

그것의 문제점은 앞에서 지적한 대로 한 가지 주제 선택이 학습목표에 접근하지 못한다는 점, 목표 지향적이지 못한 활동 주제가 학습 소외를 가져올 수 있다는 점, 원모둠에서 활동을 친구들과 나누는 것이 아이들 스스로 학습내용을 체계화하는 데 어려움을 주고 있다는 점을 지적했다.

그렇다면, 이 수업에서 지향하는 개별화의 의미는 퇴색될 수밖에 없다. 한 가지 주제를 선택하게 하는 것은 아마도 각자 다른 흥미를 최대한 존중한다는 의미로 선택한 것이지만, 이 학습내용은 흥미의 차이로 개별화를 조직하기보다는 서로 다른 수준으로 개별화를 조직하는 것이 효과적이다. 즉, 동일한 학습목표에 접근하는 내용 전개로 준비도에 따라 수준을 달리하여 활동하는 개별화를 말한다. 이럴 경우 학습목표 도달은 동일하되 학습내용의 질적 성취는 수준에 따라 달라진다. 학습지가 필요하다면 가, 나, 다 수준의 3가지 학습지를 제작하여 제공한다면 모든 학생이 학습목표 성취를 위해 학습의 전 과정에 참여하게 되는 장점을 가질 수 있다.

이런 점에서 직소우 수업의 형태는 '동일 목표를 지향하는 다른 활동'의 경우가 오히려 바람직하다고 본다. 빛의 반사를 알아보는 수업에서 '1. 거울을 이용하여 반사놀이', '2. 거울을 이용하여 등 뒤 글자 읽기', '3. 거울을 이용하여 보이지 않는 곳 물건 찾기' 등의 활동이 있다고 하자. 아이들은 각자 흥미에 맞는 학습주제로 활동하고 원모둠으로 돌아와 자기 활동을 설명할 때 모두 학습목표를 달성하기 위한 다양한 학습내용을 경험하게 된다. 그리고 다른 활동을 듣고서 보충, 심화가 가능하고 다른 활동도 해보겠다는 새로운 의욕을 가질 수 있다.

획일적 수업은 동일 내용, 동일 전개의 수업방식이다. 이것은 아이들의 흥미, 능력, 요구, 개성을 무시한다. 이에 대한 문제점은 굳이 말하지 않아도 될 것이다. 모든 아이가 얼굴이 다르듯이 서로 다른 흥미, 요구, 능력, 개성이 있다는 점을 인정(동일 내용, 이질 전개 혹은 이질 내용, 이질 전개를 인정)하고 개인의 준비에 알맞은 내용과 방법을 제공함으로써 학습의 욕을 높이고, 개인의 성장을 최대한 돕자는 것이 개별화이다.

이것을 기계적으로 받아들여 개별화를 단순히 '각자 활동', '각자 하고 싶은 것을 선택'하는 것으로 좁게 이해하는 경우에 앞에서와 같은 문제가 발생할 수 있다고 본다.

학습의 개별화는 개인차(동일 내용, 이질 전개)와 개인내차(이질 내용, 이질 전개)를 인정하고 이에 알맞은 교사의 역할과 아동의 활동이 요구되는 것으로, 단순히 아이들의 흥미가 다르다는 것으로나 모든 아이가 다른 활동, 개별활동을 하는 것이 개별화의 본질은 아니다.

이상에서 열린교육의 내용적인 면의 문제점을 살펴보았다. 물론 당시 열린교육을 하는 모든 교사가 앞에서 지적한 문제를 갖고 있었다는 것은 아니다. 그것이 비록 열린교육이나 다른 어떤 이름의 교육이라고 해도 건강한 아이들의 삶을 생각하는 교육적인 관점이 결여될 때 위와 같은 문제는 발생할 수 있다. 철학적 관점의 결여는 열린교육을 협소하게 이해하고, 기능적인 수업 방법에 치우치게 했다.

지원체제

우선 실천 주체들이 지향하는 가치와 철학의 문제를 들 수 있다. 앞서 내용 면에서 열린교육 확산을 위해 노력하는 교사들의 문제점을 지적했는데, 이들 교사들로 구성된 전국 단위 연수에서 각 지역의 교사들이 열린교육을 보고 배우게 되었다. 이렇게 해서 형성된 전국의 열린교육 관계 교사들의 활동은 열린교육을 수업 방법이나 형식에 집착하게 되고 이것이 전국의 교실로 번졌다.

시범학교의 문제도 있었다. 도 단위의 시범학교에서 실천한 성과는 시, 군 단위로 전파되는데 다른 내용과 달리 전파력이 상당히 빠르고 광범위했다. 도 단위의 사례가 시, 군 단위 시범학교를 통해서 다른 학교에도 전파가 되었다. 그러나 주로 수업 방법이나 형태, 학습자료에 관심이 집중되었다. 당시 수업 모습을 담은 많은 비디오테이프가 있었다는 사실이 이를 보여주고 있다.

장학지도의 문제는 열린교육의 확산과 실천 주체 형성의 문제, 시범학교의 일정한 문제가 있음에도 이를 파악하고 방향을 잡기 위한 교육청 단위의 노력과 안목이 없다는 점이 더욱 혼란을 가중시켰다.

단위 학교의 운영 체제의 문제로는 열린교육을 하기 위해서는 동학년 단위의 자율성은 물론 교사들의 업무경감과 실적 위주의 형식적 행사나 업무를 대폭 간소화해야 함에도 그렇지 못했다. 학교운영이 열린교육을 지원하기 위한 체제로의 변화가 없는 상태에서 교사들을 열린교육의 주체로 세우기 어렵고 자발성도 기대하기 어려웠다.

3장

혁신학교란 무엇인가

- 1 -
우리 학생들의 삶

우리나라 학생들 삶의 모습을 보여주는 국내외 여러 조사, 통계자료가 있다.

한국방정환재단에서 실시하는 '어린이 · 청소년 행복지수' 중 주관적 행복지수는 4년 연속(2010~2013) OECD 조사국 중 최하위를 기록했다. 주관적 행복지수는 '건강', '학교생활 만족도', '삶의 만족도', '소속감', '주변 상황 적응', '외로움' 등 6가지 영역을 측정한 것이다.

국제교육협의회가 세계 36개국 중학생 14만 명을 상대로 '사회적 상호작용 역량'을 평가한 결과 우리나라는 36개국 중 35위를 차지했다. 사회적 상호작용 역량이란 다양한 이웃과 조화롭게 살아가는 능력을 말하는데 '갈등관리', '관계지향성', '사회적 협력' 등이 조사 영역이다.

한국보건사회연구원의 'OECD 국가와 비교한 한국의 인구집단별 자살률 동향과 정책 제언' 보고서(2013. 1)에 따르면, OECD 31개국의 아동 · 청소년(10~24세) 인구 10만 명당 자살률은 지난 2000년 7.7명에서 2010년 6.5명으로 10년 새 16% 감소한 반면, 같은 기간 우리나라는 6.4명에서 9.4명으로 47% 증가했다. 자살률 증가는 OECD 국가 중 2위를 차지한다.

투명사회를 위한 정보공개센터가 2012년 전국 17,424가구의 13세 이상 가구원을 대상으로 실시한 통계청의 '자살 및 충동에 대한 이유

통계'를 분석한 결과, 13~19세의 자살 충동 경험이 12.1%로 나타났고, 자살 충동 원인은 '학교 성적이나 진학 문제'(39.2%), '가정불화'(16.9%), '경제적 어려움'(16.7%)인 것으로 집계됐다.

건강보험심사평가원의 자료에 따르면 ADHD 진료인원이 2007년 4만8,000명에서 2011년 5만7,000명으로 5년간 약 20%가량 늘었고 연평균 증가율은 4.4%로 나타났다.

교육부가 발표한 '2012년 학생 정서·행동 특성 검사' 결과에도 학생들의 정서 발달이 심각하게 취약한 것으로 나타났다. 전체 초·중·고교생 668만2,320명 중 97.0%(648만2,474명)를 대상으로 진행한 내용을 분석한 결과 지속적인 상담·관리가 필요한 '관심군' 학생이 16.3%인 105만4,447명으로 집계됐다. 1차 검사에서 관심군으로 파악된 학생 중 2차 검사에서 불안, 우울, ADHD 등 문제가 심해 심층 상담 같은 집중 관리가 필요한 '주의군'으로 분류된 학생도 전체의 4.5%인 22만3,989명이었다.

몇 가지 자료로 살펴 본 우리 학생들 삶의 단면은 다른 나라와의 비교 순위나 조사 내용 면에서 커다란 걱정거리다. 자료만 가지고 우리 학생들의 모습을 그려보면 '외롭고, 협력적이지 못하며 정서나 행동의 장애가 많고, 일부는 성적이나 가정불화로 자살 충동을 느낀다.' 하지만 많은 사람은 우리가 자랑하는 국제학업평가 성적을 떠올리며 위안으로 삼을지도 모르겠다.

대표적인 국제평가로 OECD가 주관하는 읽기, 수학, 과학의 국제학업성취도평가(PISA, Program for International Student Assessment)와 국제교육협의회(IEA)에서 실시하는 수학·과학 성취도 국제 비교 연구(TIMSS,

Trends in International Mathematics and Science Study)가 있는데 우리나라 학생들이 매우 우수한 성적을 보여준다. PISA 성적의 경우 대체로 핀란드에 이어 세계 2위 수준이고, TIMSS의 경우도 최상위 그룹인데 2011년 경우 초등학교 4학년과 중학교 2학년의 수학, 과학 성적은 세계 1, 2위 수준이었다.

결과로 보는 이 정도 학력이면 자랑할 만하다. 그동안 입시 위주 교육이니 주입식, 암기식 교육이니 비판도 했지만 결과는 이렇게 뛰어나니 긍정적인 면을 보자는 사람도 더러 있다. 정말 그런가?

OECD 통계를 보면 우리나라 만 15세 학생의 주당 학습시간(학교 안, 학교 밖 수업 시간)은 50시간으로 핀란드의 28시간보다 약 2배에 이른다. 최근 한국청소년정책연구소 자료에 따르면 우리나라 15~24세 학생들 하루 학습시간은 7시간 50분으로 핀란드의 6시간 6분보다 더 많다. 그렇다면, 우리나라 학생들이 국제학업평가에서 얻은 높은 성적은 더 많은 공부시간에서 오며 그것도 사교육을 통한 것이다. 핀란드와 동일한 학습시간일 때도 PISA 성적이 세계 2위라고 말할 수 없을 것이다. 이것은 TIMSS에서도 동일한 결과로 진단할 수 있다. 결국 과도한 학습량과 사교육 효과인 셈이다.

그런데 더 중요한 문제가 있다. PISA나 TIMSS에서는 '정의적 영역'을 측정한다. 국제평가에서 자신감, 흥미도, 자기 효능감, 자아실현욕구, 협력, 책임감, 호기심 등의 정의적 영역을 측정하는 이유는 정의적 영역도 중요한 학력이기 때문이다.

2003년 PISA에서 자아개념, 흥미도는 우리나라 학생이 최하위 수준이었고, 2006년 과학의 흥미도는 57개국 중 55위였다. 2012년 수학의 경우 내적동기는 65개국 중 58위, 자아 효능감은 62위, 자아 개념은 63위, 수학학습 계획력은 59위였다.

이런 결과를 두고 OECD 평가 관계자는 한국 학생의 성적을 핀란드 학생과 비교하면서 한국 학생은 학습 부담이 많고, 학습 의욕이 낮으며, 무엇보다 경쟁이 심하다면서 성적은 좋지만, 행복한 학생들은 아니라고 말한 적이 있다.

2011년 TIMSS에서도 수학, 과학에서 자신감과 흥미도는 참가국 중 최하위 수준이었다. 수학의 흥미도만 보면 초등학교 4학년은 50개국 중 50위, 중학교 2학년은 42개 국가 중 41위였다.

이러한 국제평가를 결과로 살펴본 우리 학생들의 모습은 많은 시간을 들여 공부를 하지만 정의적 영역이 현저히 떨어진다.

- 2 -
학교란 무엇인가

우리 학생들이나 다른 나라에서 보는 우리 학교의 모습은 어떠한지 몇 가지 사례를 살펴보자.

서태지는 1994년 발표한 노래 '교실이데아'에서 우리 학교의 획일적 교육, 경쟁교육을 다음과 같이 비판하고 있다.

— 전국 900만의 아이들에게 똑 같은 것을 집어넣고 있어.

— 네 옆에 앉아 있는 그 애보다 더 하나씩 머리를 밟고 올라서도
록 해

2005년경 온라인에서 유행했던 '학교대사전'이란 것이 있다. 당시 고등학교 3학년 학생 몇 명이 모여 만든 풍자사전인데 거기에서 '학교'를 이렇게 풀이한다.

'여태까지 아무도 이해를 하지 못했기 때문에 그에 대한 정의도 존재하지 않는다.'

그리고 '학생'을 다음과 같이 풍자하고 있다.

'학교에 다니는 생물'

학교는 학생들이 보기에 이해할 수 없을 정도로 학생들의 삶과 유리되어 있는 공간일 뿐이며 자기 생각을 만들고, 자기 삶을 꿈꾸는 공간이 아니다. 그저 학교와 교사가 시키는 대로 암기하고, 문제 풀면서 따라 하는, 목숨은 있되 인간으로서 자기만의 꿈을 꿀 수 없는 학생이란 생물이 사는 공간에 지나지 않는다.

2007년경, 한 초등학교 6학년 여학생의 휴대전화 바탕화면에 이런 글이 있었다.

'학생이라는 죄로 학교라는 교도소에서 교실이라는 감옥에 갇혀 출석부라는 죄수명단에 올라 교복이란 죄수복을 입고 공부란 벌을 받고 졸업이라는 석방을 기다린다.'

미셸 푸코가 『감시와 처벌』에서 권력의 운영 방법으로 말한 종교기관, 학교, 소년원, 감옥, 군대의 감시와 처벌 기능을 떠올리게 하는 말

이다.

　1994년 서태지의 노래나 2007년 한 초등학생의 휴대전화 바탕화면에 나타난 우리 교육, 학교의 모습을 '경쟁, 획일 속에 공부라는 벌을 받는 생물로서의 학생이 사는 공간'이라고 정리하면 지나친 말일까?

　그렇다면 외국인, 외국의 눈에 비친 우리의 교육과 학교는 어떤 모습일까?

　조선일보가 2011년의 기획 시리즈 '자본주의 4.0'에서 교육 부문과 관련하여 '지금의 한국교육으로는 자본주의의 위기를 극복하지 못할 것'이라는 외국학자의 이야기를 전하면서 학교 교육의 획기적인 혁신을 요구했다. 그러면서 국내 대학에 근무하는 외국 석학들의 우리 교육, 학교에 대한 이야기를 다음과 같이 적고 있다.

　"질문하지 않는 한국 학생들에 놀랐다. 이대로라면 미래의 창의적 분야에서 업적을 쌓긴 힘들다."

_스웨덴 출신의 건국대 초빙교수 메츠 존슨.

　"학생들이 교과서에만 너무 매달린다. 책에 쓰인 지식을 벗어나 문제를 바라보는 노력을 해야 한다."

_노르웨이 출신의 카이스트 공대 교수 폴 베르간.

　"새로운 지식을 창출해야 하는 나라임에도 교육이 뒷받침을 못한다. 학생들이 새로운 도전을 하도록 학교 시스템을 바꿔야 한다."

_카이스트에 근무하는 조지 퍼스트 환경 분야 전문가.

　비록 최근의 일이 아니어도 2000년대 초에 우리나라에 온 미래학자

앨빈 토플러는 '산업은 제3의 물결이지만, 교육은 제2의 물결이다. 혁명적인 변화가 필요하다'라고 훈수를 뒀다.

2012년, 영국의 다국적 교육출판 미디어그룹 피어슨이 세계 40여 개 국의 교육시스템을 비교한 보고서를 발표했다. 당시 국내 언론은 주당 학습시간, 교육과정, 문맹률, 졸업이나 진학률 등 여러 비교 영역 가운데 PISA 성적이 핀란드에 이어 세계 2위라는 것에 초점을 맞춰 보도했지만, 그 보고서를 발표한 영국 BBC 방송은 자녀가 수능시험을 잘 치게 해달라고 절에서 기도하는 부모들의 장면을 보내면서 과도한 학습시간, 암기식 교육, 학원 수강의 문제를 보도했다.

2011년, 독일의 슈피겔지는 '교육으로 고통 받는 한국 학생'이란 제목으로 한국 학생들이 입시를 위해 강인한 정신력을 기르려고 병영훈련을 받는 장면과 학생들이 밤늦은 시간까지 공부를 하는 학원 사진을 게재했다. 이 기사를 본 사람들의 트위터에는 이런 글이 올라 왔다고 한다.

'배움은 고통이야.'

'한국 학생들은 교육으로 고통을 받는구나.'

'우리가 저런 걸 원해? 단지 PISA 랭킹에서 1등이 되는 걸?'

하지만 누가 뭐라고 말하든 학교에서는 오늘도 입시를 위한 문제풀이와 더 나은 점수를 위해 친구 간에 노트도 빌려주지 않는 경쟁, 삶의 진로가 아닌 눈치와 운수도 더러 통하는 입시 전략을 이야기한다. 그리고 그 속에서 학생들은 그저 '학교에 다니는 생물'로서 존재한다.

앞에서 우리 아이들과 학교의 모습을 살펴봤다. 이 아이들의 모습을 건강하게 바꾸는 것, 그렇게 되도록 학교의 모습을 바꾸는 것이 공교육 정상화일 것이다. 그렇다면 80년대부터 지금까지 우리 교육문제를 어떻게 진단하고 있는가를 몇 가지 보고서를 토대로 살펴보고자 한다. 그 문제를 해결하는 것이 공교육 정상화의 방향일 수 있기 때문이다.

1984년 한국교육개발원의 '한국교육문제의 종합 진단'이라는 보고서가 있다. 학교 교육과 직접적인 관련이 되는 문제로 진단한 것을 정리해 보면 1) 낮은 교육비와 교육환경의 비인간화, 2) 잘못된 교육관, 학제, 교육과정, 수업체제, 3) 학교운영의 획일성과 경직성을 들었다.

1987년 교육개혁심의회의 '교육개혁 종합 구상'에서는 한국교육의 당면 문제로 1) 지나친 입시위주의 교육, 2) 개성이 무시되는 획일적 교육, 3) 지시일변도의 교육행정, 4) 교육격차의 심화 등을 들었다.

1992년 대통령자문 교육정책자문회의의 '21세기 한국교육의 선택'에서는 1) 적성과 개인차 존중, 2) 교육체제의 획기적 개선, 3) 쾌적한 교육환경의 개선, 4) 교육재원의 확충을 제시했다.

1995년 교육개혁위원회의 '신교육체제수립을 위한 5·31 교육개혁 방안'에서는 1) 입시지옥 속에서 묻혀버리고 있는 창의성, 2) 값싼 학교 교육과 과중한 사교육비, 3) 획일적 규제 위주의 교육행정, 4) 입시 위주 교육으로 인한 도덕교육의 상실을 들었다.

2004년 참여정부의 교육혁신위원회 연구자료에서는 1) 획일과 통제를 고착, 강화시키는 중앙-일류의 도식, 2) 행정에 의한 교육 지배, 3) 배급되는 다양성과 자율성의 문제를 지적했다.

2008년 출범한 이명박 정부의 학교정책 목표는 창의인성교육이었다. 2013년 출범한 박근혜 정부의 학교정책도 창의인성교육의 변주인 '꿈과 끼를 키우는 교육'이었다.

2013년 교육부의 업무 보고 자료에서는 우리 교육에서 학생과 학부모 등 국민 개개인의 입장에서는 입시 위주의 과열된 경쟁으로 인해 행복하지 못하고, 교육 질에 대한 불만이 지속되는 것을 한계로 지적했다. 학생의 경우 과중한 공부 부담과 학교폭력 등으로 행복감이 낮은 상황이며, 학부모 경우 복잡한 입시전형, 과도한 사교육비, 높은 대학등록금 등이 여전히 큰 부담으로 작용하고 있다고 지적했다. 교원의 경우 교원의 역할에 대한 기대는 점점 높아지고 있으나 과도한 행정 업무, 교권 침해 증가 등으로 사기와 만족도는 크게 저하되고 있다고 했다.

박근혜 정부에서 '꿈과 끼를 키우는 교육'의 대표적인 정책으로 중학교 자유학기제의 도입을 들 수 있다. 자유학기제 기간만큼은 과도한 학업 부담과 지필고사 부담에서 벗어나 자신의 적성과 소질을 찾고 미래를 설계할 수 있도록 한다는 구상이었다.

이러한 정책을 추진할 수 있는 여건으로 성적보다는 참되고 바른 인간으로 키워야 한다는 교육의 본질적 가치 회복의 필요성이 증대되었고, 학벌과 스펙보다는 창의성과 인성이 더욱 중요하다는 사회적 공감대가 점차 확산되고 있다는 점을 들었다.

80년대 이후 교육개혁 과정에서 진단된 우리 교육의 문제 중에서 학교 교육과 직접 관련되는 문제는 1) 입시 위주의 경쟁교육으로 인한 창의성, 인성교육의 소홀, 2) 획일적인 교육내용(교육과정), 3) 경직된 학교운영 체제, 4) 상명하달식 교육행정, 5) 학교와 교원의 자율성 보장 부족으로 정리할 수 있다.

혁신학교가 공교육 정상화를 위한 학교라면 이러한 문제를 극복해야 한다. 혁신학교는 공교육 정상화를 위해 교육과정과 학교운영의 혁신이 핵심 과제여야 한다. 학교운영의 혁신 내용은 민주적이고 자율적인 운영 체제를 갖는 것이다. 단위 학교의 교육과정과 학교운영의 혁신을 지원하기 위한 행정체제 혁신도 매우 중요한 과제라고 본다. 지시나 규제 위주의 교육행정은 교원의 자발성을 위축시키기 때문이다.

그러나 공교육 정상화의 내용에 동의한다고 해도 정상화를 위한 정책 추진은 크게 힘을 받기 어려운 상황이 있다. 우선 대학 입시 문제를 들 수 있다. 대학 입시와 중등교육의 불일치는 학교 교육의 정상화를 가로막는 장애 요인이다.

고교평준화 논란도 또 다른 장애 요인이다. 특목고, 자사고, 국제고 등의 학교체제 다양화 정책의 추진으로 이미 전국적인 의미에서 고교평준화가 깨어진 것이나 다름없다.

또한 과도한 사교육비는 획일적인 학교 교육과 중등교육과 불일치를 가져오는 대학 입시와의 사생아다. 그리고 우리 사회의 양극화와 함께 교육의 양극화는 갈수록 공교육 정상화를 왜곡하는 결과를 가져왔다.

공교육 정상화 관점에서 기존 학교와 비교하여 혁신학교가 지향하는

	기존 학교의 문제	혁신학교
학교 성격	학교체제 다양화로 학교 서열화	교육내용 다양화로 학교별 수평적 특성화
교육원리	경쟁, 효율성	협력, 지속 가능성
학교운영	수직적, 관료적	수평적, 민주적
교육과정 (프로그램)	입시 중심, 국영수 중심	진로 중심, 전인교육
학력	점수와 서열 중심, 소수 학생의 수월성	역량 중심, 모든 학생의 수월성
평가	객관식, 단답형	논술형, 정의적 영역 평가, 교사별 평가
교원정책	교원의 대상화	교사의 자발성 존중
교육복지	교육시장화, 선별적 교육복지	공공성, 보편적 교육복지
교육행정	하향식, 인센티브를 통한 통제	상향식, 교원 자발성(내적동기) 중시

내용을 위의 표와 같이 정리해 볼 수 있다.

80년대 이후 진단하고 있는 우리 교육의 문제와 이를 극복하여 공교육 정상화를 위한 혁신학교의 추진과제를 단위 학교 차원에서 본다면, 크게 교육과정 혁신과 학교운영 혁신으로 나눠볼 수 있다. 학교운영 혁신은 민주적 운영, 자율적 운영, 학습공동체 조성을 포함한다.

교육과정 혁신은 입시 위주의 획일적 교육내용의 극복, 창의성·인성교육의 회복, 학생들의 적성과 개성의 존중을 위해 중요한 과제일 수밖에 없다. 그리고 교사들의 교육과정 운영과 학생 생활지도에 전념하도록 여건을 만드는 것이 학교운영 혁신의 주요 내용이 될 것이다.

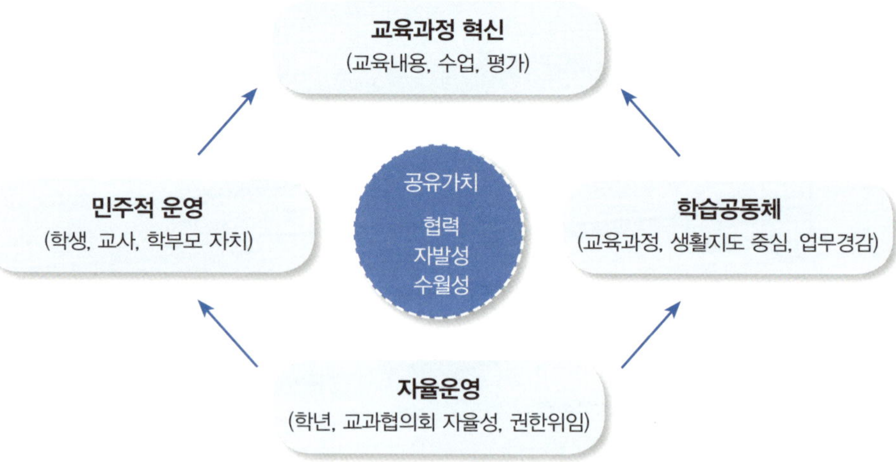

그것은 학교의 민주적, 자율적 운영을 통해 교사의 자발성을 높이고, 교육과정과 생활지도에 전문성을 갖도록 학습공동체가 되게 하는 것이다. 교육과정의 운영은 주로 교사들이 할 일이고, 민주적, 자율적 운영과 학습공동체 형성은 교육청, 교장, 교감이 지원해야 할 일이다.

혁신학교의 추진과제들은 과제별로 공교육 정상화를 위해 모두 중요하다. 그렇다고 각 과제의 중요성을 병렬적으로 보면 오류를 범할 수 있다. 단위 학교 사정에 따라서는 보다 우선할 과제가 있을 수 있다. 예를 들어, 여러 과제 중에서 민주적 학교운영이 우선적으로 필요할 수 있다. 하지만 민주적 학교운영은 학생을 위한 교육과정 운영을 위해 필요한 것이다. 따라서 혁신학교의 추진과제인 민주적, 자율적 운영과 학습공동체 형성은 교육과정 운영을 위한 지원 과제의 성격으로 봐야 한다. 이 점에 대해서는 학교마다 또는 개인마다 관점이 다양하다. 따라서 좀 더 깊은 논의가 필요하다.

　이러한 혁신학교 추진과제들의 성격을 잘못 이해할 경우 혁신학교의 편향이 생길 수 있다. 연구학교 운영하듯이 혁신학교 추진과제 중 어느 한 가지 과제에 집중할 경우 혁신학교로서 총체성을 잃어 올바른 운영이 어려울 것이다.

- 4 -
공교육 정상화의 방향과 학교문화

　앞서 공교육 정상화를 위한 우리 교육의 과제는 누구나 대체로 동의하는 것이라고 본다. 그러나 이를 해결하는 방안에서는 사람마다 상당한 차이가 있다. 일부에서 혁신학교의 공교육 정상화를 위한 추진과제에는 동의하면서도 이를 해결하기 위한 혁신학교는 부정하는 것에서 잘 드러난다. 과제에는 동의하지만 해결 방안에서 차이가 나타나는 것은 가치나 철학의 차이에서 비롯된다.

　학교 교육으로 좁혀서 생각해 보자. 흔히 학교혁신 혹은 혁신학교의 추진과제를 통틀어 학교문화를 바꾸는 일이라고 말한다. 학교문화를 바꾸기 위해서는 학교 구성원이 공유하고 있는 가치가 중요하다. 어떤 가치를 지향하고, 공유하는가에 따라 학교문화가 달라질 것이다.

학교문화는 교원, 학생, 학부모에게 공유된 가치, 신념, 사고방식, 이념의 복합체라고 사전적으로 정의할 수 있다. 학교문화의 하위문화로 교원문화, 학생문화, 학부모문화가 있다. 단위 학교에서 교원, 학생, 학부모가 함께 공유가치를 갖는다는 것은 무척 힘들다. 그러나 학교문화 형성의 출발은 교원문화일 것이다. 교원문화가 잘 형성되어 있다면 그 영향으로 학생문화가 변할 것이고, 학부모문화 역시 영향을 받을 수밖에 없다.

기업의 조직혁신을 위한 분석 기법으로 매킨지의 7S 모델이라는 것이 있다. 학교문화에 기업의 조직혁신을 위한 진단 모델을 적용하는 것이 적절하지 않을 수 있으나, 학교문화가 문서화된 형태인 학교교육 과정에 7S 모델을 적용하는 데 큰 무리가 없다.

7S 모델은 S자로 시작되는 7가지 요소로 공유가치(Shared Value), 전략(Strategy), 기술(Skill), 구조(Structure), 시스템(System), 구성원(Staff), 스타일(Style)을 말한다. 이 요소 중 가장 핵심적인 것은 공유가치다. 이 공유가치를 핵심으로 하여 서로 유기적인 관련이 있다. 이 7가지 요소로 학교를 진단한다면 다음과 같이 질문할 수 있다.

1) 공유가치: 우리 학교가 추구하고 구성원이 함께 하는 가치나 철학은 무엇인가?

2) 전략: 어떤 방향, 어떤 내용으로 추진하는가?

3) 기술: 구성원의 참여를 유도하고, 예산 편성은 적절한가?

4) 조직구조: 사업의 역할분담과 운영에 적절한 조직 체계인가?

5) 시스템: 의사결정 과정이 적절하며, 평가와 피드백이 이루어지

는가?

6) 구성원: 학교가 지향하는 목표에 동참하는 교원이 많은가?

7) 스타일: 학교장을 포함한 리더들의 리더십은 혁신에 적절한가?

이 7가지 요소는 학교교육과정에 많은 부분이 기술되어 있다. 예를 들면 1) 공유가치는 학교교육과정에서 단위 학교의 비전이나 학교상으로 제시되어 있다. 2) 전략으로서 교육활동의 목표, 방향이 기술되어 있고 내용으로는 교과교육과정이나 창의적 체험활동의 방향과 지도중점, 지도내용이 기술되어 있거나 주요 교육활동에 대한 계획이 있다. 3) 기술에서는 사업별 학교 예산이 편성되어 있고, 구성원의 참여 유도를 위한 각종 위원회가 구성, 운영되고 있다. 4) 조직구조에서는 업무 분장표가 있고, 5) 시스템으로는 학교평가와 피드백 방안이 수립되어 있다. 6) 구성원에서는 각종 연수나 장학 계획과 함께 교사상, 학생상, 학부모상도 제시하고 있다. 7) 스타일의 경우 많은 학교의 학교교육과정에서 찾아보기 힘들다. 리더십 혹은 학교조직 운영 관련 원칙과 관련된 기술이 없다는 것은 학교운영의 비민주성 혹은 경직성을 가져올 수 있다.

7S 모델로 진단했을 때 학교의 일반적인 문제점은 우선 구성원이 공유하는 가치나 철학이 명료하지 않다는 점이다. 학교교육과정에서 가치나 철학이 명료하지 않다는 것은 단위 학교의 혁신적이고, 지속 가능한 학교문화가 형성되기 어렵다는 것을 의미한다.

다음 문제점으로 나머지 여러 요소가 공유가치를 핵심으로 하면서 서로 유기적인 관계가 약한 점을 들 수 있다. 예를 들어, 단위 학교의 교육과정은 주로 국가교육과정의 복사판이 많은 편이다. 단위 학교의 공유가치가 없거나 명료하지 않아서 교육과정이 그럴 수밖에 없을 것이다. 반대로 교육과정이 단위 학교 차원에서 특성화되거나 재구성되었다고 해도 공유가치가 명료하지 못하다면 교육과정은 힘을 잃을 것이다.

마지막으로 내용과 절차의 리더십이 약화되어 있다. 학교혁신을 위한 내용적인 주도는 교장, 교감, 교사 모두일 수 있지만. 학교 여건에 따라서 교장일 수도 있고, 교사일 수도 있다. 프랑스 프레네 학교의 출발은 교사 주도의 학교혁신이었고, 독일의 헬레네랑에 학교는 교장 주도의 학교혁신이었다. 물론 처음 주도의 주체는 달랐지만, 이에 동의하는 구성원에 의해 공동으로 혁신을 추구하는 학교가 되었다. 또 리더십은 내용적인 것과 절차적인 것으로 구분해 본다면 절차적인 리더십은 자율적이며 민주적인 운영 시스템을 갖는 데 많은 기여를 하겠지만, 이 부분이 많은 학교에서 문제가 되고 있다.

- 5 - 학교문화 혁신을 위한 공유가치

무엇보다도 공교육 정상화를 위한 학교문화 형성의 핵심은 구성원이 공유하는 가치나 철학의 문제로 봐야 한다. 현재의 학교를 혁신할 수 있는 대안적 가치를 어떻게 마련할 것인가가 중요한 문제일 것이다.

학교문화 혁신을 위해 학생의 교육활동과 직접 관련되는 가치로 경쟁에서 협력의 교육, 자발성(내적동기)을 중시하는 교육, 모든 학생을 위한 수월성 교육 등을 들 수 있다.

경쟁에서 협력의 교육

독일과 핀란드 등 유럽의 많은 나라가 학교 교육에서 경쟁을 금기시하고 있다. 경쟁보다 협력이 상호 성장을 가져올 수 있는 보다 본질적인 방법이라는 것이다.

우리의 경우 학교 교육에서 지나친 입시 위주의 경쟁교육을 문제로 지적하면서도 이를 극복하는 방안은 소홀하다. 이 경쟁교육은 학생들에게 부정적 영향을 많이 끼친다. 경쟁은 시험 성적에 의한 경쟁이며, 시험은 객관식 시험을 중심으로 하게 되어 본질에 맞는 교육과정 운영을 어렵게 한다. 이 때문에 전인교육이 어렵고, 시민양성이라는 국가교육의 목표가 왜곡된다. 우리 교육의 문제로 많은 사람이 창의성과 인성교육의 약화를 말하는데, 이 또한 지나친 경쟁교육의 후유증으로 볼 수 있다.

학교 교육에서 경쟁을 넘어 협력의 교육으로 나아가기 위해서는 우선 시험 점수 위주의 학력관이 아닌 올바른 학력관의 정립과 경쟁을 유발하는 평가 방법의 개선이 필요하다. 올바른 학력관이란 지식과 기능도 학력이지만, 고등정신 능력은 더 중요한 학력이고 점수화할 수 없는 정의적 영역도 매우 중요한 학력이라고 인식하는 것이다.

평가 방법에서 중등은 입시를 위한 내신 성적과 교육부의 평가 지침에 의해 현재로서는 일제고사가 불가피한 측면이 있지만, 초등의 경우는 교사별 평가가 가능하여 일제고사가 꼭 필요한 것은 아니다. 그리고 시험에 반드시 점수를 매기거나 점수를 공개해야 하는 것도 아니다.

또 교내에서 치러지는 여러 대회의 교육적 의미를 다시 생각해 봐야 한다. 교내에서 치러지는 여러 대회가 학생들의 성취동기를 높이고 격려하기 위한 것이라고는 하지만, 많은 학생의 서로 다른 능력을 모두 격려하고 지원하는 것은 아니다. 초등의 경우 주로 수학, 영어, 과학 관련 대회, 글짓기, 그리기 대회 등을 많이 한다. 많은 학생이 이 분야 말고도 다양한 능력이 있지만, 학교에서 관행적으로 이루어지는 일부 대회에서 소외될 수밖에 없다. 따라서 교내에서 열리는 많은 대회가 교육적 목적에 충실할 수 없고, 오히려 많은 학생에게 열패감을 심어주게 된다.

자발성을 중시하는 교육

교육에서 외적동기보다 내적동기가 더 효과가 있다는 것은 상식이다. 학습 동기를 유발하는 힘이 개인의 내부에 있는가, 외부에 있는가에 따라 외적동기, 내적동기로 나누는데 당연히 학생의 자발적인 동기가 더 효과가 있을 것이다.

외적동기는 특정한 행동을 하는 목적이 보상이나 처벌 같은 외적인 결과에 있고, 이 보상과 처벌을 통해 한 학생의 학습을 통제할 수 있다고 보는 것이다. 외적동기의 문제점은 학생이 학습에서 수동적이 되어 창의성이 떨어지고 학습이 목적이 아니라 보상의 수난이 되며 학생의 자발성이 떨어지고 의존성이 높아지게 된다는 데 있다.

그러나 내적동기는 어떠한 외적인 목적이나 보상 없이 학습 자체에 대한 흥미나 즐거움, 만족을 얻기 위해 행동하는 것을 말한다. 다니엘 핑크가 TED 강연에서 내적동기의 중요성을 말한 적이 있다. 다니엘 핑크는 비즈니스에 대한 새로운 운영 시스템은 주도성, 전문성 그리고 목적이라는 3가지 요소를 축으로 해서 운영된다고 말한다. 주도성은 자기 삶의 방향을 결정하고 싶은 욕망이고, 전문성은 의미 있는 것에 좀 더 잘하고자 하는 욕망이며, 목적은 보다 더 큰 무엇인가를 하고 싶은 열망이라고 했다.

내적동기 부여의 성공 사례로 호주의 소프트웨어 회사인 아틀라시안(Atlassian)을 들고 있다. 아틀라시안은 일 년에 몇 번 정도 회사의 엔지니어들에게 '지금부터 24시간 동안 정규 업무가 아니라 하지 못했던 것을 찾아 하십시오. 무엇이든 좋습니다'라고 했는데, 엔지니어들은 이 시간에 코드를 수정하거나, 엄청난 제품 아이디어를 만들어 냈다고 한다. 구글 역시 사원들에게 그들의 시간과 작업, 팀과 기술의 주도권을 주면서 새로운 생산품들인 지메일(Gmail), 오르컷(Orkut), 구글뉴스(Google News)가 만들어졌다고 한다.

이보다 더 급진적인 사례로 '결과만 내면 되는 작업 환경' ROWE(Results Only Work Environment)를 예로 들고 있다. ROWE의 작업자는 정규 일정이 없이 회사에 오고 싶을 때 오고, 어떤 시간에 꼭 회사에 있을 필요도 없고, 아예 오지 않아도 된다. 그들은 그저 자기가 맡은 일만 완수하면 되며 언제, 어디서, 어떻게 하는지는 전적으로 작업자에게 달렸다. 이 환경에서 회의는 선택 사항이었다. 그 결과 생산성이 향상되고, 작업자들의 기여도는 향상되고, 작업자 만족도도 향상되고, 불량은 줄었다고 한다. 결국 주도성, 전문성 그리고 목적과 같은 내적동기부여가 일을 하는 새로운 방법이라고 말한다.

디니엘 핑크의 주장처럼 기업에서도 내적동기가 더 성과가 있는데 교육에서는 더 말할 필요가 없을 것이다. 이 내적동기의 문제는 학생들만이 아닌 교원들에게도 마찬가지다. 성과급이나 교원평가, 승진 점수 같은 외적동기보다 내적동기가 학교혁신을 추진하는 데 더 나은 힘이고, 혁신학교를 지속 가능하게 할 수 있다. 혁신학교에서 교원의 자발성을 강조하는 이유가 여기에 있다.

학생들에게도 교육활동에서 흥미나 성취욕구, 열정을 통해 보다 의미 있는 성취 결과와 만족감을 느끼게 하는 내적동기를 중요시해야 한다. 보상을 위한 스티커, 상벌점제, 선물 등의 외적동기는 내적동기보다 학생의 성장을 지체시킨다.

모든 학생을 위한 수월성 교육

2004년, 교육혁신위원회의 보고서 '교육과정 현대화 연구'에서 형평성과 수월성에 대해 다음과 같이 지적하고 있다.

'교육의 기회균등은 근대교육이 성립된 이래 일관되게 추구해 온 공교육의 지향이며, 교육의 수월성 추구는 교육이 보편적으로 추구하는 목표이다. 양자는 결코 대립적인 것이 아니라 상호보완적이다. 그런데 지금 시점의 한국사회에서 형평성과 수월성 추구가 첨예한 대립으로 받아들여지는 이유는 인재와 학력을 바라보는 관점의 편협성, 그동안 성장일변도의 신화에 갇혀있는 의식과 학교 교육을 통해 사회경제적 신분 상승의 유일한 방도라는 고정관념이 자리 잡고 있는 것이 그 원인이라고 보고 있다.'

형평성은 교육의 조건을 규정하는 말이며, 수월성은 교육의 결과를 말하는 것이다. 교육은 누구에게나 고른 기회를 줘야 하며 모든 학생의 성장을 추구하는 것이 당연함에도 형평성과 수월성을 대립된 개념으로 잘못된 인식을 하게 되었다.

우수학생을 위한 학교를 따로 만든다고 수월성 교육이 되는 것이 아니며, 수월성 교육의 대상자는 영재성을 보이는 소수의 엘리트가 아니라 공교육 체제 속에 있는 모든 학습자여야 한다. 핀란드, 프랑스, 미국 등 세계 각국은 평준화제도 안에서도 학습자의 다양성을 살려주는 방향으로 얼마든지 수월성 교육을 실천하고 있다.

우리에게 수월성 교육의 왜곡 형태가 잘 드러나는 것으로 고교평준화 문제를 들 수 있다. 이 논쟁은 중, 고등학교 교육의 정상화라는 관점에서 본다면 소모적이다. 평준화 정책은 입시 위주의 교육, 암기식 교육의 폐해, 과도한 사교육비 지출 등의 문제를 해결하여 학교 교육을 정상화하자는 취지였다. 그러나 문제는 평준화 이후 학생들의 소질과 적성, 능력을 살릴 수 있는 다양한 교육과정이나 학교운영의 유연성을 확보하기 위한 지속적인 정책이 뒤따르지 못했다.

　그것은 점수로 한 줄 세우기가 아닌 학생의 다양한 능력에 따른 여러 줄 세우기가 핵심이었다. 하지만 구호는 있었으나 실제 중등교육 현장에는 가시적인 변화가 없었다. 일부에서는 평준화 정책을 개선하는 중요한 방향으로 학부모의 학교선택권을 부분적으로 확대하는 것과 동시에 정부의 학교에 대한 규제를 완화하고 학교의 자율성을 증대하는 것도 매우 중요하다고 주장하는데, 현재의 여건에서 학생들이 소질, 적성, 진로와 관련하여 선택할 다양한 교육내용을 가진 학교가 존재하지 않는다. 다만 일류대학 진학률에 따른 학교 간 차이가 있을 뿐이다. 이런 처지에서 수월성 교육을 위한 평준화 보완책으로 학교체제의 다양화, 즉 특목고, 자사고, 국제고 등의 새로운 입시 명문고를 만드는 우를 범하고 있다. 결국 학교 교육이 입시 위주가 아닌 교육 본래의 기능을 회복했어야 하는데, 이 문제를 제쳐두고 평준화, 비평준화 정책의 문제로 논쟁을 한다는 것은 소모적이다.

　올바른 수월성 교육은 학생을 보는 관점의 변화를 요구한다. 우선 모든 학생은 성장할 수 있다는 믿음이다. 현재의 모습이 부정적이든 긍정적이든 학생은 현재의 상태에서 보다 나은 상태로 성장할 수 있고, 그 성장을 위한 노력을 학교나 교사가 해야 한다는 것이다. 다음으로 학생 간의 개인차를 인정하고, 개인별로 개인내차를 인정하는 것이다. 학생에 따라서는 공부를 잘하는 학생, 못 하는 학생이 있을 수 있다. 또 개인별로 교과나 영역에 따라 잘하고 못 하는 것이 있다. 잘하는 것은 더 잘하게 하고, 못 하는 것은 보완하는 것이 교육의 역할이다. 그리고 여기서 말하는 공부는 주로 교과 성적인데 교과만이 공부의 전부가 아니라는 것을 인정한다면, 현재 우리가 보고 있는 한 학생의 개인차나 개인내차가 절대적인 것이 아닐 수 있다.

공부를 잘하고, 못 하는 것은 학생의 학습과 관련한 조건이지 한 학생의 평가 혹은 삶을 결정짓는 것은 아니다. 이 점을 고려한다면 어떠한 학생이라도 미워하거나 비난할 수 없고, 모든 학생을 인격적으로 대할 수밖에 없을 것이다.

지금까지 제시한 학교문화 혁신을 위한 공유가치 3가지는 큰 방향에서의 가치를 말하는 것이다. 하지만 이 공유가치를 좀 더 영역별로 세분한다면, 다음과 같이 말할 수 있다.

- 점수 위주의 경쟁보다 삶을 위한 협력이 더 올바른 교육적 가치다.
- 호기심과 성취욕구, 협력, 책임감 등 정의적 영역도 중요한 학력이다.
- 학교마다 교육내용이 동일한 것 혹은 교과서대로 가르친다는 것은 학교 나름의 가치나 철학이 부재한 것이고 교육의 획일성을 가져온다.
- 동일 학년의 시험문제는 반드시 동일한 문제일 필요가 없다(평가는 학교별 평가, 즉 일제고사가 아닌 교사별 평가가 중심이어야 한다).
- 학생평가는 분류, 서열화가 목적이 아니라 학습의 과정이자 한 학생의 성장을 지원하는 행위이다.
- 학년별, 교사별로 자율을 줄 때 더 큰 교육적 효과를 얻을 수 있다.
- 민주적인 운영은 혼란과 나태를 가져오는 것이 아니라 보다 적극적인 참여와 창의적인 학교운영을 가져온다.

- 학교의 자율성을 보장하는 것은 교육행정의 약화를 가져오는 것이 아니라 학교의 창의적인 기획과 교원 자발성을 가져온다.
- 인센티브가 없는 것이 오히려 교원의 자발성을 적극적이게 하고, 지속 가능하게 한다.

- 6 -
가치를 공유할 매개

단위 학교의 문화를 혁신하기 위해 대안적 가치를 수립하는 것과 함께 이것을 구성원이 무엇으로, 어떻게 공유하는가가 중요한 문제일 것이다. 가치를 공유하는 매개는 내용과 형식으로 나눠 생각해 볼 수 있다. 내용 면에서는 학교교육과정이 가치를 공유할 수 있는 매개이고, 형식 면에서는 학교운영 체제일 것이다.

학교교육과정에서 구성원이 공유할 가치가 학교운영의 가치, 철학 혹은 지향이란 이름으로 제시되었다면 이 가치를 학교교육활동, 특히 학교교육과정에 반영되어야 마땅하다. 예를 들어, 경쟁에서 협력을 지향하는 교육의 가치를 중시한다면 교육내용을 재구성하여 협력적인 프로젝트 학습을 계획한다거나 수업에서 학생들의 협력을 지향하도록 해야 한다. 평가에서는 수행과제를 모둠별로 해결하거나 학생들의 우열을 가리는 교내 대회와 시상 제도를 폐기 혹은 개선해야 할 것이다.

교육과정은 학생들의 삶의 텃밭이나 다름없다. 식단이 학생들의 신체적 성장에 자양분을 주는 것이라면, 교육과정은 정신적 성장을 위한 자양분을 제공한다. 학생들에게 신체적으로 결핍된 자양분이 있을 때 그것을 보충하기 위해 지속적으로 자양분을 제공해야 하듯이, 정신적으로 결핍된 자양분이 있다면 이것이 교육과정을 통하여 한 학년, 학년과 학년에서 지속적으로 제공되어야 한다. 그럴 때 학생들의 삶에 변화를 가져온다. 이런 점에서 혁신학교의 정체성은 대안적 가치를 담은 학교교육과정이라고 볼 수 있다. 단위 학교의 교육과정이 우리 교육의 문제, 학생들의 문제를 해결할 수 있는 가치와 내용, 방법을 담고 있느냐가 혁신학교로서 정체성이라고 본다.

학교교육과정을 운영하면서 이 가치가 학생들의 삶에 영향을 줄 것이고, 이 가치가 담긴 교육과정을 잘 운영하기 위해 단위 학교 구성원들이 연수와 실천 활동을 하면서 구성원 역시 그 가치에 철저하게 될 것이다. 이러한 학교교육활동이 학부모들에게 동의를 받는다면 학부모 역시 그 가치 지향으로 변화를 가져오게 된다.

학교문화 혁신을 위한 가치를 공유할 내용적 매개로서 교육과정을 작성할 때 몇 가지 주의할 점이 있다. 우선 보다 본질적인 내용으로 접근해야 한다. 흔히 연구학교 하듯이 주제를 설정하여 실행하는 것은 큰 도움이 되지 못한다. 예를 들어, 단위 학교에서 지향하는 가치를 독서교육이라는 한 분야에 담기보다는 교육과정으로 접근하는 것이 보다 본질적이다. 또 내용과 방법, 형식의 일체성이 필요하다. 학생인권을 중시한다면 학생회와 동아리 같은 학생자치 영역이 철저히 운영되도록 지원하며 그야말로 학생자치에 걸맞는 자율적 운영을 지원하는 것이다. 그리고 총체적인 접근을 해야 한다. 교육과정만이 아니라 이 교육과정을 원활히 운영할 조건, 즉 학교운영의 혁신도 따라야 한다. 학교가 보다 민주적이고, 교사나 교과연구회, 동학년의 자율성이 주어지는 것이 교사가 교육과정을 운영하는 데 집중할 수 있는 여건을 마련해준다.

그러나 아무리 훌륭한 가치를 담은 교육과정이 있다고 해도 그것을 운영할 주체가 형성되지 않았다면 문서에 지나지 않을 것이다. 교육과정을 운영할 교사들의 역량을 기르는 일과 지속 가능하게 하는 여건을 마련하는 것도 중요하다. 특히 지속 가능하게 할 여건은 매우 중요하다. 지금 혁신학교에서 가장 큰 문제는 지속 가능성이다. 시도교육청에 따라 전보할 수 있는 단위 학교 근무 기간이 다르기는 하지만, 이 순환근무는 학교 교육력 축적을 어렵게 만드는 요인이다.

애써 혁신학교 기반을 만들었지만, 시작 때 동참했던 많은 교사가 2, 3년 내에 전출을 하게 된다면 새로 전입한 교원들이 그 공유 과정을 거치기까지 많은 시간이 걸린다. 처음 가치 공유를 위해 노력했던 과정을 반복하는 것도 간단한 일이 아니다. 이 순환근무는 학생이나 학교의 교육력 축적이라는 관점에서 본다면 학생과 학교를 위한 제도가 아니라 우리 교원들의 편의를 위한 것이다. 순환근무의 보완 없이는 학교문화 혁신 혹은 혁신학교의 지속은 어려운 문제다.

교육과정 혁신

교육과정, 학력 그리고 창의성

학력의 사전적 정의는 '교육을 통하여 얻은 지식이나 기술 따위의 능력. 교과 내용을 이해하고 그것을 응용하여 새로운 것을 창조하는 능력'이다. 여기서 '교육을 통하여'는 학교에서 학생들이 배우는 교육과정이라고 볼 수 있다. 곧 학력은 교육과정을 통해 길러지는 것이다. 그렇다면, 교육과정이 어떤 내용으로 구성되느냐가 곧 어떤 학력을 기르는가와 동일하다고 볼 수 있다.

교육과정은 교육의 목표를 담고 있다. 교육목표는 학습과정 또는 학습경험을 통하여 학습자에게서 이루고자 하는 행동상의 변화를 말한다. 블룸(Bloom)의 교육목표 분류에 따르면 인지적 영역은 지식, 이해, 적용, 분석, 종합, 평가로 설명할 수 있고, 정의적 영역은 감수, 반응, 가치화, 조직화, 인격화 등이다. 정의적 영역의 요소로는 흥미, 성취욕구, 자기 효능감, 책임, 상호작용, 가치 등을 들 수 있다. 심동적 영역은 반사적 동작, 기초 동작, 지각 능력, 신체 능력, 신체적 대화 등이다.

2015 개정 교육과정의 교육목표를 살펴보면 여기서 크게 벗어나지 않는다. 초등학교의 교육목표를 다음과 같이 제시하고 있다.

① 자신의 소중함을 알고 건강한 생활 습관을 기르며, 풍부한 학습 경험을 통해 자신의 꿈을 키운다.

② 학습과 생활에서 문제를 발견하고 해결하는 기초 능력을 기르고, 이를 새롭게 경험할 수 있는 상상력을 키운다.

③ 다양한 문화 활동을 즐기고 자연과 생활 속에서 아름다움과 행복을 느낄 수 있는 심성을 기른다.

④ 규칙과 질서를 지키고 협동정신을 바탕으로 서로 돕고 배려하는 태도를 기른다.

중학교의 경우는 다음과 같다.

① 심신의 조화로운 발달을 바탕으로 자아존중감을 기르고, 다양한 지식과 경험을 통해 적극적으로 삶의 방향과 진로를 탐색한다.

② 학습과 생활에 필요한 기본 능력 및 문제 해결력을 바탕으로 도전 정신과 창의적 사고력을 기른다.

③ 자신을 둘러싼 세계에서 경험한 내용을 토대로 우리나라와 세계의 다양한 문화를 이해하고 공감하는 태도를 기른다.

④ 공동체 의식을 바탕으로 타인을 존중하고 서로 소통하는 민주 시민의 자질과 태도를 기른다.

고등학교의 교육목표는 다음과 같다.

① 성숙한 자아의식과 바른 품성을 갖추고, 자신의 진로에 맞는 지식

과 기능을 익히며, 평생학습의 기본 능력을 기른다.

②다양한 분야의 지식과 경험을 융합하여 창의적으로 문제를 해결하고, 새로운 상황에 능동적으로 대처하는 능력을 기른다.

③인문·사회·과학기술 소양과 다양한 문화에 대한 이해를 바탕으로 새로운 문화 창출에 기여할 수 있는 자질과 태도를 기른다.

④국가 공동체에 대한 책임감을 바탕으로 배려와 나눔을 실천하며, 세계와 소통하는 민주 시민으로서의 자질과 태도를 기른다.

결국 교육과정을 통하여 지식이나 기능을 익히고, 분석력, 비판력, 종합력과 같은 고등정신능력을 기르는 인지적 영역과 함께 흥미, 성취 욕구, 자기 효능감, 책임, 상호작용, 가치 등의 정의적 영역을 길러 시민을 양성하는 것이 목표다. 따라서 학력이란 학생들의 인지적 영역, 정의적 영역, 심동적 영역을 높이는 것이라고 볼 수 있다.

그럼 학력과 창의성은 어떤 관계일까? 학력의 사전적 정의가 '교육을 통하여 얻은 지식이나 기술 따위의 능력. 교과 내용을 이해하고 그것을 응용하여 새로운 것을 창조하는 능력'이라고 할 때 학력은 이미 창의성을 포함하고 있는 개념이다. 물론 창의성의 개념을 학자에 따라 다양하게 정의하지만, 대체로 학력을 기른다는 말은 창의성을 기른다는 것과 같다. 실제 창의성의 구성 요소를 살펴보면 창의성은 학력이나 다름없다.

어번(Urban)은 창의성을 인지적 요소와 정서적 요소로 구분한다. 인지적 요소는 구체적 지식 기술로 특정 분야에 대한 구체적인 지식과 기술의 습득을 말하고, 일반적인 지적 능력으로 기억력, 분석력, 종합력, 논리적, 비판적 사고력을 이야기하고 있다. 또 확산적 사고력으로 정교성, 독창성, 융통성, 민감성 등을 말하고 있다. 또 정서적 요소를 보면 집중으로 고집이나 끈기를 들고 있고, 동기로는 호기심, 지적 욕구, 의사소통능력, 자아실현, 헌신을 들고 있으며, 개방성으로는 위기 대처 능력과 유머 등을 말하고 있다. 어번의 창의성 구성 요소를 보면 블룸의 교육목표 분류와 대동소이하다. 따라서 학력을 기른다는 것은 곧 창의성을 기르는 것과 같다.

그런데 우리는 학력이 창의성과 다른 개념인 것처럼 여긴다. 여기에 우리의 교육과정, 학력의 문제가 있다.

혁신학교는 당연히 학력을 높이는 학교다. 그러나 이 말을 쉽게 하지 않는다. 그 이유는 우리의 학력은 점수 위주의 교과 성적으로 좁게 이해되고 왜곡되어서 올바른 학력, 참된 학력이 아니기 때문이다. 교육과정을 본질에 맞게 운영한다면 그것이 참된 학력을 기르는 것이다. 학력을 높인다는 말이 자칫 입시 위주의 교육으로 오해될까 싶어서 이런 현상이 생긴다. 그래서 많은 교사가 혁신학교는 올바른 인성을 기르는 학교, 학생들의 행복을 위해 학교문화를 혁신하는 학교 등으로 모호하게 말하기도 한다.

우리나라 학력의 왜곡은 크게 두 가지로 볼 수 있다. 우선 인지적 영역 중에 지나치게 지식, 기능, 이해 중심으로 학력을 생각하고, 반면에 비판적 사고력이 중시되는 비교, 분석, 종합, 평가 등의 고등정신능력이 소홀히 되는 점이다. 단적인 예가 90년대 중반에 지식, 기능 중심의 교육문제를 극복하고 고등정신능력을 길러 창의적인 인재를 기른다는 취지에서 대학 입시에 논술고사와 통합형 수능이 도입되었다. 논술고사의 도입 취지는 지식암기 중심의 교육에서 자기 생각을 만드는 창의성을 기르는 교육으로 나아가기 위한 것이었다. 대학 입시에 논술을 도입한 것은 초·중등학교에서 교과서 공부만이 아니라 다양한 독서를 유도하고, 수업에서 토론식 수업이나 프로젝트 학습을 유도하기 위한 것이었다. 그러나 대학 입시에서는 논술고사가 있었지만, 초·중등학교에서는 토론식 수업이나 논술평가가 제대로 이뤄지지 않았다.

통합형 수능의 도입 이유는 창의적인 인재는 분과학문의 지식을 넘어 통섭적 지식을 갖추어야 한다는 것이다. 그동안 예비고사, 학력고사는 분과학문형 시험이었지만 수능은 통합적 출제를 했다. 그러나 초·중등학교에서는 지금까지 여전히 개별 교과목 형태로 가르치고 있다.

그런데 분과학문형인 교과 성적은 내신 성적이 된다. 학생의 입장에서 보면 학교의 수업이나 평가는 통합형이 아닌 분과학문형이지만 내신 성적을 위해 공부를 해야 하고, 대학 입시의 수능은 통합형인데 학교에서는 개별 교과목으로 가르치니 인터넷 강의나 학원 수강을 한다. 또 대학 입시에는 논술평가가 있지만, 학교에서 토론식 수업이나 논술평가가 없어서 이것을 준비하기 위해서는 또 학원 수강을 하게 된다. 이처럼 대학 입시와 중등교육의 불일치 속에서 학생들의 학습 부담이 크고, 여기에서 정신적, 신체적 문제는 앞서 적은 것처럼 지금 우리 학생들에게 나타나는 여러 지표로 알 수 있다.

다음으로 학력의 왜곡은 정의적 영역을 학력으로 보지 않는다는 점이다. 정의적 영역은 인지적 영역의 기반으로 매우 중요한 학력이고 국가교육과정에서도 어느 교과를 막론하고 제시되고 있다. 하지만 입시 위주 지식 중심의 교육에서는 이를 소홀히 하고 있다. 더구나 정의적 영역은 인성교육의 주요 요소를 갖고 있어서 정의적 영역의 소홀은 수업을 비롯한 여러 교육활동에서 인성교육이 소홀히 되는 것과 마찬가지다. 최근 교육부가 학교폭력과 관련하여 스포츠클럽을 교육과정으로 도입하고, 인성교육을 위해 인성 관련 프로젝트 수업을 강조하고 있다. 하지만 새로 추가하기보다는 기존의 교육과정이 본질에 맞게 운영되는가의 분석이 선행되어야 하는데 늘 사건이 터질 때마다 새로운 사업을 추가하여 교육과정을 누더기로 만들고 있다. 2015년에는 국회에서 인성교육법이 통과되었는데 법이 중요한 것이 아니라 교육과정을 본질에 맞게 운영할 수 있는 여건(교사 충원, 교육과정 운영 예산 증액, 중등교육과 대학 입시의 불일치 해소)을 확보하는 것이 더 중요했다. 우리나라 학력에서 정의적 영역이 얼마나 소홀히 되는가는 앞서 적은 PISA나 TIMMS와 같은 국제평가에서도 잘 드러난다.

우리 학생들의 전인적 성장을 위해서는 단편적 지식과 기능 중심의 교육을 하느라 결핍된 정신적 자양분인 비판적 사고력과 정의적 영역을 지속적이고 체계적으로 보충해주는 것이 필요하다. 우리 교육의 문제로 흔히 창의성과 인성교육의 소홀을 든다. 학생들은 학교생활의 99%를 수업으로 보낸다고 해도 지나친 표현이 아니다. 그리고 교사와의 만남은 99% 수업을 통해서 이루어진다. 그렇다면 학생들의 창의성과 인성교육의 약화는 교육과정 운영 혹은 학력에 문제가 있는 것이다. 물론 학교 바깥의 문제도 있지만, 학교 교육으로 좁혀 볼 때 그렇다는 것이다. 그 이유는 앞서 지적한 대로 고등정신능력의 소홀로 창의성이 길러지지 않고, 정의적 영역의 소홀로 인지적 영역의 기반이 허

약하며 인성교육의 소홀을 가져왔다. 이 현상이 오랜 세월 누적된 것이 현재 우리 교육이 풀어야 할 중요한 과제인 것이다.

학생들의 신체적 성장을 위해서는 단백질, 탄수화물, 지방, 무기질, 비타민 등의 영양소가 골고루 필요하다. 어느 하나라도 심각한 결핍이 생기면 신체 성장에 문제가 생긴다. 학생들의 정신적 성장도 마찬가지다. 왜곡된 학력관으로 지금 우리는 학생들에게 지식과 기능이라는 일부 정신적 영양소를 과다 투입하고 있다. 경쟁, 획일, 시험, 점수, 교사 중심 등이 과다 투입되고 있다. 비판적 사고력과 정의적 영역은 심각한 결핍이 있고 협력, 진로와 꿈, 학생 중심 등의 문화가 결핍되어 있다. 이로 인한 학생들의 정신적인 성장의 불균형은 많은 일탈을 가져오고 결국 교사와의 관계가 훼손되는 데에 이른다.

교육과정 측면에서 보자면 지금은 지식과 기능의 과다 섭취를 줄이고, 비판적 사고력과 정의적 영역을 지속적이고 체계적으로 보충해야 한다. 무엇보다 정의적 영역은 교육과정은 물론 모든 교육활동에서 가장 핵심적으로 보충해야 할 치유의 영양소다. 그것을 위해 교육내용의 재구성과 수업, 평가의 관점 변화가 필요하다.

교육부가 2015 개정 교육과정을 발표하면서 교육과정 구성의 중점을 '미래 사회가 요구하는 핵심역량을 함양하여 바른 인성을 갖춘 창의융합형 인재를 양성'하는 데 둔다고 했다. 그리고 핵심역량으로 자기관리 역량, 지식정보처리 역량, 창의적 사고 역량, 심미적 감성 역량, 의사소통 역량을 제시하고 있다.

다른 나라의 핵심역량과 비교해보면, 뉴질랜드의 교육과정에서 핵심역량은 사고력, 언어능력, 자기관리능력, 대인관계능력, 참여와 협력

능력을 들고 있다. 미국은 비판적 사고력, 의사소통, 창의성, 협력으로 정리하고 있다. 캐나다 퀘벡 주의 핵심역량은 지적 역량(정보활용력, 문제해결력, 비판적 판단력, 창의력), 방법적 역량(효율적 작업, 컴퓨터 활용), 사회적 역량(자아정체성, 협동성), 의사소통 역량으로 제시하고 있다. 독일 헤센 주의 핵심역량은 개인적 역량, 사회적 역량, 학습 역량, 언어구사 역량으로 하고 있다.

나라마다 국가적, 교육적 상황에 따라 역량을 정했지만, 비판적 사고력, 의사소통능력, 창의성, 협업 능력 등처럼 공통되는 점도 있다. 우리의 경우 핵심역량으로 자기관리 역량, 지식정보처리 역량, 창의적 사고 역량, 심미적 감성 역량, 의사소통 역량을 제시하고 있으나 우리 교육이나 국가적 과제와 어떻게 결부되는지는 명확하지 않다.

무엇보다 우리는 앞서 지적한 대로 왜곡된 학력관으로 학교 현장에서 참된 학력을 실천해 본 경험이 부족하다. 입시교육, 문제풀이 중심 교육 때문에 인지적 영역 중에서도 주로 지식, 기능, 이해 차원에 중점을 뒀고, 비교, 분석, 비판, 종합 등의 고등정신능력이 소홀히 되었다. 그리고 흥미, 성취욕구, 자기 효능감, 책임, 상호작용, 가치 등의 정의적 영역도 소홀히 되었다. 우리의 교육과정 운영 혹은 학력에서 결핍된 이 문제가 학교 현장에서 충분히 경험되지 않은 상태에서 역량 제시의 필요성은 인정하나 구체적인 실천력을 가질 수 없다.

핵심역량이라는 것은 인지적 영역과 정의적 영역 중에서 각 나라의 교육적, 국가적 과제와 미래사회에 필요한 요소를 강조한 것이라고 봐야 하기 때문이다.

다음으로 핵심역량에 대한 의구심으로 한 학생의 전인적 성장을 위한 것인가 아니면 미래사회에 적합한 인력 양성을 위한 것인가의 문제다. OECD의 DESECO(Definition and Selection of Competencies) 프로젝트는 12개 국가가 참여하여 1997년부터 2003년까지 7년에 걸쳐 생애핵심역량에 대한 개념과 이론적인 기초를 마련했다. 3개 범주의 9개 영역으로 구성되어 있는데, 도구를 상호적으로 사용하기(언어, 상징, 문자를 상호적으로 사용하는 능력, 지식과 정보를 상호적으로 사용하는 능력, 기술을 상호적으로 사용하는 능력), 이질적인 집단과 상호작용 하기(타인과 관계를 원만히 맺을 수 있는 능력, 협력하여 일할 수 있는 능력, 갈등을 관리하고 해결할 수 있는 능력), 자율적으로 행동하기(보다 큰 맥락에서 행동할 수 있는 능력, 생애계획을 수립하고 실행에 옮길 수 있는 능력, 권리와 이익의 한계를 알고 요구할 수 있는 능력)로 정리되어 있다.

DESECO 프로젝트의 제안 이후 여러 나라에서 역량중심 교육과정을 마련하게 되었는데, 이 역량이 기업이 요구하는 인재 양성의 관점이라고 우려하는 사람들도 있다. 지금까지 우리나라의 교육과정도 그런 혐의를 벗어나기 힘들다. 하지만 미래사회를 대비하는 학생들의 역량을 어떻게 할 것인가를 전인교육 관점에서 접근한다면, 역량이란 말의 사용과 적용에 있어서 그렇게 금기시 할 필요는 없을 것이다. 이런 점에서 2015년 개정 교육과정이 역량중심 교육과정이라고 했는데 어떤 관점에서 접근한 역량인지를 공론화할 필요가 있다.

우리의 경우 앞서 지적한 학력의 왜곡이나 교육과정 운영상의 문제를 염두에 두지 않은 상황에서 역량은 형식적이고 기능적으로 협소한 역할을 할 것이고, 현장에서 그렇게 절실한 과제로 생각하지 않을 수 있다.

교육내용, 수업, 평가

왜곡된 학력관은 교육내용, 수업, 평가 등의 교육과정 운영에서 그대로 드러날 수밖에 없다. 또 교육내용으로 대표되는 교과서와 수업, 평가에서 교사와 학생의 관계가 훼손될 수밖에 없는 조건을 가지고 있다.

2012년, 한국직업능력개발원에서 발간한 '중·고등학생의 적성 및 학습시간 변화'라는 보고서가 있다. 10년간(2001~2010년) 중·고등학생 약 17만5,000명의 적성검사 결과를 분석한 것인데, 10년간 학습시간은 늘어났지만, 조사영역인 ① 창의력 ② 언어능력 ③ 수리·논리력 ④ 자기성찰능력 ⑤ 대인관계능력 ⑥ 자연친화력 ⑦ 신체·운동능력 ⑧ 손재능 ⑨ 공간·시각능력 ⑩ 음악능력 가운데 ③ 수리·논리력 외에는 모두 떨어진 것으로 나왔다. 학교와 학원에서 지식 암기와 문제풀이 중심의 교육 결과인 것이다. 보고서의 결론도 대체로 그렇다.

이런 교육을 받은 우리 학생들을 외국 학생과 비교하면 어떨까? 재미교포인 김승기 박사의 석사 논문 '한인 명문대생 연구'라는 것이 있는데, 1985~2007년에 걸쳐 하버드와 예일, 코넬, 컬럼비아, 스탠퍼드, 버클리, 캘리포니아 등 14개 명문대에 입학한 한인 학생 1,400명을 분석한 결과 56%인 784명만 졸업하여 중퇴율이 44%에 이른다. 유대인 중퇴율 12.5%, 인도인 21.5%, 중국인 25%보다 훨씬 높은 것이라고 지적하며 입시 위주의 교육 방식으로 창의성과 인성의 소홀로 학교생활과 미국 사회 진출에 걸림돌이 되고 있다고 논문은 말하고 있다. 하버드 대학 교육위원회에서는 한국 학생들이 낙제하는 원인을 'Nothing! Long term life goal'이라고 지적한 적도 있었다.

두 자료에서 발견되는 공통점은 우리 학생들의 학력에서 창의성과 인성 부분에 심각한 문제가 있다는 점이다. 이것은 앞서 말한 왜곡된 학력관의 결과이며 이에 따른 교과서, 수업, 평가 역시 이 문제를 확대 재생산하고 있다.

고등정신능력과 정의적 영역의 결핍과 함께 우리 교육과정의 교육 내용 중에 가장 심각한 문제는 시민교육의 부재라고 본다. 교육기본법 제2조에서 우리 교육의 이념으로 다음과 같이 밝히고 있다.

> 교육은 홍익인간(弘益人間)의 이념 아래 모든 국민으로 하여금 인격을 도야(陶冶)하고 자주적 생활능력과 민주시민으로서 필요한 자질을 갖추게 함으로써 인간다운 삶을 영위하게 하고 민주국가의 발전과 인류공영(人類共榮)의 이상을 실현하는 데에 이바지하게 함을 목적으로 한다.

이것은 초·중등 교육과정에서 추구하는 인간상이기도 하다. 교육기본법에 따르면 우리 교육의 목적은 민주시민을 기르는 데 있다. 그러나 한국교육개발원의 '민주시민 교육 활성화 방안 연구'에서는 이렇게 지적하고 있다.

> 현행 교육과정 체제에서 사회과 교육을 통한 민주시민 육성의 어려움으로는 교과내용과 생활세계의 불일치, 지식과 태도의 불일치, 체제유지의 도구로 사용된다는 점이 거론된다. 도덕과 또한 교과서를 통해 덕목들이 구체화되는 과정에서 균형 잡힌 민주시

민과는 거리가 먼 채, 자율성보다 타인과 공동체를 위한 도덕생활
의 강요, 타인의 불의에 대한 무관심, 국가주의와 국수주의 위험을
보이기도 한다.

교육기본법에 적시한 교육이념이자 교육과정을 통해 기르려는 인간
상이기도 한 시민이 현재 우리 교육과정에 제대로 반영되어 있지 않은
것이다. 독재정권에서도 민주시민 교육을 이야기해 왔고, 지금도 민주
시민 교육을 말하고 있지만, 제대로 된 민주시민 교육은 없었다는 점
을 보고서는 지적하고 있는 것이다.

프랑스의 4, 5학년 시민 교과서와 고등학교 1학년의 시민 교과서의
목차를 경기도시민교육연구회의 자료를 통해 살펴보면 다음과 같다.

시민교육(초등학교 4, 5학년 과정)
Education civique cycle3/ HACHETTE / 1997

1. 우리는 자유가 필요하다.(프랑스에서 예배의 장소)
2. 우리는 정의가 필요하다.(세계의 가난)
3. 우리는 진실이 필요하다.(이념을 강요하고 광고하다)
4. 우리는 일하는 것이 필요하다.(아동 노동과 강제 노동)
5. 토론하는 것을 배우다.(텔레비전에서 토론)
6. 팀으로 일하는 것을 배우다.(프랑스 일주 : 달리기 선수의 승리, 팀으로 일하기)
7. 건강에 대한 우리의 의무(예방)
8. 환경에 대한 우리의 의무(공해)
9. 우리는 선택의 자유가 있는가?
10. 공화국 의원들(프랑스의 투표권)
11. 공화국의 자유(언론 자유를 향한 행진)
12. 프랑스에서 정의(행동하는 정의)
13. 공공 서비스 : 국가 교육(세계의 교육과 교육권)
14. 재산과 사람의 안전(집에서 아이들의 안전)
15. 사회 보장과 국가 연대(배려에서 상환으로)

행동하는 시민권

1장 시민권과 관련된 새로운 표현들

주제 1 : 시민으로서의 고등학생과 학교 사회

A. 고등학생과 민주주의 실천
토의 1. 고등학생들은 무엇을 원하는가?
토의 2. 오리엔테이션 : 민주적인 절차란?
B. 사회 속에서의 학교의 위치
토의 3. 학교와 돈 : 시장에 맡겨야 하는가, 맡겨서는 안 되는가?
토의 4 : 학교 사회에 대하여

주제 2 : 예의규범에 대하여

A. 법의 용도에 대하여
토의 1 : 법은 왜 만드는가?
토의 2 : 예의와 무례함
토의 3 : 시민교육은 필요한가?
B. 도시의 폭력과 안전
토의 4 : 불안감
토의 5 : 도시 주변부의 폭력

주제 3 : 시민의 참여

A. 시민성 : 자격, 지위
토의 1 : 평등을 위한 조건
토의 2 : 민주적인 시민권은 위기인가?
토의 3 : 참여 민주주의를 결사한다.
B. 논쟁이 되고 있는 새로운 시민권
토의 4 : 유럽 시민권의 의미
토의 5 : 통합을 위한 외국인, 이주자들의 투표권

2장. 변화하는 평등권

주제 4 : 가족 관계의 변화

다양한 가족 형태
토의 1 : 민족주의 정책이냐, 아동 보호냐
토의 2 : 아동 간의 평등권을 보완하다
토의 3 : 결혼과 혈족 – 선택의 승리?

주제 5 : 통합과 배제, 그리고 시민성

A. 통합의 길
토의 1 : 국가와 통합
토의 2 : 학교는 통합에서 어떤 역할을 하는가?
토의 3 : 스포츠는 통합에서 어떤 역할을 하는가?B. 배제와 차별에 반대하는 투쟁
토의 4 : 배제된 사람을 돕는 것 : 원칙적인 질문
토의 5 : 새로운 일자리 : 고용 창출
토의 6 : 인종주의와 어떻게 싸울 것인가?
토의 7 : 긍정적인 차별은 필요한가?

3장 일터에서의 투쟁과 협상

주제 6 : 노동자들의 집단적인 의사 표시

A. 노동자들의 의사 표시
토의 1 : 프랑스에서 노동조합은 항상 민주주의의 중요한 행위자였는가?
토의 2 : 협상은 시민권의 새로운 표현 방법인가?
B. 단체 교섭과 쟁의
토의 3 : 시민들의 기본적인 권리를 제한하는 것은 가능한가? 공공 분야의 파업권에 대해

주제 7 : 기업 속에서의 시민

A. 일할 권리, 일터에서의 권리
토의 1 : 일터에서의 권리를 어떻게 이용할 것인가?
토의 2 : 노동시장의 유연성은 일자리를 창출할 수 있는가? 노동자의 권리에 타격을 주는가?
토의 3 : 불법 취업을 막을 수 있는가?
B. 노동조건
토의 4 : 35시간 : 진보인가?
토의 5 : 노동시장에서의 남녀 차별을 어떻게 줄여 나갈 것인가?

프랑스 시민 교과서의 목차를 보면 시민교육을 통해 기르고자 하는 시민성이 무엇인지 이해할 수 있다. 그리고 우리의 교육과정에는 이런 내용이 없다는 것도 충분히 알 수 있다. 이런 문제를 해결하기 위해서는 모든 교과교육과정에 시민교육의 내용을 반영하는 방법도 있지만, 프랑스처럼 별도의 교과교육과정을 만드는 것도 하나의 방법일 것이다.

별도의 교과교육과정의 형태로 경기도교육청에서 2013년에 시민 교과서로 '더불어 사는 민주시민'을 펴냈다. 고등학생용 시민 교과서의 일부 목차를 보자.

[2부 시민과 제도]

I. 민주주의와 참여
1. 민주주의의 과제
  – 현대 민주주의, 어디로 향해야 하는가?
2. 투표와 참여
  – 의무 투표는 시민의 사회 참여에 어떤 영향을 줄까?
3. 시민 참여와 시민 단체
  – 시민 단체에 대한 정부 지원금, 약인가 독인가?
4. 민주 사회의 의사 결정
  – 다수결, 어떻게 볼 것인가?
5. 부패와 청렴 사회
  – 부패가 없는 깨끗한 사회, 어떻게 이룰 것인가?
  대단원 마무리 활동 〈인터뷰하기〉 그를 만나고 왔습니다

경기도교육청의 시민 교과서는 우리 사회에서 벌어지는 쟁점이나 갈등 사안도 싣고 있다. 지금까지 관행으로 보면 불온시 하는 내용이었다. 하지만 어떠한 사안에도 일방적인 주장은 없다. 대립되는 두 가지 이상의 서로 다른 견해를 싣고 학생들이 자기 생각을 만들어 가도록 도와주는 교과서다. 물론 교사는 자기의 견해를 아이들에게 주장하지 않고, 학생들이 다양한 견해를 드러내고 자기 생각을 만들 수 있도록 조력자로서 역할을 해야 한다. 국가의 미래를 짊어질 학생들이 과거에 있었거나 현재에 벌어지고 있는 문제에 대해 외면하는 것이 시민다운 소양을 갖는 데 적절한 태도는 아니기 때문이다. 갈등을 조장한다거나 사회통합 차원에서 적절한 내용이 아니라고 주장할 수도 있겠지만, 오히려 사회통합 차원에서 적극적으로 마주해야 할 내용들이다.

이 점에 대한 답을 독일 시민교육의 보이텔스바흐 협약이 잘 말해 준다. 통일 전의 분단국가 독일에서도 교육 문제를 두고 우리와 비슷한 사회적 갈등이 있었다. 좌우 진영은 이념적 대립이 극심했다. 이 무렵, 1976년 독일의 작은 도시 보이텔스바흐(Beutelsbach)에서 좌우 진영을 망라하는 정치가, 학자, 교육자들이 모여 토론한 결과, 시민교육인 '정치교육'의 원칙을 합의했다. 이것이 보이텔스바흐 협약이다. 이 협약의 내용은 '일방적인 주입식 교화 교육을 금지하며(강제 또는 교화의 금지), 학문과 정치에서 일어나는 논쟁을 교육에서도 그대로 재현하고(논쟁성에 대한 요청), 학생들이 정치적 상황과 자신들의 이해관계를 제대로 이해하고 그에 따라 정치적인 행위 능력을 기르도록(분석능력 및 학생의 이해관계 중심) 해야 한다'는 것이다.

혁신학교에서 교육과정의 혁신을 위해서 가장 우선적으로 고민해야 할 부분이 시민을 기르기 위한 교육내용 재구성이라고 본다.

공교육 정상화를 위한 교육과정 운영, 곧 혁신학교의 교육과정 운영은 앞서 지적한 우리 교육과정(학력)의 왜곡을 극복할 대안을 갖는가의 여부가 핵심이 되어야 할 것이다. 시민교육과 함께 고등정신능력과 정의적 영역에 대한 대안이 담긴 학교교육과정을 가질 때 비로소 혁신학교다운 혁신학교라고 말할 수 있다.

고등정신능력과 정의적 영역 신장의 문제는 국가교육과정 자체의 문제도 있겠지만, 국가교육과정은 기본적으로 인지적 영역과 정의적 영역을 고루 신장시킬 수 있도록 구성은 되어 있다. 오히려 단위 학교의 교육과정 운영상의 문제에서 생기는 것이다. 그것은 입시 위주의 교육에서 교과서 중심, 지식·기능·이해 중심의 교육을 벗어나지 못해서 고등정신능력을 기르는 것을 소홀히 하는 것과 함께 입시 과목이나 내용과 무관하다는 이유로 정의적 영역을 소홀히 하는 것이 문제다.

이 문제는 교과서에서도 나타난다. 국가교육과정을 수업을 통하여 구체화된 내용을 가르치도록 마련한 기본 자료이자 참고자료가 교과서다. 그동안 교과서는 많은 변화가 있었지만, 여전히 지식, 이해 중심의 교육내용이며 창의성을 기르기 위한 고등정신능력을 키우거나 정의적 영역을 신장시키는 데 부족하다. 이 문제를 해결하기 위한 좀 더 친절한 교과서가 필요하다. 교과서에 문제가 있다면 교사가 재구성해서 가르치면 된다고 말할 수는 있지만, 교과서 자체의 형식이나 내용의 질을 높이는 것이 우선이다.

2012년에 교육부가 교과서 선진화 정책을 통해 중·고등학교 대부분의 교과서를 인정교과서로 전환했지만, 내용의 변화는 거의 없고,

지질이나 표지, 색도 등의 변화로 교과서 가격만 올려놓았다.

수업 역시 교과서 내용의 변화가 없는 탓에 다양한 독서, 토론수업, 체험, 프로젝트 수업 등을 통해 고등정신능력과 정의적 영역을 기르기에는 부족한 편이다. 수업의 본질은 학생의 자기 생각 만들기임에도 여전히 지식이나 기능의 습득과 이해의 영역에 머물게 된다. 이 과정에서 학생들은 수업을 통해 진로를 찾고, 고등정신능력, 정의적 영역을 기를 수 없어 수업은 삶이 빠져있고 앙상한 지식을 전달하는 수단이 된다.

일부 교사는 이러한 문제의식에서 교육과정을 재구성하여 이 문제를 극복하고자 하나 한 교과나 한 개인의 노력으로는 한계가 있다. 그러나 혁신학교들처럼 공동의 노력을 통해 이러한 문제의 극복이 가능하다는 것을 볼 수 있다.

교육과정의 기본 골격은 교육목표, 교육내용, 수업, 평가로 되어 있다. 교육과정 재구성은 국가교육과정을 바탕으로 교육내용과 수업, 평가의 재구성을 말한다. 여기서 교육내용 재구성이란 교육과정의 기본 골격을 교육내용, 수업, 평가로 나눌 때 교육내용을 담은 교과서 내용의 재구성을 말한다. 교육과정 재구성보다는 좁은 개념으로 볼 수 있다.

시민교육이나 고등정신능력, 정의적 영역 혹은 학교나 교사의 의도된 교육활동을 위한 교육내용 재구성은 국가교육과정을 기반으로 할 수밖에 없다. 국가교육과정의 내용을 담은 기본 자료는 교과서지만, 교과서는 참고자료이기도 하다. 다시 말하면 교사는 교육과정대로 가르치면 되지 교과서대로 가르치지 않아도 된다는 뜻이다. 교과서의 내용을 재구성한다는 의미에서 교육내용 재구성이라고 부른다.

여기서 국가교육과정과 국가교육과정 내용의 기본 자료인 교과서와의 관계를 알아본다면 교육내용 재구성의 여지를 확인할 수 있다. 교육내용 재구성을 초등학교 과학 4학년 1학기를 예로 들어보자. 교과서 대단원은 '2. 식물의 한살이'로 되어 있다. 국가교육과정의 성취기준은 다음과 같다.

[학습내용 성취기준]

㈎ 식물의 한살이 관찰 계획을 세우고, 그에 따라 식물을 기르며 관찰한다.

㈏ 여러 가지 씨앗을 관찰하여 공통점과 차이점을 찾고, 싹이 트는 조건을 이해한다.

㈐ 씨앗이 싹트고 자라서 꽃을 피우고 열매를 맺는 과정과 그에 따른 변화를 이해한다.

㈑ 여러 가지 식물의 한살이를 비교하여 식물에 따라 한살이의 유형이 다름을 안다.

이 성취기준을 바탕으로 교과서의 구성은 다음에 나오는 표와 같이 3개의 중단원과 11차시로 나눠 학습목표를 정해 지도하게 되어 있다. 여기서 중단원 이름과 차시별 학습목표는 국가교육과정이 아니다. 예를 들어, 7차시 강낭콩의 잎과 줄기의 관찰은 국가교육과정이 아니니까 학교 여건에 따라 다른 식물로 대체가 가능하다. 교과서를 집필한 사람들이 그것을 선택한 것에 지나지 않는다. 그런데 전국의 모든 문

대단원	중단원	차시 및 학습목표
2. 식물의 한살이	단원 도입	1차시 – 단원 공부 내용 말하기
	1) 씨의 싹트기	2차시 – 여러 가지 씨의 색깔, 모양, 크기 등을 관찰하기 – 여러 가지 씨의 공통점과 차이점 찾기
		3차시 – 씨가 싹트는 데 필요한 조건을 실험을 통해 확인하기 – 씨가 싹트는 데 필요한 조건 말하기
	2) 식물의 자람	4차시 – 식물의 한살이 관찰 계획 세우기 – 씨 심는 방법을 알고 바르게 심기
		5차시 – 씨가 싹트는 과정 말하기
		6차시 – 식물이 자라는 데 필요한 조건을 실험을 통해 확인하기 – 식물이 자라는 데 필요한 조건 말하기
		7차시 – 식물이 자라면서 잎, 줄기의 모양과 크기의 변함을 말하기 – 강낭콩의 잎과 줄기가 자라는 과정을 여러 가지 방법으로 측정하고 기록하기
		8차시 – 식물이 자라면서 꽃과 열매의 모양과 크기가 변함을 말하기 – 강낭콩의 꽃과 열매가 자라는 과정을 여러 가지 방법으로 측정하고 기록하기
	3) 여러 가지 식물의 한살이	9차시 – 벼의 한살이를 말하기 – 내가 기른 식물의 한살이를 책 만들기를 통해 정리하기
		10차시 – 한해살이 식물의 특징 말하기 – 여러해살이 식물의 특징 말하기 – 한해살이 식물과 여러해살이 식물의 공통점과 차이점 말하기
	단원 정리	11차시 – 단원 학습 정리, 확인

제집도 교과서에 나오는 강낭콩으로 출제하고 있다. 교육내용의 획일성이 이루어지는 셈이다.

국가교육과정은 학습내용 성취기준인 (가)~(라)이다. 이 성취기준을 근거로 교과서 집필진들이 중단원명과 중단원별 차시 배정과 차시 학습목표를 정하여 교과서를 집필한 것이다. 그렇다면, 교사는 교육내용 재구성을 통해 중단원명과 해당 단원의 차시 배정, 차시별 학습목표의 재구성이 가능하다. 물론 교육내용 재구성은 수업과 평가와 함께 편성, 운영의 재구성이 이뤄진다면 그것은 교육과정 재구성이라고 볼 수 있다.

그렇다면, 교육내용 재구성을 포함한 교육과정 재구성의 관점을 어떻게 할 것인가가 중요하다. 그 재구성의 관점은 우리나라 교육과정(학력)의 문제를 극복할 대안인가? 모든 학생을 위한 것인가? 학교교육과정에서 학년별 지속성을 갖는가? 학교나 지역사회 여건을 반영한 것인가? 학생 중심으로 만들어가는 교육과정인가? 학교나 교사의 철학이 반영된 것인가? 등이 될 것이다.

교육과정(학력)의 문제를 극복할 대안이라는 것은 시민교육, 고등정신능력, 정의적 영역을 보완할 재구성이라는 점이고, 모든 학생을 위한 것이라는 의미는 재구성한 내용이 일부 학생을 위한 것이어서는 적절하지 않다는 점이며, 학년별 지속성을 갖는가의 문제는 교육과정(학력)에서 결핍된 내용을 보완한 것이 일부 학년에 국한될 경우 재구성한 교육과정의 효과가 적다는 뜻이다.

교육내용 재구성의 수준은 3단계로 나눠볼 수 있다. 동일 교과 내 재구성, 다른 교과 간 재구성, 교과를 넘어선 재구성을 생각할 수 있다. 동일 교과 내 재구성은 교과의 성격은 유지한 채 한 차시, 한 단원, 교과 전체 재구성이 있을 수 있고, 다른 교과 간 재구성은 2~3개 교과의 유사 주제나 관련 차시를 통합하는 방법을 생각할 수 있다. 예를 들어, 환경을 주제로 도덕과와 과학과를 통합해서 재구성할 수 있고, 음악과와 체육과의 내용을 통합하여 뮤지컬을 프로그램으로 만들 수도 있다. 교과를 넘어선 재구성으로는 국가교육과정의 내용을 바탕으로 철학, 미디어 등으로 프로그램이나 교과로 재구성할 수 있다. 초등의 경우 철학은 고시된 교과가 아니어서 교과로 부를 수 없으나 프로그램으로는 운영할 수는 있다. 중등 경우는 인정교과서로 하거나 그렇지 않으면 재구성된 프로그램으로서 운영이 가능하다.

교육내용 재구성에서 일선 교사들의 어려움은 초등에서 가장 많이 느끼는 편이다. 그 이유는 많은 교과를 맡아서 가르치기 때문에 재구성할 시간적 여유가 없다. 또 앞서 이야기한 교육과정과 교과서에 대한 이해의 부족에서 오는 것이기도 하다. 그러나 아무리 충분히 이해했다고 해도 국가교육과정에서 요구하는 내용을 다루어야 하는 부담으로 교사의 재량을 발휘할 여지가 그만큼 협소해진다.

하지만 제주교육청의 경우는 '제주특별자치도 설치 및 국제자유도시 조성을 위한 특별법 시행령'에 의해 재구성의 재량이 상대적으로 충분히 보장되어 있다. 이 시행령의 제31조 자율학교 운영의 특례에서 초, 중학교의 경우 국어, 사회, 도덕의 경우는 20% 증감 운영, 나머지 교과는 총 수업 시간의 1/2 범위에서 자체 내용으로 운영할 수 있다. 어쩌면 교육과정 운영의 자율성이 많이 주어진 제주에서 교육과정의 다양화나 특성화의 전국적 사례가 나올 좋은 조건을 갖추고 있으나 아직까지 그 사례를 찾아보기 힘들다. 제주가 아닌 다른 지역에서도 최소한 이 수준의 자율을 주는 것이 단위 학교의 교육과정 혁신에 기여할 수 있다고 본다.

창의적 체험활동은 자율활동, 동아리활동, 봉사활동, 진로활동 등 4가지 영역으로 되어 있다. 창의적 체험활동에서 가장 중요한 것은 학생자치와 동아리활동일 것이다. 봉사활동이나 진로활동이 중요하지 않아서가 아니라 '창의성과 인성을 겸비한 미래지향적 인재 양성'이라는 창의적 체험활동의 목표를 생각할 때 그렇다.

창의적 체험활동은 교과교육과정과 연계하여 지도할 수 있어서 다양한 활동을 할 수 있지만, 국가에서 요구하는 여러 영역의 내용이 있는데다 스포츠클럽 활동 시간마저 추가되어 동아리나 학생자치 활동의 시수가 줄어들고 있어서 본래의 취지가 퇴색되고 있다. 학생자치나 동아리활동을 위한 충분한 활동 시수의 확보를 위해 봉사활동과 진로활동을 교과와 적극 연계하는 방안도 검토해야 한다. 학생자치와 동아리활동은 교육과정 운영에서 학생이 주도적으로 만들고, 참여할 수 있는 영역이기 때문이다.

교육과정 운영에서 '학생 중심'이란 학생이 자기 삶의 주체로 자주성을 발휘하도록 지원하다는 것, 교육과정 운영에서 학생이 참여하고 만들어간다는 것, 학교 안에서 학생 스스로 삶을 꾸려가게 지원한다는 것, 기타 학교활동에서 스스로 기획하고 추진하는 주체로 자리매김하는 것이다. 이러한 학생 중심 교육과정 운영에서 가장 직접적이고, 구체적인 활동이 학생자치와 동아리활동이다.

수업 혁신: 자기 생각 만들기

앞서 우리의 교육과정 혹은 학력에서 시민교육과 고등정신능력, 정의적 영역의 결핍이 핵심적인 문제라고 했다. 그렇다면, 수업은 결핍된 정신적 자양분인 시민성과 고등정신능력, 정의적 영역을 보완하는 행위가 될 것이다.

수업의 일반적인 의미는 '학생-학생, 교사-학생의 협력에 의해 지식의 습득, 기억을 넘어 새로운 지식을 창조해가는 과정'이라고 볼 수 있다. 수업은 텍스트의 내용을 습득하고 기억하는 행위만이 아니다. 텍스트의 내용을 이해하고 학생이 새로운 지식을 창조하는 것, 곧 자기 생각을 만들어가는 과정이 수업의 본질이다. 그래서 수업을 한 마디로 정의하라면 학생의 자기 생각 만들기라고 할 수 있다.

자기 생각을 만들기 위해서는 수업의 과정에서 고등정신능력이 발휘되어야 한다. 뿐만 아니라 수업의 과정이나 결과에서 정의적 영역의 신장을 배려해야 한다. 이러한 수업의 누적을 통해 우리 교육의 목표인 '스스로 생각하고 행동하는 시민'을 기를 수 있을 것이다.

수업에서 학생의 자기 생각 만들기를 수업의 결과만이 아니라 무엇을 학습할까에 대한 자기 생각, 어떤 대상과 방법(과정)을 선택할까에 대한 자기 생각, 학습주제 혹은 내용에 대한 자기 생각까지 포함해야 할 것이다.

여러 수업 방법은 학생의 자기 생각 만들기를 잘 도와주는 수단이다. 학교 현장에서 많이 활용하고 있는 배움의 공동체나 협동학습, 90년대 초등의 열린교육의 여러 수업 방법은 구성주의 관점에서 접근한 것이다. 그러나 열린교육의 경험에서 살펴보았듯이 수업 방법 자체로 매몰되어 수업의 본질인 학생의 자기 생각 만들기를 통한 삶을 가꾸는 일에 이르지 못했다.

많은 교사가 교실에서 고민하는 것은 크게 두 가지라고 볼 수 있다. 수업을 잘하는 것과 아이들과 소통을 잘할 수 있는 학급운영이 그것이다. 특히 수업을 잘하기 위한 방법과 소통을 잘하기 위한 학급운영의 방법에 관심이 많을 수밖에 없다. 이러한 교실에서의 구체적 요구가 방법을 넘어 교육과정이나 학급운영의 본질적인 측면을 잃지 않을 때 혁신학교다운 수업과 학급운영이라고 할 수 있다.

다음에 나오는 표는 경기도교육청에서 추진했던 배움중심수업 관점표다. 이것은 수업의 형태 혹은 모델이 아니라 수업을 어떤 관점에서 준비하고 실행해야 하는가를 정리한 것이다. 특히 우리 교육에서 결핍된 정신적 자양분을 담기 위한 관점표로 이해하면 될 것이다.

평가혁신: 성장에 대한 지원과 격려

수업이 시민성을 기르고, 고등정신능력과 정의적 영역을 기르는 것을 강조하는 것이라면, 평가는 이러한 수업의 피드백 역할을 해야 함은 당연하다.

그러나 우리의 평가는 오랜 세월 입시 위주 교육의 평가 관행으로 왜곡되어 있다. 평가의 관점, 대학 입시와 초·중등교육의 불일치, 평가 정책의 문제가 그것이다. 우선 평가의 관점을 살펴보면, 평가는 학습의 과정이자 한 학생의 전인적 성장을 지원, 격려하는 행위여야 하는데 우리의 평가는 서열화, 분류화가 주된 관점이다. 시민교육다운 교육은 아예 없고, 고등정신능력이나 정의적 영역을 기를 수 있는 수행평가는 지필평가보다 소홀히 되고 있다.

다음으로 대학 입시와 초·중등교육과의 불일치 경우를 든다면 앞서

- 배움중심수업 관점표 -

영역	배움중심수업 방향	관점
배움중심 수업설계	◆배움중심수업은 수업 기법이나 기능을 의미하는 것이 아니라. 교육과정 재구성, 교육방법, 평가혁신 등 총체적인 교육활동 혁신이다.	■고전과 현대 명저 독서, 문화예술, 경험이나 체험, 사회적 실천 등의 텍스트를 활용하여 교육과정을 재구성하고 수업을 설계했는가? ■수업참여자(학생, 교사) 모두의 협력을 통해 지식이 형성, 창조되도록 설계되었는가? ■지식 창조의 과정을 경험하면서 생각을 키울 수 있는 평가가 계획되었는가?
배움중심 수업과정	◆배움중심수업의 본질은 지식이나 기능의 습득, 축적을 넘어 지식이 창조되는 수업이다. ◆학생들이 어떤 내용을 익히는가가 아닌 어떻게 지식을 탐구해 가는가를 중심에 둔 수업이다.	■흥미와 호기심을 일으킬 수 있도록 학습거리가 제공되었는가? ■학생들이 학습 과정에 능동적으로 참여하여, 실제로 자기 생각 만들기가 이루어졌는가? ■학생 스스로 학습문제 해결을 위해 정보를 수집하고, 해결과정을 고민하고 탐구하는가? ■비판적(반성적, 성찰적) 사고력을 기를 수 있는 활동(독서, 토론, 실험, 관찰, 글쓰기, 체험 등)이 이뤄지는가? ■수업 과정에서 경쟁이 아닌 협력적인 배움(자기 생각 만들기)과 나눔(서로 다른 자기 생각 나누기)이 일어나는가? ■학생-학생, 학생-교사 간에 협력적인 상호작용으로 배움이 일어나는가?(신뢰, 수용, 격려, 개발, 도전 장려, 존중, 참여, 끌어내기) ■학생 개개인의 정의적 영역(도전의식, 성취동기, 호기심, 자존감 높이기, 협동과 책임 등)을 고려하는가?
배움중심 수업확인	◆배움중심수업은 자기 생각 만들기를 위한 과정 중심의 평가가 이루어져야 한다.	■배움의 결과를 자기 언어와 자기 생각으로 정리하여 표현할 수 있는가? ■배움의 변화에 대한 확인이 이루어지고 있는가? ■배움에 대한 기쁨과 감동, 깨달음이 일어났는가? ■평가가 분류와 서열이 아닌 또 다른 학습이며, 격려와 성장을 돕는 역할을 하는가?

※ 교과나 학년, 학습내용에 따라 관점을 다양하게 재구성하여 활용할 수 있음

수능, 논술고사 도입과 초·중등교육과 불일치를 설명했듯이 수능은 통합형인데 학교에서는 통합형으로 가르치지 않았고, 교과 중심이었다. 교과서 내용과 수업도 여전히 선택형 지필고사 중심에 맞게 지식, 이해 중심이다.

학력고사는 고등학교 과정의 많은 과목별로 문제가 출제되었기 때문에, 학생들이 학습 부담과 함께 교과서의 지식을 암기해야만 하는 문제점이 있었다. 수능의 도입은 이를 개선하고 통합적인 사고력을 측정하고자 언어 영역, 수리 영역, 외국어 영역, 사회탐구 영역, 과학탐구 영역 등으로 실시되었다.

대학 입시에 논술고사가 있지만 초, 중, 고에서 논술평가가 적극적으로 이루어지지 않았다. 학생들의 지적 능력 중 비판적 사고력을 기반으로 하는 고등정신능력을 기르는 논술, 수행평가가 소홀히 되고 있으며 더구나 정의적 영역을 아예 학력이 아닌 듯이 평가의 중요한 영역으로 생각하지 않는다. 정의적 영역은 인지적 영역의 기반이고 인성교육의 핵심적인 내용을 갖고 있다.

마지막으로 평가 정책의 문제다. 1994년에 수능이 도입되고, 논술고사가 도입되었을 때 교육과정이 통합교육과정이어야 했다. 그러나 통합교육과정은 2015 개정 교육과정에서 제기하고 있는데, 수능은 다시 분과학문형으로 되돌렸다. 교육과정과 평가 정책이 서로 엇박자가 난 셈이다.

그리고 1999년에 수행평가가 도입되었지만, 교육부의 평가 지침에는 여전히 지필평가와 수행평가를 병행하도록 규정하고 있다. 다행히 2016년 훈령 개정을 통해 초등학교와 중학교의 과목 특성상 수업활동과 연계하여 수행평가만으로 평가가 가능하도록 했다. 또 고등학교의 전문교과 실기과목 등 특수한 경우는 시도교육청의 학업성적관리 시행지침에 의거하여 학교별 학교학업성적관리규정으로 정하여 수행평가만으로 실시할 수 있도록 했다.

교육부의 평가 지침에서 가장 문제가 되는 부분은 중등의 '동일 교과 공동 출제'일 것이다. '학교생활기록 작성 및 관리지침' 훈령의 별지9호인 '교과학습발달상황 평가 및 관리'에 다음과 같이 되어 있다.

가. 평가 문제는 타당도, 신뢰도, 객관도 및 변별도를 높이도록 출제하고 평가의 영역, 내용 등을 포함한 이원목적분류표 등을 작성하여 활용하되 동일 교과 담당 교사 간 공동 출제로 학급간의 성적차를 최소화한다.

이는 교사의 전문성을 무시하고, 교사별 평가를 가로막고 일제고사를 조장한다는 문제가 있다. 교사의 전문성 보장은 교육과정에 근거하여 가르칠 내용을 교사가 결정하고, 가르친 대로 평가할 수 있는 권리의 보장이라고 볼 수 있다. 동일한 교과 담당이라고 해도 기본적으로 교사가 다르면 평가가 다를 수밖에 없다. 교사가 가르친 대로 평가하는 것이 교사별 평가다. 그러나 우리나라는 '동일 교과 공동 출제'라는 지침에 의해 교사별 평가가 인정되지 않는다. 교육부의 훈령은 법규가 아니라 행정 명령의 형식이다. 우리나라 교육기본법 제14조 1항은 '학교교육에서 교원(敎員)의 전문성은 존중되며, 교원의 경제적·사회적 지위는 우대되고 그 신분은 보장된다'고 적시되어 있다. 교육부의 훈령은 교원의 전문성을 침해하여 법률 위반으로 해석될 수도 있을 것 같다.

교사별 평가가 갖는 의미는 우리 교육에서 매우 중요하다. 교사별 평가는 교권 혹은 교사 전문성의 보장과 관련이 있다. 또 교육과정 운영의 정상화와도 깊은 연관이 있고, 학생-교사 간에 수업을 매개로 한 건강한 만남을 보장할 수 있다. 또 대학 입시에 종속된 중등교육을 극복하는 방안이기도 하다.

무엇보다 사교육비 경감에 큰 영향을 줄 수 있다. 교사별 평가를 한다면 일제고사가 없어지게 되어 지금과 같은 중간고사, 기말고사가 사라지게 되고 상시평가 체제를 갖게 된다. 그리고 평가를 수행평가 중심으로 할 경우 지금처럼 학원에서 선행학습이나 보충학습을 진행하기가 어려워진다. 예를 들어, 초등학교의 경우 6학년이 세 개 반이 있다고 할 때 반마다 평가 문제가 다르고, 평가 시기가 다르면 학원에서 선행학습, 보충학습의 명분은 없어질 것이다. 그리고 수행평가 중심으로 이루어진다면 학생은 교과 활동 시간에 집중할 수밖에 없을 것이다.

중등의 경우 한 학년에서 국어 교사가 두 명이라고 할 때 일제고사가 없는 상태에서 교사마다 평가 문제가 다른데다가 수행평가 중심으로 이루어지면 지금처럼 학원 수강이 필요하지 않을 것이다. 물론 내신 성적 산출이라는 문제가 있어 대학 입시의 변화 없이는 고등학교의 경우에는 교사별 평가가 어렵다. 그러나 입시를 위하여 평가의 원칙이 훼손된다는 것은 그만큼 우리 교육이 왜곡되어 있다는 것을 보여주는 사례일 것이다.

그동안 사교육 경감 정책으로 학원 수강 시간제한이나 EBS 강의 개설 등이 있었는데, 본질적인 방안이 아니었다. 많은 선진국에서 교사별 평가가 이루어진다. 교사별 평가가 있는 나라에서 학원 수강이 존재하기 어렵다. 사교육 경감은 학교 외적 요인도 많으나 학교 내적 요인을 본다면 교사별 평가가 핵심이다. 사교육 경감의 지름길은 교사별 평가의 실시에 있고, 우리나라 중등교육의 정상화는 이 교사별 평가의 시행 여부에 있다고 해도 과언이 아닐 것이다.

우리의 평가 정책은 그동안 많은 변화가 있긴 했지만, 민주시민의 양성이나 창의적인 인재 양성이라는 관점에서 볼 때 문제가 많다. 약 20년간 큰 변화가 없어 미래사회를 위한 인재 양성이라고 볼 수 없는 정책이다.

우리 평가 역사를 살펴봐도 산업구조 변화에 따른 인력 수급 차원에서 지식의 성격의 변화에 따른 평가 방법의 변화에 초점을 뒀다. 이것이 필요 없다는 것이 아니라 서열화, 분류화의 경쟁을 통해 보다 나은 기능 인력의 육성에 집중할 경우 전인교육을 방해한다.

1960년대, 우리 경제의 압축성장이 시작될 무렵, 중학교 진학을 위한 입시가 있었다. 초등학교부터 암기식, 문제풀이 학습으로 입시를 준비하는 교육이었다.

70년대, 우리 산업이 경공업에서 중화학과 전자산업으로 이행되면서 보다 창의적인 기능 인력이 필요했다. 60년대 문제풀이식, 암기식 교육으로는 보다 질 높은 기능 인력을 양성할 수 없다고 판단했다. 그래서 중학교 입시 폐지에 이어 1974년에 고교평준화를 실시했다. 고교평준화의 도입은 입시 위주의 주입식, 암기식 교육으로는 창의적인 인재를 기를 수 없고, 망국병인 과외를 없애기 어렵다는 취지였다. 그리고 소득 수준에 따라, 학원이 있는 도시 여건에 따라 도농간 학력 격차가 심해서 이를 완화해 보려는 의도였다.

중학교 입시가 없어진 1972년부터는 초등학교에 자유학습의 날을 운영했다. 자유학습의 날 도입은 초등학생 때부터 입시 위주의 암기식, 문제풀이식 교육을 하면 창의성이 떨어진다는 것이 이유였다. 창의성을 기르기 위해서는 학습에서 여유가 필요하며 이 여유를 주기 위해 자유학습의 날을 도입하여 운영했다. 나중에 90년대에는 책가방 없는 날로 명칭이 변경되기도 했다.

90년대는 산업화에서 지식 기반 산업으로 이행되면서 보다 창의적인 인력을 양성할 필요를 느꼈다. 수행평가, 수능, 논술을 도입하고, 월말고사와 초등학교 성적표의 점수나 등급 표시를 폐지했다. 그 이후 현재까지 평가 정책은 이렇다 할만한 변화가 없는 것이 문제이기도 하지만, 그 어느 시기에도 정의적 영역까지 고려한 전인적 성장이란 평가 관점은 소홀히 되었다.

혁신학교에서 공교육 정상화 관점에서 평가혁신의 핵심 과제는 고등정신능력을 기르는 평가, 정의적 영역을 신장시키는 평가, 일제고사를 극복하는 교사별 평가 실시, 지필고사 중심에서 수행평가로 전환이라고 본다.

학교운영의 혁신

혁신학교의 추진과제로서 단위 학교의 자율 운영, 민주적 운영, 학습공동체 형성은 독립된 과제라기보다는 유기적인 과제다. 또 혁신학교 추진과제 중에서 교육과정은 교사들의 과제지만, 자율적이고 민주적인 학교운영과 학습공동체 형성은 교장이나 교감이 적극 지원해야 할 과제다. 그러나 많은 학교에서 교장의 비민주적, 독선적 운영의 문제가 있다. 이런 학교에서는 혁신학교 추진의 최우선 과제로 민주적인 학교운영을 꼽는다. 그러나 교장의 입장에서는 반드시 그렇지는 않다. 교사들의 자발성을 의심하기 때문이다. 교장의 감독이 없이는 학생 교육을 위해 자발적이거나 헌신적이지 않은 많은 교사의 문제를 이야기한다. 이 갈등의 악순환이 계속되는 것이 현재의 사정이다.

그러나 학교의 책임자인 교장이 이런 조건에서 교사의 자발성을 유도하자면 자율적이고 민주적인 학교운영과 학습공동체가 형성되도록 역할을 해야 한다.

한편 교사들은 우리나라 실정에서 교장에 대한 이해도 필요하다. 우리나라 교장의 성장 배경을 짚어보면, 먼저 학습과 경험의 폭에 문제가 있다. 모두가 그런 것은 아닐지라도 대체로 교육 이외의 분야에 관심이 적다거나 교육 영역에서도 학교 내부나 업무 중심으로 관심이 많은 편이다. 교장으로서 성장(승진) 경로의 문제도 있다. 부장, 교감, 교장의 승진 경로가 근평, 연구점수, 각종 부가 점수 등으로 리더로서 교육에 대한 폭넓은 안목을 기르는 데 미흡하고, 새로운 시도나 지역사회에 대한 관심이 부족하거나 학생에게 헌신적이지 않아도 승진 점수는 확보할 수 있다는 문제가 그것이다.

행정업무 중심의 역할을 강조하는 교육행정 체제도 문제다. 많은 학교가 학교마다 창의적인 교육내용이 부족하고 획일적인 편이다. 따라서 교장으로서는 학교행정의 안정을 유지하는 것에 관심이 커질 수밖에 없다. 창의적인 학교운영의 시도는 그만큼 위험이 따를 수 있다는 두려움도 있다.

이런 문제점에도 불구하고 좋은 평가를 받는 교장의 경우는 개인적인 특성(성격, 개인적인 노력) 때문으로 보인다. 우리 교육이나 학교의 시스템이 역량 있는 교장의 성장에 큰 기여를 못하는 점이 문제라고 본다. 현재 교장의 문제점을 교장 개인의 문제로 돌리기보다는 우리 교육시스템의 문제로 보는 것이 문제 해결에 도움이 될 것이다.

예를 들자면, 정권에 따라서 교육 정책의 차이로 일관성 있게 학교운영을 하는 데 어려움을 겪고 있다. 점수 중심의 학력 및 평가관과 입시 중심의 교육적 요구는 창의적인 교육활동 시도에 장애가 되며 현실적으로 학부모의 요구를 무시하기 힘든 사정도 있다.

교원인사에 있어서 교원의 순환근무로 학교의 교육력을 축적하기 힘든 조건이어서 근무 기간 동안 전시성, 이벤트성 활동에 주력할 우려가 있다. 또 각종 평가나 장학에서 시책성 평가 항목이 많아서 학교 자체의 자율적 교육활동 여지가 부족하다. 이런 환경이 교사-교감-교장의 성장을 규정하기도 한다.

학교혁신은 독일의 헬레네랑에 학교처럼 교장이 주도한 경우도 있고, 프랑스의 프레네 학교처럼 교사가 주도한 학교도 있다. 시작 단계에서 누가 주도했느냐도 중요하지만, 이후에는 구성원 모두의 참여로 이뤄진다. 교사는 교장에 대한 이해, 교장은 교사에 대한 이해를 통해 모두 우리 교육체제의 문제에서 비롯되었다고 넓게 이해한다면 서로 간에 신뢰와 배려가 가능할 것이다.

그리고 학교의 자율적 운영, 민주적 운영, 학습공동체를 형성하기 위해서는 교원인사에서 승진제도, 전보제도의 개선이 필요하고, 단위 학교의 자율성을 보장하고, 업무를 경감하는 교육행정 체제의 혁신이 필수적이다.

단위 학교가 교장이나 구성원의 조건에 의해 자율적이고 민주적인 학교운영이 결정되는 것이 아니라 학교가 제도적으로 갖춰야 할 모습이다. 일부 시도교육청에서 학교민주주의를 조례화하려는 시도가 그것이다. 하지만 제도화 자체가 학교운영의 혁신을 가져오는 것은 아니다. 예를 들어, 학교자치를 위해 학교운영위원회를 제도화했지만, 그자체가 학교자치의 질을 보장하는 것은 아니다. 또 학부모회의 법제화를 추진하여 모든 학교가 조례에 의해 학부모회를 구성했지만, 그 자체가 학부모회의 질적 변화를 가져오는 것은 아니다.

질적 변화를 가져오기 위해서는 제도의 가치나 지향이 지속 가능할 여건을 만들어야 한다. 단위 학교가 자율성이 부족한 상태에서 민주적일 수 없다. 상명하달식의 행정 체제에서는 학교 안에서도 상명하달이 관행이 될 수밖에 없다. 그리고 학교운영이 당연히 교육과정 중심이어야 하지만, 교육행정이 강조될 경우도 그렇다.

예를 들어 단위 학교에 교육과정, 예산, 인사의 자율성을 대폭 강화한다고 하자. 이 자율성은 당연히 책무성을 수반한다. 단위 학교의 책무성은 현재의 법적 근거를 따르면 학교장의 책무성이기도 하다. 그러나 학교장의 책무성을 잘못 이해하면 학교장의 독단적 운영이 가능한 조건으로 생각할 수 있다. 학교장의 경우 단위 학교가 자율성을 발휘하여 그 학교의 교육력을 확보할 수 있는 방법은 구성원의 자발성과 창의적인 기획력이 발휘되도록 하는 것이다. 자발성과 창의적 기획력을 유도하기 위해서는 교사 개인이나 학년, 교과협의회의 자율성을 보장해 줘야 한다. 개인이나 학년, 교과협의회의 자율성은 구성원이 자발성과 창의적 기획을 해야 하는 책무성의 부여와도 같은 것이다.

교육청은 단위 학교가 자율적, 민주적 운영으로 교육력을 축적할 수 있도록 지원해야 한다. 그 방법의 하나로 승진과 임용에서 자율적, 민주적 운영과 창의적 기획으로 교육력을 살리는가를 평가 기준으로 삼아야 한다. 그리고 학교 여건에 따라서 순환전보를 적용하지 않는 방안도 강구해야 한다.

학습공동체는 단위 학교가 자율적이고 민주적인 운영과 함께 업무경감이 이루어질 때 효과가 있다. 단위 학교가 자율적, 민주적이지 못할 때, 업무경감이 이루어지지 않았을 때는 학습공동체를 운영할 여유가 없을 뿐만 아니라 타율적, 비민주적인 학교 분위기에서는 학습공동체를 추진하는 자발성도 생길 수 없다.

학습공동체의 주요 요소는 지향하는 가치와 내용, 소통이다. 아무리 학습공동체에 적극적이어도 지향하는 가치가 혁신교육에 적절하지 않는다면 큰 의미가 없을 것이다. 그리고 내용은 교육과정을 포함한 교육활동이며 이와 관련된 여러 분야의 내용일 것이다. 교육활동이 지향하는 가치에 맞게 기획, 추진, 평가되기 위해서 구성원들이 학습공동체를 요구할 수밖에 없을 것이다.

구성원들의 소통은 기능적인 소통, 서로 이해하고 공감하는 차원을 넘어 성장에 기여하는 소통이어야 한다. 소통은 성장을 위한 수단이다. 소통의 형태는 서로 다른 관점이나 분야에 대한 이해와 공감의 소통이 있고, 더 나은 수준의 내용을 수용할 수 있는 학습의 기회로서 소통이 있다. 이 소통 과정에서 구성원의 성장이 올 수 있다. 또 소통 과정에서 구성원마다 역할을 통해 성취감과 자존감을 갖게 되어 한 사람의 자주성이 발휘될 수 있다.

4장

13개 시도교육청의 혁신학교

2009년에 경기도교육청에서 초중고 13개 학교로 시작한 혁신학교가 전국적으로 확산되었다. 시도교육청별로 서울형 혁신학교(서울), 혁신학교(전북), 무지개학교(전남), 빛고을혁신학교(광주), 행복더하기학교(강원) 등의 명칭을 쓰고 있다. 강원, 광주, 서울, 전남, 전북은 2011년부터 운영되었고, 2014년 지방선거 후 인천, 충북, 충남, 세종, 경남, 부산, 제주교육청이 혁신학교를 운영하게 되어 전국 13개 시도교육청이 참여하게 되었다.

제일 먼저 시작한 경기도교육청은 8년의 경험이 있고, 최근 참여한 시도교육청은 2017년 현재 4년 차를 맞이하고 있다. 4년 차 7개 시도교육청의 경우는 앞서 시작한 서울, 경기, 전북, 전남, 광주, 강원의 혁신학교 운영 사례를 참고했을 것이다. 13개 시도교육청의 혁신학교 개념이나 추진과제를 살펴보면, 혁신학교를 운영하게 된 배경이나 취지를 이해할 수 있다.

13개 시도교육청의 명칭과 개념을 정리해 보면 다음에 나오는 표와 같다. 이는 해당 교육청의 최근 혁신학교 운영 계획서나 홈페이지에 게재된 내용을 참고했다.

서울의 경우 전인교육을 추구하는 학교, 경기의 경우 학교혁신의 모델학교, 인천은 공교육 정상화 모델학교, 강원은 행복한 학교, 함께하

차례	교육청	혁신학교 이름	혁신학교 개념
1	서울	서울형 혁신학교	학생·교원·학부모·지역사회가 서로 소통하고 참여하며 협력하는 교육문화 공동체로서, 배움과 돌봄의 책임교육을 실현하고 전인교육을 추구하는 학교
2	경기	혁신학교	민주적 학교운영 체제를 기반으로 윤리적 생활공동체와 전문적 학습공동체 문화를 형성하고 창의적 교육과정을 운영하여 학생들이 자기 삶의 역량을 기르도록 하는 학교혁신의 모델학교
3	인천	행복배움학교	민주적 자치공동체를 바탕으로 윤리적 생활공동체와 전문적 학습공동체 문화를 형성하여 창의적인 교육을 실현하는 공교육 정상화 모델학교
4	강원	행복더하기학교	자율과 다양화로 특성화된 교육과정과 교육활동 중심의 학교 운영 시스템을 구축하여, 모두를 위한 '행복한 학교, 함께하는 강원교육'을 구현하기 위한 학교
5	충북	행복씨앗학교	학교 공동체가 협력적인 문화를 형성하고, 창의적인 교육활동을 실현하여, 따뜻한 품성을 가진 역량 있는 민주시민으로 함께 성장하는 공교육 모델학교
6	충남	행복나눔학교	새로운 학교문화로 전인교육을 실현하는 미래지향의 공교육 정상화 모델학교
7	세종	혁신학교	교육의 보편성을 지향하고 세종의 특수성을 반영하면서, 민주적 학교운영 체제를 바탕으로 전문적 학습공동체와 자율과 협력의 생활공동체 문화를 형성하여 미래형 창의적 교육을 실현하는 공교육 혁신 모델학교로서, 그 성과와 경험을 다른 학교에 확산하는 선도학교
8	전북	혁신학교	공교육 내실화의 성공 모델을 창출하여 이를 확산 보급하기 위한 목적으로 운영하는 학교
9	전남	무지개학교	존중과 협력을 바탕으로 행복을 키워가는 학교
10	광주	빛고을학교	함께 배우고 나누는 행복한 학교 실현을 위한 공교육 성공모델 창출
11	경남	행복학교	교육공동체가 배움과 협력의 토대 위에 성찰, 소통, 공감을 지향하고 행복을 추구하는 미래형 학교
12	부산	부산 다행복 학교	• 교육공동체의 자발성과 민주적 소통 및 협력 중심의 학교문화 혁신 • 부산다행복학교 성과의 일반 학교 확산을 통한 공교육 정상화
13	제주	다혼디 배움학교	• 행복한 삶을 위한 교육을 실현해 나가는 배려와 협력 중심의 교육공동체 • 제주의 지역적 특성을 살려 새로운 학교문화를 선도하는 공교육 혁신의 모델학교

는 강원교육을 구현하기 위한 학교, 충북은 공교육 모델학교, 충남은 공교육 정상화 모델학교, 세종도 공교육 혁신 모델학교, 전북은 공교육 내실화의 성공 모델학교, 전남은 행복을 키워가는 학교, 광주는 공교육 성공 모델 창출, 경남은 행복을 추구하는 미래형 학교, 부산은 공교육 정상화를 위한 학교, 제주는 공교육 혁신의 모델학교로 정리하고 있다.

서울, 경기, 강원, 경남, 전남을 제외하고 공교육 정상화 혹은 혁신의 모델학교라는 점을 밝히고 있다. 서울, 경기, 강원, 경남, 전남도 공교육 정상화나 학교혁신의 모델이라고 표현은 하지 않았지만, 공교육 정상화의 내용 범주 안에 있다고 볼 수 있다.

2. 혁신학교의 지향과 추진과제

여러 시도교육청에서 운영하는 혁신학교가 '공교육 정상화를 위한 학교'라면 비정상적인 공교육의 문제를 무엇으로 판단하는지가 중요하다. 앞서 정리한 것처럼, 80년대 이후 교육개혁 과정에서 진단된 우리 교육의 문제 중에서 학교 교육과 직접 관련되는 문제로 1) 입시 위주의 경쟁교육으로 인한 창의성, 인성교육의 소홀, 2) 획일적인 교육내용(교육과정), 3) 경직된 학교운영 체제, 4) 상명하달식 교육행정, 5) 학교와 교원의 자율성 보장이 중요할 것이다. 물론 관점에 따라서 다르게 제시할 과제들이 있겠지만, 일반적인 문제로 볼 수 있다.

따라서 혁신학교가 공교육 정상화를 위한 학교라면 이러한 문제를 극복하는 학교여야 한다. 이 과제들은 크게 나누면 혁신학교는 공교육 정상화를 위해 교육과정과 학교운영의 혁신이 핵심 과제여야 한다. 공교육 정상화를 위한 가치나 철학 혹은 원리, 혁신학교의 과제를 어떻게 설정하고 있는지 13개 시도교육청의 자료를 통해 정리하면 다음 표와 같다.

일부 시도교육청에서 공공성, 민주성, 자발성 등을 혁신학교의 철학으로 표현하는 경우가 있는데 철학보다는 혁신학교의 성격, 운영의 지

차례	교육청	지향하는 가치	추진과제
1	서울	행복의 추구, 책임과 공공성, 자율과 창의, 자발과 참여, 소통과 협력	– 학교운영 혁신 – 교육과정 및 수업 혁신 – 공동체 문화 활성화
2	경기	민주성, 윤리성, 전문성, 창의성	– 창의적 교육과정 – 전문적 학습공동체 – 윤리적 생활공동체 – 민주적 학교운영 체제
3	인천	공공성, 민주성, 윤리성, 전문성, 창의성, 국제성	– 민주적 운영체제 구축 – 윤리적 생활공동체 형성 – 전문적 학습공동체 형성 – 창의적 교육과정 운영
4	강원	자발성, 창의성, 공공성, 지역성	– 자율적이고 민주적인 학교혁신 – 창의공감 교육과정 운영 – 전문적 학습공동체 구축 – 학부모, 지역사회와 함께하는 학교

5	충북	공공성, 민주성, 자발성, 공동체성, 창의성	– 즐거운 배움, 창의적 교육 – 민주적인 학교운영 – 책임지는 학교공동체
6	충남	자발성, 민주성, 공공성, 창의성, 지역성	– 학교운영 체제 개선 – 교육과정, 수업 혁신 – 학교 교육력 강화
7	세종	공동체성, 자발성, 민주성, 공공성, 창의성	– 민주적 학교운영 체제 – 전문적 학습공동체 – 자율과 협력의 생활공동체 – 미래형 창의적 교육과정
8	전북	자발성, 민주성, 창의성, 공공성, 지역성	– 따뜻한 학교공동체 – 민주적 자치공동체 – 전문적 학습공동체 – 교육과정–수업–평가혁신
9	전남	공공성, 자발성, 민주성, 미래성	– 새로운 학교문화 형성 – 교육과정 중심의 교육지원 체제 구축 – 맞춤형 교육과정 편성·운영과 다양한 교육방법 실천 – 학부모와 지역사회의 협력적 파트너십 구현
10	광주	공동체성, 자발성, 공공성, 창의성, 지역성	– 교육활동 중심의 기반 조성 – 민주적 자치문화 – 나눔의 연구문화 – 교육과정 다양화·특성화
11	경남	민주성, 미래성, 공공성, 지역성	– 민주적인 학교문화 조성 – 소통과 배려의 공동체 형성 – 배움 중심의 교육과정 편성 운영 – 전문적 학습공동체 구축
12	부산	공공성, 민주성, 윤리성, 전문성, 창조성	– 창의적 교육과정 – 민주적 학교운영 체제 – 윤리적 생활공동체 – 전문적 학습공동체
13	제주	공공성, 민주성, 지역성, 윤리성, 전문성, 창의성, 다양성	– 존중과 참여의 학교문화 형성 – 배움 중심의 교육활동 실천 – 교육활동 중심의 학교조직 개편 – 학부모, 지역사회와의 협력적 관계 구축

향점 혹은 지향하는 가치 정도로 부르는 것이 적절할 것 같다.

13개 시도교육청이 제시한 운영의 지향점을 모두 정리하면 '공공성, 민주성, 지역성, 윤리성, 창조성, 전문성, 다양성, 자발성, 공동체성, 미래성, 국제성' 등이다. 이 중에서 시도교육청별로 강조할 내용으로 지향점을 정한 것으로 볼 수 있다. 다만 서울시교육청은 '행복의 추구, 책임과 공공성, 자율과 창의, 자발과 참여, 소통과 협력' 등으로 표현하고 있는데, 다른 시도와 표현상의 차이 정도로 이해할 수 있을 것 같다.

혁신학교 운영의 지향점은 기존 학교의 문제를 극복할 수 있는 가치 지향이어야 한다. 앞서 이야기한 '경쟁에서 협력, 외적동기에서 내적동기(자발성) 중시, 소수의 수월성에서 모두의 수월성' 등이 그러한 것이다.

그런데 13개 시도교육청의 혁신학교 철학 혹은 운영 원리로 표현되는 여러 용어는 혁신학교의 성격 혹은 지향하는 가치로 공유하기에는 어려운 점이 있다. 예를 들어, 공공성의 경우 단위 학교의 성격이나 운영의 지향점이 되기에는 너무 벅차다. 공공성의 사전적 개념으로 평등한 구성원이 주체가 되어 민주적 절차를 통해 공익을 실현하는 것이라고 볼 때 그렇다. 교육 공공성으로 좁혀 공익을 위해 누구에게나 차별 없는 교육을 제공한다는 의미로 볼 때도 그렇다. 공공성은 단위 학교의 실천을 통해서가 아니라 도교육청이나 정부의 정책에 의해 보장되어야 하기 때문이다. 또 공공성은 자발성이나 민주성, 공동체성이 포함되어 있는 개념이기도 하다. 공공성에는 단위 학교의 지향과 도교육청 혹은 교육부 차원의 지향이 혼재되어 있다.

또 단위 학교 구성원의 개인적인 지향과 조직의 지향이 혼재되어 있는 경우도 있다. 예를 들면, 윤리성과 전문성은 교사 개인적 차원의 문제로 도교육청이 교사들에게 요구하는 것들이다. 반면 지역성, 다양성, 미래성 등은 단위 학교의 내용에서 담아야 할 가치이다.

그리고 혁신학교의 지향인지 정책의 지향인지가 모호한 경우도 있다. 예를 들어, 국제성의 경우 혁신학교가 국제적 위상을 가져야 한다는 것인지, 혁신학교 정책을 통해 국제적 수준의 교육을 지향한다는 것인지 모호하다.

각 시도교육청이 지향하는 가치를 앞의 내용으로 할 때 그 용어의 설명이 없는 상태에서는 다양한 해석이 가능하다. 그만큼 정책 용어로서 교원들에게 체감도가 높지 않은 것 같다. 경기도교육청에는 2012년 혁신학교 기본문서를 통해 혁신학교의 가치를 다음과 같이 설명한다.

공공성: 교육 기회와 가능성을 차별 없이 향유

창의성: 교육내용, 방법을 모두 혁신한 창의지성교육 실천

민주성: 교사와 학생의 참여문화를 실현하고, 권리의식과 책무성을 자각한
　　　　민주시민 육성

역동성: 집단지성의 발휘와 다양한 교육역량 계발

국제성: 미래지향적인 세계인 육성

하지만 이것도 용어 자체로 볼 때 다의성이 있고, 설명을 해도 체감되지 않을 수 있다. 혁신학교의 지향점을 학생교육을 위한 가치 혹은 지향점으로 재정립하는 것이 혁신학교를 더 명료하게 인식하게 되고, 명료한 만큼 공감대 형성이 신속할 수 있어서 정책 추진도 용이할 것이다.

추진과제의 경우 13개 시도교육청이 공통으로 제시하는 과제로 표현 상의 차이는 다소 있지만 교육과정 운영, 민주적 학교운영, 전문적 학 습공동체를 들고 있다. 우리 학교 교육의 정상화를 위한 과제들을 적 절하게 제시하고 있다. 하지만 각 과제의 세부적인 추진 내용을 살펴 보면 시도별로 혁신학교의 추진과제에 대한 이해나 강조점의 차이를 발견할 수 있다. 여기서는 2014~2016년 일부 시도교육청의 혁신학교 운영 계획서에 제시된 여러 과제 중에서 교육과정 운영에 대한 세부 추진 내용만 정리해 보겠다.

'가' 교육청

- 교육과정 편성, 운영의 내실화
  - 학교 구성원의 전면적 참여를 바탕으로 한 교육과정 편성 · 운영 의 내실화
- 창의적 (특색 · 효과성 · 공공성) 교육과정 운영
  - 단위 학교에서 변경 가능한 사항을 학교 여건을 고려하여 교육적 차원에서 결정(학기제, 시정표, 교과서, 학교행사 등)
  - 핵심성취기준 및 미래사회 핵심역량 중심의 교육과정 재구성으 로 학습부담 경감과 학생참여 중심의 다양한 교육활동 운영
  - 인권 · 생태(환경) · 세계시민 · 민주시민 등 공존을 위한 지성 · 감 성 · 인성 함양 교육
  - 인문(철학), 문예체 교육 등 보편적 세계 이해 능력과 표현능력 함 양 교육
- 교수학습 방법 및 평가 방법 개선

- 학생 활동 중심의 다양한 교수학습 방법을 연구·적용 및 '결과보다는 성장 가능성'과 '교육목표 달성을 위한 과정으로서의 의미'를 중시하는 평가 방법 적용 및 투명하고 공정한 평가관리
- 기초학습능력 신장 및 진로역량 강화 교육
  - 학습자 중심의 책임교육 실현을 위한 전방위적 노력(교원·학부모·지역사회 연계)

'나' 교육청

- 학생 중심의 교육과정 운영
  - 학생의 성장과 발달을 지원하는 창의적 교육과정 설계
  - 학교와 지역사회 여건을 고려한 통합 교육과정 운영
  - 교육과정-수업-평가의 연계 시스템 정착
- 배움 중심의 수업 실현
  - 지식의 전수에서 대화와 협력을 통한 배움으로의 전환
  - 학생이 자발적으로 참여할 수 있는 다양한 수업 설계
  - 차별과 소외 없이 더불어 배우는 교실 수업 구현
- 성장 중심의 평가혁신
  - 창의적 교육활동을 위한 평가 방법의 개선
  - 미래역량평가, 교사별 평가, 수시평가 확대
  - 학생의 특성과 성장을 고려한 정의적·총체적 평가 도입

'다' 교육청

- 교육과정의 창의적 재구성

- 국가교육과정을 학교환경과 미래교육을 반영하는 교육과정으로 재구성하기
- 교육과정 편성 및 탄력적 시간 운영과 학생 소질과 특성 계발을 고려한 활동의 다양화
- 학교의 상황과 여건을 반영하고 구성원의 반성적 사유를 바탕으로 한 교육과정의 다양화 · 특성화된 학교 단위 교육과정 모델 개발

• 학생 배움 중심의 교육과정 운영
- 주제 중심으로 학년 및 교과 교육과정의 단원 재구성을 위한 노력
- 문화예술형, 인문교양형, 탐구형 주제 통합으로 미래형 교육과정 개발
- 참여와 협력, 성찰적 표현이 바탕이 되는 배움 중심 수업

• 창의적 평가 체제 구축
- 학생 간 학업 성취 격차 및 학습 부진 해소를 위한 교육과정
- 학습자의 개별적인 학력 관리를 위한 노력
- 학력 관리와 창의적인 교수학습과 수업 개선을 위한 평가 방법의 다양화
- 과정평가, 논술평가, 자기평가, 협력형 평가, 교사-학생-학부모 3자 협약 평가 등 평가 체제의 변화

'라' 교육청

• 교육과정-수업-평가혁신
- 수업, 평가와 연계되어 삶을 가꾸는 교육과정 운영(성취기준 중심의

교육과정 재구성 등)

- 배움 중심 수업, 배움을 삶과 연결 짓는 수업(교과서 벗어나기 등)
- 수업과 연계되어 학생의 성장을 돕는 평가(자기평가 등)
- 교육과정 워크숍(평가회) 운영: 매월, 분기별, 학기별
- 수업과 생활지도에 전념할 수 있는 업무지원(업무 최적화를 위한 협
  의체, 교무행정업무지원팀 운영)

'마' 교육청

• 맞춤형 교육과정 편성·운영

- 지역과 환경을 고려한 특색 있는 학교교육과정 편성
- 재구성을 통한 교육과정의 탄력적 운영
- 내용 중심에서 역량 중심으로의 교육과정 모색
- 맞춤형 개별 학습 실현을 위한 교육과정 운영

• 교육과정 운영의 책무성 강화

- 수업보조교사제 활용, 부진아 지도를 통한 학습 부진 최소화
- 소외 계층 지원을 위한 특별 프로그램 운영
- 지역 사회 연계 프로그램 운영(인적·물적 자원 활용)

• 과정 중심 교육 활동

- 학생의 배움과 교육의 과정을 중시하는 수업 진행
- 질문, 탐구, 토론, 표현 등 상호작용에 바탕한 참여형 수업 실시
- 역량 중심, 과정 중심에 적합한 평가 체제 마련

일부 시도교육청의 혁신학교 추진과제 중 교육과정 분야를 살펴보

면, 우리나라 교육과정이나 단위 학교의 교육과정 운영상의 문제에 대한 대안적 과제가 명확하게 나타나지 않는다.

물론 관점의 차이가 있겠지만, 앞서 교육과정의 문제점을 이야기하면서 가장 중요한 과제로 시민교육을 들었다. 교육기본법이나 교육기본법에 따른 국가교육과정의 각급 학교 교육목표는 '민주시민'을 기르는 것이다. 시민교육은 자유, 평등, 정의, 평화, 연대 등의 민주적 원칙과 가치를 바탕으로 이루어진다. 이러한 내용이 많이 다뤄질 교과가 도덕과나 사회과지만, 시민교육의 내용으로 미흡하다는 문제를 앞에서 이야기했다. 이 부분에 대한 대안이 혁신학교에서 마련되어야 하지만, 시도교육청별 교육과정 추진과제에서는 찾지 못했다.

다음으로 단위 학교의 교육과정 운영상의 문제점에 대한 대안의 문제다. 교육과정 운영상의 문제점은 고등정신능력과 정의적 영역을 소홀히 하는 점이다. 대학 입시의 수학능력시험이나 학교의 중간, 기말고사에서 객관식 평가에 익숙한 나머지 교육과정상 기르게 되어 있는 고등정신능력에 대한 소홀은 비판적 사고력의 약화, 창의성의 약화를 가져온다. 또 시험에 출제되지 않는 정의적 영역의 소홀은 인지적 영역의 기반이 약화되고, 인성교육의 소홀을 가져오게 된다. 이 문제의 오랜 시간 누적이 우리 학생들의 학력에 반영되어 창의성, 인성교육의 문제를 낳고 있다고 본다. 그렇다면 시도별 혁신학교의 교육과정에서는 이 문제에 대한 대안이 있어야 하지만, 일반적인 교육과정 편성, 운영과 관련된 내용이 주를 이루고 있다고 여겨진다.

수업의 경우, 여러 시도교육청에서 '배움중심수업'을 말하고 있다. 이 배움중심수업의 의미를 문서상으로 보면 교사의 '가르침'에서 학생의 '배움'을 강조하는 것으로 보인다. 사토 마나부 교수의 '배움의 공동체'에서 '배움'도 큰 맥락에서는 동일하다. 사토 마나부 교수는 공부와 배움의 차이를 만남과 대화가 있는가의 여부라고 하면서 공부에서 배움으로 전환할 것을 주문한다.

긍정적인 의미에서 공부나 배움의 차이는 크게 다를 바 없다. 용어 사용의 변화를 통해 관점의 전환을 시도하는 경우라고 본다. 예를 들어, 이오덕은 '글짓기'와 '글쓰기'를 구분해야 한다고 했다. 글짓기는 그동안 우리 교육에서 삶을 가꾸는 교육으로서 역할을 제대로 못 한다고 봤다. 글짓기의 기능적 측면이 강조되어 교육적 효과를 가져올 수 없다고 보고, 삶을 가꾸는 진정한 글짓기를 '글쓰기'로 부르자고 한 것이다. 지금은 글쓰기라는 용어가 통용되고 있다.

배움중심수업의 개념을 교사의 '가르침'에서 학생의 '배움'을 강조하는 것으로 사용한다고 해서 큰 문제가 있다는 것이 아니다. 그리고 그것은 오랫동안 수업에서 강조되었던 상식적인 과제였다. 경기도교육청이 처음으로 배움중심수업이란 용어를 이야기했을 때 용어 도입 초기에 많은 교사가 상식적인 의미에서 그렇게 받아들였다. 일부 교사는 사토 마나부의 배움의 공동체와 용어의 동일함에서 경기도교육청의 배움중심수업은 사토 마나부의 배움의 공동체라고 오해하기도 했다.

경기도교육청에서 사용한 배움중심수업은 '학생-학생, 교사-학생의 협력에 의해 지식의 탐구를 넘어서 새로운 지식을 창조해 나가는 과정이며, 배움중심수업은 지식과 기능의 학습에 그치지 않고, 비판적 사고력을 갖춘 창의적인 인재를 기르기 위한 교육활동'으로 정리하고 있다. 우리 교육에서 문제가 되는 고등정신능력과 정의적 영역의 보완을

위한 수업이고 궁극적으로 학생의 자기 생각 만들기가 배움중심수업
이라고 정리하고 있다.

또 많은 학교에서 프로젝트 수업에 관심을 갖고 있다. 2009 교육과
정에서 프로젝트 수업을 제시한 탓이긴 하지만, 프로젝트 수업은 학생
중심, 활동 중심, 협력적인 배움, 고등정신능력과 정의적 영역의 학습
이 이루어질 수 있는 하나의 방안이기도 하다. 이런 관점이 없는 상태
에서의 프로젝트 수업은 하나의 방법이나 기능에 지나지 않을 것이다.

평가의 경우 고등정신능력을 기를 수 있는 논술평가를 포함한 수행
평가 체제로 전환하는 것과 교사의 전문성을 무시하는 일제고사를 없
애고 수시평가 체제를 갖기 위해서는 교사별 평가가 주요 과제라고 본
다. 그리고 현재 주로 인지적 영역의 평가 중심에서 정의적 영역에 대
한 평가가 보완되어야 한다. 이런 과제에 대해 교육청에서 적절한 대
안을 제시하는 것이 바람직하다는 생각이다.

위에 제시한 일부 시도교육청의 교육과정뿐만 아니라 다른 시도교육
청의 교육과정 추진과제를 살펴보면, 극히 일부의 시도교육청을 제외
하고는 우리 교육과정이나 단위 학교의 교육과정 운영상의 문제에 대
한 적극적인 대안이라기보다는 일반적이거나 상식적인 과제를 제시하
고 있다. 이럴 경우 혁신학교로서 정체성이 모호해질 수 있다. 무엇을
혁신하는가에 대한 차별적이고 구체적인 상을 잡을 수 없기 때문이다.
혁신학교의 과제가 공교육 정상화라면 우리 교육의 문제에 대한 본질
적인 대안이어야 하기 때문이다.

시도별 혁신학교 추진과제 중 교육과정 분야가 우리 교육의 과제에 대한 대안의 내용을 가지고 있는가는 혁신학교의 교육과정 분야 세부 과제를 보면 잘 알 수 있다. 여기에 적은 학교들의 계획은 무작위로 해당 교육청 홈페이지나 학교 홈페이지에서 가져 온 것이다.

물론 학교마다 세부 과제에 대한 자세한 계획이 학교교육과정에 있겠지만, 여기서는 교육과정에 대한 세부 과제 수준으로만 확인한 것이다. 그리고 세부 과제에 대한 문제를 지적하는 것이 아니라 내가 제시한 교육과정 혁신의 관점에서 바라보는 것이다. 하지만 모든 학교의 계획은 나름대로 혁신학교의 과제나 학교의 실정을 고려한 내용으로 충분히 의미가 있다는 것을 전제하며 살펴본다.

먼저 아래 두 초등학교를 살펴보자.

A도 '가' 초등학교

■ 도전과 협력 속에 즐거운 배움이 있는 교실

　가. 교과 연계 두꺼운 책 읽기 프로젝트 운영

　　- 분기별 1권 이상 도서 선정, 1인 1책 소지 활용

　　- 사제동행 함께 읽기 & 슬로우 리딩 병행 교육

　　- 꿈끼 탐색주간 활용 독서퀴즈대회 운영

나. '배움 도전과제 나눔마당' 운영

- 학기별 개인 또는 모듬별 도전과제 설정 운영

- 나눔마당을 통한 결과 공유로 성공경험 누적, 자존감 높이기

다. 배움 중심, 협력 중심 수업 전개

- 학교 단위 수업연구 직무연수 운영(15시간 운영, 전 교사 참여, 격주 수요일 운영)

- 수업전념팀 중심의 자율 수업혁신 동아리 운영

B도 '나' 초등학교

■ 창의감성교육 프로그램 운영

가. 생태, 노작, 문화·예술, 놀이 중심의 계절학교 운영

1) 봄, 여름, 가을, 겨울 계절학교 운영

2) 학년·군별 발달 단계에 맞게 계열화하여 운영

3) 수련활동(4~5학년): ○○○자연학습원(7월 20일~21일)

나. 생태 교육

1) ECO-School 프로젝트 운영(학년(급)별 생태프로그램 연중)

2) 푸름이 이동환경교실 참여

다. 문화예술 교육

1) 가을 계절학교 운영: 무대발표, 전시 중심 운영

2) 국악교육시간 운영(연간 72시간)

- 국악교육(문화예술 강사): 3년(14시간), 4년(14시간), 5년(16시간), 6년(14시간) 운영

3) ○○ 작은 음악축제 참여

라. 여행학습

　　1) 교과와 연계한 여행학습(1~5학년): 학년 또는 학년군별 운영

　　　(시기 자율)

　　2) 수학여행(6학년): 10월 5일~7일

마. 독서교육

　　1) 독서교육 환경조성: 학급별 권장도서 선정 및 구입

　　2) 자율독서 시간 운영: 사제동행 책 읽기, 아침독서 시간 운영

　　3) 도서관 중심의 행사 추진: 독서퀴즈, 다독자 칭찬하기, 책

　　　축제 실시

　　4) 학년(급)별 교과 연계 도서관 수업 실시

　　(이하 생략)

　두 초등학교의 경우에는 앞서 지적한 교육과정에 대한 대안적 내용은 없다. 그리고 교육과정은 교육내용, 수업, 평가로 나눠 볼 수 있는데, 관련한 내용이나 문제의식이 제시된다면 더 적절하다는 생각이다. 다음은 두 중학교 사례이다.

C도 '다' 중학교

■창의적 교육과정 운영

• 교육과정 전문 워크숍 및 학교 자체 워크숍

• 교과교육과정 재구성(독서활동, 프로젝트 수업 방안) 운영

• 학년교육과정 협의회를 통한 학년 중심 교육과정 운영(학년별 중점 교육 목표 및 주제중심 교과통합, 프로젝트 수업 방안)

- 모둠별 토론·프로젝트 수행·활동 중심 수업을 통한 배움중심 수업 실천
- 평가혁신을 통한 교과 본질을 살리는 수업 및 교육과정 운영(독서·논술형 평가 확대, 수행평가 확대, 객관식 지필평가 축소)

D도 '라' 중학교

■ 함께 배우고 나누는 행복한 교육과정 운영

- 기초학력 책임지도와 개인 능력별 수업(연중)
- 방과후학교 운영의 내실과 토요 휴업일 다양한 특기적성 프로그램 활성화
- 도서관 활용 극대화와 통합논술 및 맞춤형 수월성 수학 심화프로그램 운영
- 원어민과 함께하는 1:1 맞춤형 영어(휴가 중 영어캠프와 원어민 활용 수업)
- 수요자 요구에 부합하는 스포츠동아리 활동의 극대화(농구, 배드민턴, 탁구 등)
- 유학센터 건립을 통한 학생 수 감축 해결(○○군 지원 사업)
  - 농산촌 지역 활성화를 위한 학교와 지역사회의 공동 프로그램 운영
- 도·농 교류의 정착을 통한 지역인재양성의 중심센터 역할 도모
  - 농촌유학 프로그램 적극 활용을 통한 인구 유입에 기대

중학교의 경우 지역 간, 학교 간의 환경의 차이를 고려한다고 해도

우리 교육과정 운영에서 핵심적인 문제는 거의 동일할 것이다. 이 문제에 대한 대안 모색이 필요한데 여기에 대한 문제의식이 나타나지 않았다. 'C도 다 중학교'는 교육과정 재구성, 수업, 평가에 대한 대안적 관점이 비교적 잘 드러나 있는 편이다.

마지막으로 한 고등학교를 살펴보자.

E시 '마' 고등학교

가. 미래역량을 기르는 통합교육과정 운영

  1) 통합교육과정 특성화 교과목(생활과 철학, 생활과 논리, 진로와 직업) 협의회 조직 및 수업 내용 개발

  2) 창체 학교특색사업인 '창의적 글쓰기'의 지속적 운영을 통해 통합교과적 표현 및 소통 능력 배양

  3) 학기말 프로젝트 수업의 정착 및 체계화

    - '나도 선생님' 프로그램을 1학기로 옮겨 주제 중심으로 운영 계획

    - 통합교과 TF팀 구성 및 활동, 통합교육과정 연구회 조직

  4) 창의적 글쓰기/창의적 과학의 학년별 위계에 따른 교육내용 개발

나. 진로·적성을 고려한 진로집중 교육과정 및 독일어 집중이수과정(DSD)

  1) 진로집중(개방) 교육과정의 내실화

    - 학생들의 진로희망과 관심사에 맞춰 다양한 교과목을 선택 수강하게 해주는 진로집중 교육과정 4년차 운영

- 3학년 인문사회과정, 화요일 6, 7교시에 〈영화의 이해(3학급)〉 〈반려동물관리(3학급)〉 〈과제연구(역사)〉 〈스포츠 경기실습〉 교과목 편성

2) 독일어 의사소통 능력 및 국제적 감각을 지닌 글로벌 리더 육성을 위한 독일어 집중이수과정(DSD) 운영

- 주당 8시간 수업: 수, 금 각 3시간, 토 2시간 운영
- 여름, 겨울방학 4시간씩 각각 10일 운영

다. 부적응학생을 위한 진로집중탐색과정(대안학급) 운영

1) 부진학생, 부적응학생 지도를 위한 진로집중탐색과정 개설, 2학년 1학급을 전일제로 구성, 학급공동체의식을 바탕으로 책임감 강화

2) 직업체험 인턴십 과정, 특강, 나의 이야기 창작뮤지컬 공연, 예체능 활동을 통한 자기 긍정성 강화

3) 전문상담 인력 배치로 학부모 · 학생 심리 상담 진행

라. 교과별 수업혁신 추진 및 수업연구회 운영

1) 수업에서의 기본 다지기 및 연계 도서, 과제 등으로 사고 확장하기

2) 1학년 학습법 강의, 1학년 참여 · 토론수업 오리엔테이션 등을 통해 학습태도 및 학습방법 습득

3) 수업연구회(창글 협의회, 질문이 있는 교실-과기협의회, 통합교과수업연구회 등) 조직, 수업사례 나누기, 수업사례집 발간을 통해 수업혁신 추진

마. 교과 연계 심화 탐구 프로그램 운영

1) 수리논술대회(5월 13일), 수학탐구발표대회(수학캠프, 9월 16일)

2) 교내 지리 탐구대회(4월 22일 예정), ○○○지리캠프(4월 15일, 10월 17일 2회 예정), 세상에 대한 이해-지리과 발표대회(7월, 12월)

3) 사회참여발표대회(9월 4일 예정)

4) 독서캠프(7월 10일)

5) ○○○ '□□나무' 운영

- 철학적 근본 문제, 사회적 논쟁, 현장의 이야기 등을 중심으로 주제를 설정, 학생들의 사고의 폭과 깊이를 더하고 진로 개척에 단초를 제공함

- 인문학특강, 이공계특강 주관 부서 단일화, 관련 두레와 동아리가 중심이 되어 특강 주제에 대한 사전 독서활동 및 특강 사후 활동 조직

- 독서토론 대회와 특강, 글쓰기를 연계하여 사고의 확산을 도모함

6) 1인 1프로젝트 학습대회 운영

- 교과수업 및 다양한 학습활동(학습두레, 동아리, 방과후학교 등)을 통해 탐구 영역 모색(3, 4월)

- 창의적 글쓰기 시간 중 탐구 주제 선정, 탐구활동 기획안 제출(5월)

- 방학기간을 이용하여 탐방, 실험, 서지 조사 보고서 자료 수집(7, 8월)

- 실제 보고서 쓰기 수업(창의적 글쓰기 및 창의적 과학 수업, 9월)

- 보고서 제출(9월 28일) 및 우수작 발표대회(11월 4일)

7) 작은음악회 운영(1학년 1~5반: 7월 16일 / 1학년 6~10반: 12월 / 2학년: 12월)

- 음악 교과시간(합창, 컵타), 동아리활동에서 배우고 익힌 것을 발표
- 음악회 준비과정을 통해 공동체적인 협동 가치를 체험하고 자율과 자치 능력을 높임

혁신학교 운영에서 고등학교의 교육과정을 어떻게 운영할 것인가는 정말 큰 과제다. 오랜 입시교육의 관행을 벗어나는 것도 쉽지 않을 것이고, 프로젝트 운영이나 교과 통합을 하려고 해도 교과별 협의회 중심이어서 교과간 협력이 원활하지 않다면 무척 어려울 것이다. 혁신학교에서 중등의 경우 교육과정 혁신을 위해서는 학년협의회가 교육과정 운영의 주체가 되고 유기적이어야 가능성이 좀 더 열릴 것이다.

이러한 어려운 조건임에도 'E시 마 고등학교'의 사례는 상당한 의미가 있다. 고등학교에서 교육과정 혁신이 불가능하지는 않다는 것을 말해 준다.

지금까지 각 시도별 혁신학교 추진과제 중 교육과정 분야를 알아보았고, 그 과제가 단위 학교에 어떤 내용으로 반영되는가를 알아보았다. 혁신학교에서 교육과정이 중요한 이유는 학생들의 삶과 직접적인 관련이 있고, 한 학교의 문화를 좌우할 수 있는 가치를 담고 있기 때문이다. 교육과정 이외의 나머지 추진과제들은 교육과정을 잘 운영하기 위한 보조적 성격을 지닌다.

시도교육청별 교육과정 분야의 과제가 보다 대안적 성격을 갖는다

면 단위 학교에서 어떤 방향으로 교육과정 운영이 이뤄져야 할지 구체적인 방향을 그릴 수 있을 것이다. 이 부분에 대한 논의와 검토가 좀 더 적극적이 되어야 혁신학교의 성장에 도움이 될 것이다.

시도교육청의 교육과정 분야의 과제나 단위 학교의 교육과정 운영에서 혁신학교다운 내용을 갖기 위해서는 다음과 같은 내용이 검토되면 좋을 것 같다.

- 국가교육과정에서 미흡한 시민교육을 어떻게 보완할 것인가?
- 2015 교육과정에서 역량중심을 강조하지만, 인지적 영역 중 고등정신능력을 기르기 위한 실천적 활동 없이는 이해가 어려울 수밖에 없을 것이다. 고등정신능력을 기르는 교육과정(내용, 수업, 평가) 재구성은 어떻게 할 것인가?
- 지적 성장의 기반이자 인성교육의 핵심인 정의적 영역을 보완하기 위한 교육과정 운영을 어떻게 할 것인가?
- 학생의 자발성을 존중하는 수업, 학생 스스로가 지식을 탐구하고 자기 생각을 만드는 수업을 어떻게 할 것인가?
- 가치나 철학이 담긴 수업, 협력적 학습, 탐구하는 학습, 학생 자발성 중심의 수업을 위한 프로젝트 수업을 어떻게 기획할 것인가?
- 경쟁이나 분류가 아닌 학생의 성장을 지원하는 평가의 관점을 어떻게 실현할 것인가?
- 교사별 평가를 사교육 경감, 교사의 전문성 신장, 교사와 학생의 관계 증진 차원에서 어떻게 실시할 것인가?(고등학교는 수행평가에 한해 가능함)
- 정의적 영역을 고려한 평가를 어떻게 할 것인가?

5장

경기도 혁신학교 정책의 변화 과정

경기도교육청의 혁신교육이나 혁신학교 정책은 김상곤 교육감에서 이재정 교육감으로 오면서 변화를 겪는다. 편의상 김상곤 교육감 시기를 1기, 이재정 교육감 시기를 2기라고 하겠다.

2기가 시작되면서 현장에서 우려하는 몇 가지가 있었다. 그동안 추진했던 혁신교육의 계승인가, 단절인가? 9시 등교와 상벌점제 폐지 과정에서 보듯이 정책이 정당하면 민주적 절차가 생략되어도 정당한가? 도교육청의 정책이 단위 학교 수준의 구체적인 정책을 수립하는 것이 적절한가? 등이 그것이다.

적어도 우리나라에서 도교육청 차원에서 혁신교육이라는 말을 붙이려면, 그 정책이나 사업이 우리 교육의 근본적인 문제에 대한 대안인가? 정책의 가치나 철학이 대안적인가? 정책의 내용과 추진 방식이 대안적인가? 그 정책이 교육을 넘어 사회혁신에 기여할 수 있는가? 등이 요건이 되어야 할 것이다. 이런 관점이 아니라면 진보교육감이 추진하는 정책이라도 혁신일 수는 없으며, 비록 혁신이라고 하더라도 방법에 문제가 있다면 혁신의 가치가 훼손될 것이다. 지금 여기저기서 혁신교육을 많이 말하는데 '혁신'의 개념 정리도 필요할 때가 아닌가 생각한다.

경기도교육청의 혁신학교 정책을 살펴본다는 것은 다른 시도교육청

입장에서 본다면 두 가지 점에서 의의가 있을 것이다. 우선 '교육감이 바뀔 경우 어떤 문제가 있는가' 하는 문제와 다음으로 '지속 가능한 혁신을 위해 무엇이 중요한가'라는 질문이다. 여기서는 경기도교육청에서 추진한 혁신학교 정책과 혁신학교 추진과 관련되는 혁신교육이 어떻게 변하는가를 살펴보면서 정책의 지속 가능이라는 관점에서 어떤 문제가 있는가를 짚어 보기로 한다. 물론 어느 시기, 누구든 정책의 내용과 수단, 방법에 있어서 완벽한 것은 없고, 관점에 따라 다르게 볼 수도 있다는 것을 전제하고 살펴본다.

- 1 -
추진과제의 변화

경기도교육청의 혁신학교 추진과제는 지금까지 세 차례의 변화를 거쳤다. 2009년 혁신학교를 처음 지정할 때 도교육청의 추진과제는 다음 도표에서 보듯이 모두 6가지였다.

그러나 초기에 정한 6가지 과제는 단위 학교의 혁신을 위해 필요한 일반적인 과제이기는 하나 몇 가지 문제가 있었다. 우선 '생산적인 학교문화 형성'에서 '생산'이라는 용어가 어색하다는 지적이 있었고, 학교문화라는 것은 혁신의 내용과 형식을 포괄하는 개념이어서 별도로

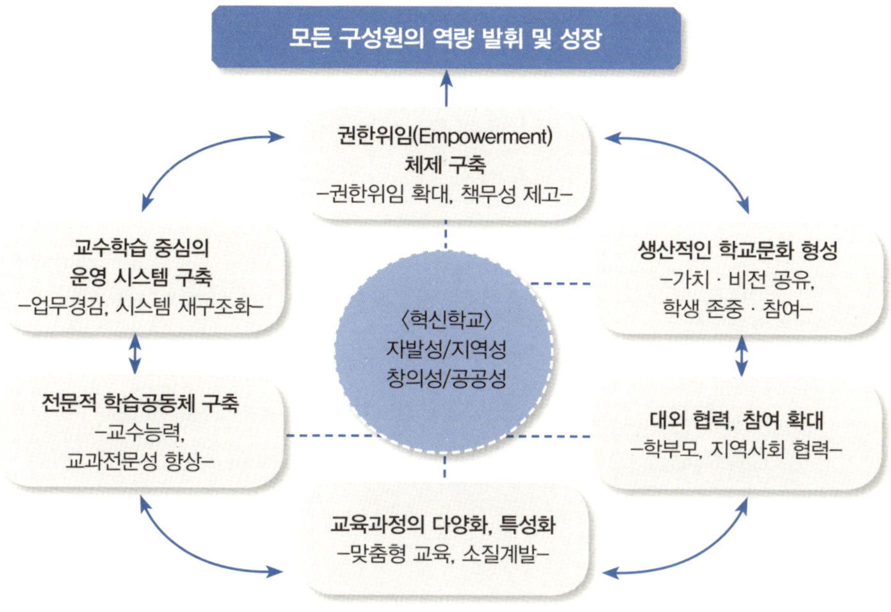

표현하지 않아도 주요 과제를 추진하면 학교문화가 형성될 수 있다는 점이다.

'권한위임체제 구축'은 학교의 자율성을 말하는 것이고, 이 자율성은 교육청과 학교 관계에서의 자율성과 함께 학교 내부의 자율성도 보장되어야 적절하다. 따라서 권한위임이라는 협소한 용어보다는 자율운영체제 구축이라고 하는 것이 적절하다는 지적이었다.

'교수학습 중심의 운영 시스템 구축'은 전문적 학습공동체와 분리하여 생각할 과제가 아니라 전문적 학습공동체에 포함하여 추진할 과제라고 말할 수 있다. 그리고 학교의 자율운영과도 밀접한 관련이 있어서 별도의 과제로 정리할 필요가 없었다.

무엇보다도 6가지 과제가 우리 교육의 혁신을 위한 학교 교육의 구체적인 과제를 제시하는 데 그 방향성이나 내용이 약하다는 지적이 있었다. 이런 점을 고려하여 2012년에 6가지 과제를 정리하고, 보다 구체적인 혁신의 내용을 담기 위해 혁신학교 추진과제의 변화가 생겼다. 그것이 아래 도표에 있는 4가지 추진과제였다. 그리고 각 과제와의 관계는 물론 서로 유기적이지만, 강조점의 차이가 발견된다.

초기의 6가지 과제는 서로 유기적인 관계라는 것이 화살표로 표시되었지만, 무엇이 보다 더 중요한 과제인가 하는 점은 표시되지 않았다. 이 점을 보완하기 위해 2012년 과제에서는 교육과정이 핵심이고 이를 지원하는 과제로서 나머지 3가지를 제시했다. 물론 어느 한 과제도 중요하지 않은 것이 없지만, 혁신학교의 정체성은 교육과정이고 이를 위

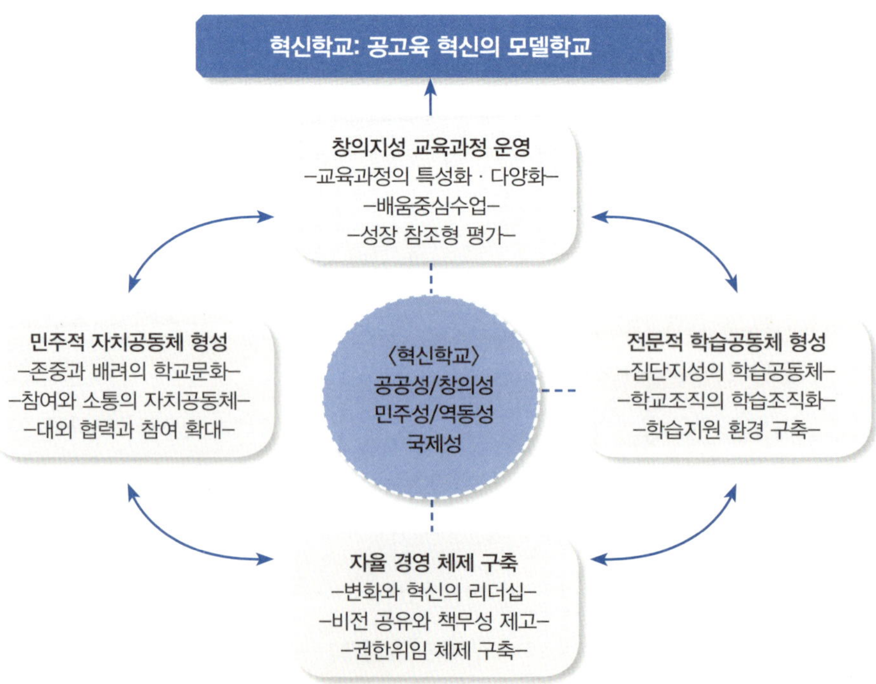

한 학교운영 시스템의 변화가 필요하다는 것을 나타냈다.

2012년부터 적용한 추진과제는 그동안 교육개혁에서 나타난 학교교육의 문제점을 반영한 것이기도 했다. 곧 학교의 자율운영, 민주적 운영, 전문적 학습공동체 형성으로 교육과정의 혁신을 가져오는 것이 공교육 혁신의 모델인 혁신학교의 역할로 본 것이다. 그런데 교육과정의 혁신을 경기도교육청은 '창의지성 교육과정'이라고 이름을 붙였다. 이 부분에 대해서는 뒤에서 더 설명하겠다.

1기에 이어 2기가 들어선 2014년부터 혁신학교 추진과제가 다시 바뀌게 된다. 바뀐 과제는 다음 도표에서 보듯이 '자율 경영 체제 구축'이

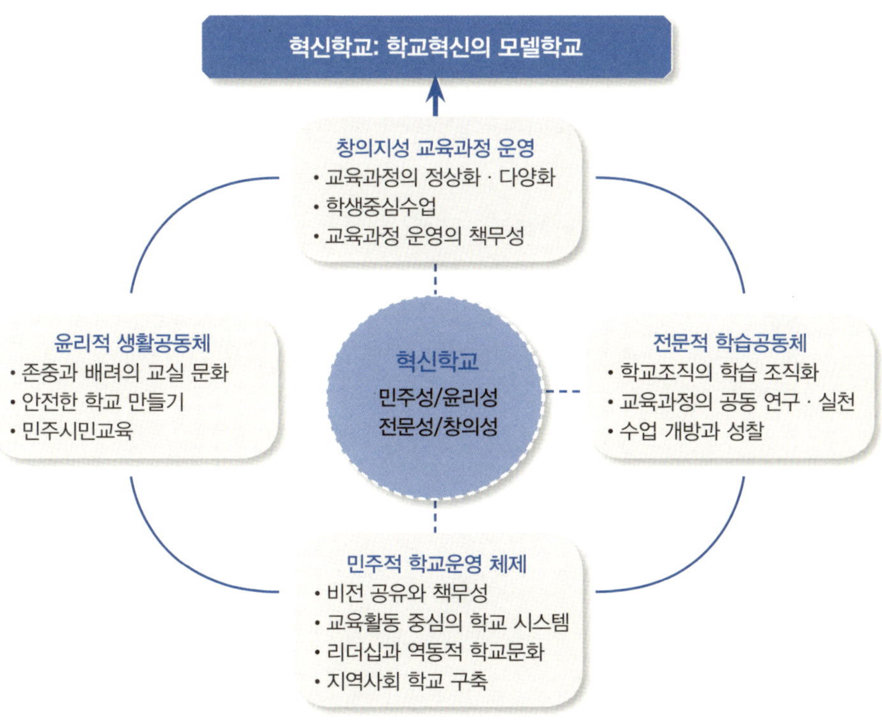

없어지고 '윤리적 생활공동체'라는 과제가 생겼다. 이전에도 일부 내용이 민주적 자치공동체 형성이라는 과제에 포함되어 있기는 했지만, 더욱 강조하기 위해서거나 중요하다고 판단하여 추가 제시한 것으로 보인다.

윤리적 생활공동체를 2015년 혁신학교 기본 문서에서 다음과 같이 설명하고 있다.

> 혁신학교에서 추구하는 윤리성은 학교 구성원 상호 간의 관계를 소중히 여기고, 신뢰와 자존감 회복을 위한 존중과 배려의 학교문화로 만들어가는 것이다. 교실을 바람직한 생활공동체로 만들기 위해서는 지시와 통제, 경쟁과 변별에 의한 강압적 생활지도가 아니라 교사의 윤리적 생활실천과 일상적인 관계의 질적 변화가 중요하다. 학교 구성원으로서 지켜야 할 자율 규범을 학교헌장이나 윤리강령, 자치규범 등으로 제정하여 공동체 의식과 공적인 책무성을 높일 수 있다. 학교는 타율적 가치와 기준에 의해 구분되고 나누어지기보다 다름이 존중되고 나눔이 소중히 여겨지는 자율과 책임의 생활공동체로 구성되어야 한다.

결국 교사의 윤리적 책무성을 강조하는 내용이다. 그것은 기존의 혁신학교 기본문서를 수정한 2015년 혁신학교 기본문서의 세부 추진과제를 봐도 잘 드러난다.

■ 존중과 배려의 교실 문화

• 관계형성을 위한 성찰 및 실천

  - 인권이 존중되는 학교풍토 만들기: 학생인권 존중, 교사존경,
    동료존중 풍토

  - 친절한 교사상 정립

• 실천하는 공감 소통: 학생 이름 불러주기, 존중어 쓰기, 눈 맞춤,
  스킨십

• 인격 존중 언어 풍토 조성: 욕설, 비난, 야단, 빈정거림, 조롱하는
  말 안 쓰기

• 관계 회복을 위한 안정감 있는 환경 만들기

  - 교실중앙 교단 선진화 책상 옮기기(초등학교 교실)

  - 변별적 통제 기재 안 쓰기: 경쟁, 비교, 외적 보상 지양(상벌점제,
    칭찬스티커 없애기)

• 행복한 교실을 위한 아침 약속

  - 따뜻한 아침 맞이: 교문 맞이, 아침 맞이

  - 아침 업무 안보기: 아침 시간에 컴퓨터 켜지 않기, 메신저 안 보
    내기

  - 5분 공감 이야기 나누기: 친구의 일상생활 이야기 나누기와 감
    사, 칭찬, 사과

• 배려와 나눔이 있는 학교 만들기

  - 치유와 상담활동

  - 소외 학생을 위한 지원 프로그램 운영

이 윤리적 생활공동체는 지나치게 세세한 내용을 담고 있어서 단위 학교에서 다양한 방안을 생각할 여지가 없다. '존중과 배려의 교실 문화'의 세부과제에서 '행복한 교실을 위한 약속' 정도로 제시하면 될 것을 구체적으로 아침 맞이, 교문 맞이, 컴퓨터 켜지 않기, 메신저 안 보내기 등의 세세한 내용까지 제시하고 있다. 행복한 교실을 위한 약속은 학교마다 교실마다 담임의 철학과 가치에 따라서 다를 수 있다는 것을 전제해야 한다. 단순히 예시로 보기에는 교육청의 요구가 강하고, 너무 친절한 내용 때문에 일부에서 도교육청이 단위 학교 차원의 구체적인 사업을 지시한다는 지적을 받고 있다.

1기의 혁신학교 기본문서에는 민주적 자치공동체 형성 안에 부분적으로 들어 있기는 하지만, 이렇게 세세하게 제시하지는 않았다. 그것은 2기에 와서는 윤리적 생활공동체가 매우 중요한 과제라는 것을 의미한다. 다시 말해서 그만큼 비중 있는 과제라는 것은 단위 학교에서 실행되기를 요구한다는 의미여서 현장에서는 윤리적 생활공동체에 대해 다른 과제보다 더 비중을 둘 수밖에 없을 것이다.

여기에다가 '권위주의 관행문화 개선'이란 것이 있다. 학교문화를 개선하기 위한 운동으로 언어문화, 예절문화, 접대문화, 회식문화, 의전문화, 회의문화, 성평등 문화 등 7대 분야 14개 실천 과제가 있는데 2015년 학교정책과 자료에서 일부를 보면 다음과 같이 예시하고 있다. 이것은 윤리적 생활공동체와 서로 다른 사업 같지만, 내용적으로는 동일하다. 도교육청에서 윤리적 생활공동체를 어느 정도 비중으로 생각하고 있는가를 보여주는 사례일 것이다.

1. 언어문화

- 교원 간 지나친 반말이나 하대(下待) 문화 개선
- 교직원 및 학생들에게 존중어 사용하기 실천
- 양성평등에 입각한 언어를 사용하고, 성 고정관념적인 발언을 자제하기

2. 예절문화

- 먼저 보는 사람이 먼저 인사하기(목례, 눈인사, 악수 등)
- 서로 인격적으로 존중해 주는 직장문화 조성

3. 접대문화

- 각종 협의회 및 보고회 행사시 커피, 차 등 참여자 셀프서비스 실행
- 회의 주관자 및 상급자의 자발적인 직접 차 접대문화 조성
- 행사 및 방문객을 위한 관행적인 접대문화 개선

4. 회식문화

- 음주 위주의 회식 문화 지양
- 술 따르기, 잔 돌리기, 옆자리 앉기 강요 등 강권적 회식문화 지양
- 춤 강요, 불쾌한 신체접촉 등 금지
- 직원들의 다양한 의견을 모아 문화체험, 레저 활동 등 다양하고 의미 있는 회식 추진
- '회식시간 셧다운제' 운영: 저녁 9시 전에 끝내기

사실 학교나 교실에서 교사의 윤리적 책무성을 이야기하자면 한도 끝도 없을 것이다. 어느 것을 강조한다 해도 지나침이 없는 것이 많다. 예를 들어, 초임교사 시절부터 많이 들어온 윤리적 책무성을 강조하는

것들을 떠올려보면 수업 시간 지키기, 수업 중 앉아서 쉬지 않기, 학생 개인별 수준에 맞는 수업 진행하기, 교사가 모든 행동에서 솔선수범하기, 학교에서 사적인 일 처리하지 않기, 교사의 품위에 맞게 복장 단정히 하기, 지나친 헤어스타일 지양하기 등이 그것이다. 문제는 도교육청의 정책이나 사업은 보다 본질적인 접근을 하는 것이 중요하며, 미시적이고 지엽적인 접근은 혁신학교에 대한 관점이나 지향의 협소함을 가져올까 우려된다. 그러나 2기에서는 이 문제를 본질적인 문제로 인식하는 듯하다.

윤리적 생활공동체의 세부과제 중의 하나로 민주시민교육이 있다. 민주시민교육을 윤리성이나 절차적 행위로 보는 경향이 보인다. 기본 문서에 나타난 내용을 옮기면 다음과 같다.

■ 민주시민교육

• 기초생활 교육

- 기초생활 교육 생활화: 질서, 청결, 식사예절, 공중도덕, 언어, 정리정돈, 공공물건 사용 등

- 자기관리 능력 키우기: 책가방 정리, 학습 준비, 사물함 정리, 책상 정리 등 학습 습관 익히기

- 학년 공동생활 교육: 학교의 동일한 기준과 일관성 있고 지속적인 지도로 학교문화화 하기

• 의사소통 능력과 공동체 의식 함양

- 학생 간 원활한 대화와 소통을 통한 감정의 교감을 통해 신뢰 관계 형성

- 학생이 이끌어가는 학급조회: 지시와 훈육 위주 시간을 대화와 토론 시간으로 바꿈
- 타인과 의사소통 과정에서 지켜야 할 기준과 태도 교육
  · 대화와 토론 규칙을 따르고 익히기
  · 의사결정에 적극 참여하기
  · 약속과 합의 준수하기
  · 소수 의견 존중하기
- 학급 활동을 통해 공동체 생활 배우고 익히기
  · 학급에서의 역할 분담 활동 기회 제공
  · 이질적 모둠 편성으로 공동체 생활 익히기
  · 취미동아리 활동, 스포츠 활동을 통해 협력 그리고 허용과 격려 행동 익히기
- 자율과 협동의 가치를 배우는 학생자치 활동
  - 학급회의
    · 교사의 업무 편의를 위해 불평등한 위계를 조장하거나 임원에게 특권을 제공해서는 안 됨

여기서 나타난 민주시민교육은 우리 교육의 목표인 시민양성이라는 관점보다는 기초생활 질서나 기본적인 의사소통 능력과 학생자치 정도로 생각하고 있다. 민주시민교육은 윤리적 생활공동체의 과제로 포함하기보다 우리 교육목표인 민주시민 양성을 위한 교육과정 차원의 접근이 더 중요한 문제라고 볼 수 있다. 우리나라의 교육목표인 민주시민교육이 협소하게 이해되는 경우다.

이 윤리적 생활공동체는 추진과제로서 의미가 있고 없고의 여부가 아니라 혁신학교의 추진과제로서 우리 교육의 문제점을 극복할 보다 본질적인 대안인가 하는 부분이다. 또 교사 개개인의 윤리성을 묻기보다는 도교육청의 행정적 지원이 우선되는 것이 더 바람직하지 않은가 하는 것이다. 그래서 단위 학교의 교사들이 협력적인 관계를 통해서 공동으로 추진할 수 있는 여건을 만들어주는 것이 혁신학교나 모든 학교를 위한 과제로 더 적절하다는 생각이다. 그 속에서 개인적인 윤리성은 학교 단위, 교사 차원에서 정립해 나가도록 하는 것이 더 적절할 수도 있다.

국가 차원에서 윤리적 책무성을 강조하는 일로 박정희 정권 때 70년대 교육신풍운동이 있었다. 80년대 전두환 정권 때는 정의사회 구현이라는 기치를 내세웠다. 90년대 노태우 정권 때는 일하는 사회, 건강한 사회를 만든다고 범죄와의 전쟁을 선언했다. 윤리적 책무성을 강조하는 내용들이었지만, 국가사회의 시스템 개선이 선행되지 않은 상태에서 개인의 책무성 강조는 구호에 지나지 않았다. 또 다른 문제로 모든 잘못을 교사 개인에게 전가할 위험이 있다.

또 다른 추진과제의 변화로 2012년 기본문서에 있는 '창의지성 교육과정 운영'을 2015년 기본문서에 '창의적 교육과정'으로 수정한 부분이다. 이 부분의 변화는 매우 중요한 문제로 본다. 창의지성교육의 뜻은 '지성교육을 통한 창의성 교육'이다. 지성교육의 핵심은 비판적 사고력이며, 이 비판적 사고력을 창의성 신장의 핵심으로 본 것이다. 뿐만 아니라 시민교육의 핵심도 비판적 사고력이다. 그러니까 우리 교육과정 운영상의 문제점에 대한 대안인 것이다. 경기도교육청의 창의지성교육 해설 자료에서 창의지성교육의 배경을 다음과 같이 설명하고 있다.

> 창의지성교육은 교육의 질적 수준을 높여서 공교육의 기능을 혁신할 뿐만 아니라, 근본적으로 대한민국의 지적·문화적 전통을 일관되게 재구축하려는 운동이다.── 단편적인 지식을 외우고 기억하는 것을 넘어, 참된 교육을 통해 아이들이 비판적·창의적 사고력, 민주적 생활력을 갖도록 돕는 새로운 교육 패러다임을 설계해야 할 때이다.── 한국 사회에서 교육은 사회의 발전을 결정하는 중요한 열쇠이다. 결국, 창의적인 인재를 육성해 미래 한국사회의 평화와 생존, 그리고 번영의 자원으로 삼고, 민주적 미래사회를 위한 지혜를 발휘해야 한다.

그리고 창의지성교육에서 '창의성'을 다음과 같이 정리하고 있다.

> 첫째, 창의성은 세계의 이치(본질이나 법칙 혹은 의미나 맥락)를 꿰뚫어 보는 통찰력이나 상상력을 의미한다. 이러한 능력은 경험의 세계에서는 의미나 맥락, 법칙성을 발견하도록 할 뿐만 아니라, 경험을 넘어서는 세계에 대해서도 그 본질을 깨닫는 것이 가능하도록 한다.
> 둘째, 창의성은 인식을 넘어서 독창적인, 즉 의미 있고 새로운 문제발견 및 해결능력을 뜻하기도 한다. 여기에서 창의성이란 자신의 삶, 사회, 세계의 발전을 위한 기획능력을 의미하며, 창조적

생산을 지향하는 문화적 능력을 의미하기도 한다.

셋째, 창의성은 민주적 시민가치 및 덕성, 책무성 그리고 리더십을 기르는 것을 의미하기도 한다. 교육과 배움 그 자체가 사회적 과정의 산물이고, 사회의 발전을 위해 시민의 기본 자질을 육성하는 과정이기도 하다.

이러한 창의지성교육을 위해 재구성한 교육내용을 다음과 같이 분류했다.

• 기초교양 창의지성 프로그램: 철학, 사회과학, 자연과학, 예술 영역에서 인류의 지적, 문화적 자산 혹은 체험이나 사회적 실천 활동을 활용하여 구성한 교육 프로그램
• 교과별 창의지성 프로그램: 각 교과별 교육에서 단순한 지식, 기능 학습을 넘어 지성교육의 방법론에 따라 교육내용을 체계화하고 심화
• 융합 창의지성 프로그램: 교과 혹은 영역을 융합한 프로그램(커뮤니케이션 프로그램, STEAM 프로그램 포함)

이 분류에 따라 창의지성교육 프로그램을 개발하여 재구성할 수 있는 예시자료를 단위 학교에 보급했다.

창의지성교육의 수업 방법은 구성주의 학습 원리를 바탕으로 한 '배움중심수업'이라고 불렀고, 배움중심수업의 개념은 학생의 자기 생각 만들기로 정리했다. 이에 따른 평가혁신으로는 논술평가를 포함한 수

행평가 중심으로 전환, 교사별 평가를 도입하여 일제고사 폐지와 수시 평가 체제로 전환, 정의적 영역 평가 실시 등이 주요 내용이었다. 교육 과정, 곧 교육내용과 수업, 평가의 일관성을 갖지 못하고 있는 우리 교육과정 운영상의 문제를 극복하기 위한 경기도교육청의 교육과정 정책이었다.

이 창의지성교육을 핵심 내용으로 하는 경기도 교육과정 편성, 운영 지침을 경기도교육청에서는 '경기도교육과정'으로 불렀다. 물론 법적으로는 시도 단위에 교육과정은 존재하지 않는다. '시도 교육과정 편성, 운영 지침'이 정확한 이름이겠으나 경기도교육청은 편성, 운영 지침을 넘어 우리 교육과정의 문제점을 지적하고 대안을 제시하는 총론 성격과 각론에 대한 대안을 제시하고 있어서 별칭으로 '경기도교육과정'으로 부른 것이다.

그러나 2기가 시작되면서 창의지성교육이란 용어가 사라졌다. 용어만 사라진 것이 아니라 창의지성교육이 갖고 있는 문제의식마저 사라진 것이다. '창의지성교육'은 그 용어를 사용할 때부터 일선 학교에서 체감되지 않는다는 지적은 있었다. '지성교육을 통한 창의성 교육'을 줄여서 '창의지성교육'으로 했으니 단어의 조합으로 만든 새로운 용어의 개념이 직접적으로 와 닿지 않아서 자세한 설명이 따르는 부분이다. 그만큼 정책 용어로 적절하지 않음을 방증한다. 그렇다고 용어의 불편함이 그 취지나 내용의 폐기로 이어지는 것은 문제가 있다고 본다. 창의지성교육이 지적하는 우리 교육과정 문제에 동의한다면, 용어는 폐기하되 내용은 지속되어야 한다. 그렇지 않으면 대안이라도 제시했다면 좋았을 것이다.

혁신학교 지정이 학기별로 이루어지면서 2009년부터 지정한 혁신학교 숫자가 늘어나게 되었다. 혁신학교의 수가 늘어나면서 생긴 우려는 혁신학교의 질이었다. 지정한 학교에 대한 질 관리도 중요하지만, 혁신학교에 대한 충분한 이해 없이 지정받길 원하거나 학부모나 지역사회의 요구가 강해서 신청하는 경우가 많아졌다.

이미 지정한 학교에 대한 질 관리는 도교육청에서 감당하고 있지만, 혁신학교 지정을 요구하거나 준비하는 학교에 대한 질 관리를 위해서 '혁신학년제'를 운영했다. 혁신학년제 운영 취지는 혁신학교를 신청할 정도로 다수의 교사를 확보하지 못한 학교에서 혁신학교 추진 의지를 가진 교사들을 한 학년에 배정하여 학교 안에서 시범 운영을 하자는 것이었다. 이 과정에서 다른 학년에서 사례를 검토하면서 혁신학교로 발전할 수 있도록 공감대를 형성하는 것이 목적이었다.

혁신학년제는 나중에 '혁신학교 준비교'가 새로 운영되면서 없어졌다. 혁신학교 준비교는 혁신학교는 아니지만, 혁신학교 지정을 목적으로 운영하는 학교다. 이 준비교가 일정한 시간이 흐르면 자동으로 지정을 받는 것이 아니라 준비교가 아닌 다른 학교와 동일하게 혁신학교 지정 심사를 받게 했다.

1기 때 혁신학교 지정 과정은 혁신학교와 동일한 과제를 수행하는 준비교와 혁신학교로 나눌 수 있다. 그러나 2기에 와서는 변화가 있었다. 가장 큰 변화는 '혁신공감학교' 지정을 들 수 있다. 혁신공감학교는 혁신학교와 추진과제는 유사하다. 하지만 동일한 용어로 기술하지 않은 점으로 볼 때 이전의 혁신학교 준비교 성격이 아닌 별도의 정책 학교로 보아야 한다.

경기도교육청의 2016년 혁신학교 운영 기본 계획에 따르면 혁신학교 개념을 '민주적 학교운영 체제를 기반으로 윤리적 생활공동체와 전문적 학습공동체 문화를 형성하고 창의적 교육과정을 운영하여 학생들이 자기 삶의 역량을 기르도록 하는 학교혁신의 모델학교'로 설명하고 있다. 추진과제로는 창의적 교육과정 운영, 전문적 학습공동체, 윤리적 생활공동체, 민주적 자치공동체 4가지를 제시하고 있다.

하지만 혁신공감학교의 개념은 '참여와 소통, 존중과 배려, 개방과 협력의 학교문화를 만들어가는 학교'로 설명하고 있다. 개념을 달리한다는 것은 혁신학교와 다른 학교임을 말하는 것이다. 이 점은 혁신공감학교 문서에도 혁신공감학교는 혁신학교 지정을 위한 단계로서의 의미보다는 학교문화 개선을 위해 교육공동체가 함께 노력하는 학교라는 점을 명시하고 있다.

그리고 과제를 공통과제와 선택과제로 나누면서 공통과제로 참여와 소통의 자치공동체, 존중과 배려의 생활공동체, 개방과 협력의 학습공동체, 창의적 교육과정 운영 등 4가지로 제시하고 있다. 이 4가지 과제는 내용상으로는 혁신학교 추진과제와 유사하나 혁신학교에서의 윤리적 생활공동체를 공감학교에서는 '공감과 배려'의 생활공동체, 전문적 학습공동체를 '개방과 협력'의 학습공동체, 민주적 자치공동체를 '참여와 소통'의 자치공동체로 학교문화를 만들어가는 학교라는 개념에 맞게 문화적인 요소를 강조했다.

이렇게 혁신학교와는 별개의 정책 학교이면서 혁신공감학교 중에 우수교가 혁신학교 지정 신청을 하면 지정할 수 있도록 했다. 물론 신청을 하지 않고 혁신공감학교 자체로 운영을 하도록 권장하고 있다. 다시 말해서 경기도는 혁신학교와 이와 유사하지만 다른 혁신공감학교, 이렇게 두 가지 학교가 존재하는 셈이다. 그리고 혁신공감학교는 어느 학교든 신청만 하면 지정하는 형식으로 운영된다.

이 때문에 정책의 일관성, 집중성, 지속 가능성에 대한 우려가 제기된다. 혁신학교와 혁신공감학교로 이원화할 절실한 필요성이 있었는가 하는 문제다. 그리고 과제가 유사함에도 혁신학교와 달리 과제를 제시하고 개념도 달리 규정할 필요가 있느냐 하는 문제다. 혁신학교 자체만으로도 그 숫자가 많아져서 질 관리에 많은 문제가 드러나고 있는데, 혁신공감학교라는 새로운 학교를 추진하면서 갖게 되는 질 관리의 부담은 상당하기 때문이다.

일선 교사들은 이런 이원화의 이유를 교육감의 교체에 따른 정책의 차별성 부각에서 찾기도 한다. 전임 교육감이 혁신학교라면, 현임 교육감은 혁신공감학교라는 새로운 것으로 차별성을 두려는 의도로 해석한다.

추진 방식의 변화

학교나 교육청은 사업을 추진하면서 경계해야 할 일이 많다. 특히 관료주의는 형식에 치우쳐 획일을 가져오거나 구태를 답습하게 되고, 성과주의는 결과 중심으로 사고하게 되어 인간관계를 훼손하게 된다. 또 행정편의주의는 교원이나 학교를 주체로 보기보다는 대상으로 봐서 교육청과 학교(교원)와의 관계가 멀어져 소통 부재와 불신을 가져온다.

혁신학교를 추진하는 과정에서도 얼마든지 나타날 수 있는 현상이며 실제로 추진 과정에서 현장으로부터 많은 문제 제기도 있었다. 학교든 교육청이든 이 문제에서 자유로울 수 없다. 현장의 끊임없는 비판과 교육청의 열린 행정이 요구된다.

도교육청이 정책을 추진하면서 지원 행정을 혁신하고, 결과보다는 과정을 중시하며, 교원이 혁신의 주체라는 인식을 가지도록 교원의 자발성을 어떻게 지원할 것인가가 중요한 과제였다. 더구나 열린교육이 교원의 자발성으로 시작했다가 교육부와 교육청이 개입하고, 승진 점수를 부여하면서 자발성이 사라지고 형식화된 점에 주목했다. 혁신학교는 교육청이 먼저 제안하고, 지원을 통해 교원의 자발성에 의해 추진되는 형식이었다. 열린교육의 실패 경험을 반면교사로 하여 추진 방식은 교원의 자발성을 어떻게 지원할 것인가가 핵심이었다.

혁신학교를 지정하는 과정에서도 승진 점수 부여 없이 해당 학교 교원의 집단적인 자발성 여부를 중요하게 평가했다. 혁신학교 지정이나 운영만이 아니라 정책 추진 과정에서도 동일했다. 하지만 최근 들어 강요된 자발성이라는 지적이 있다. 이는 혁신공감학교 추진 계획의 운영 방침에 들어 있는 '학교 안 학습공동체를 연구회로 지정하고 연수 학점 부여, 학교문화가 개선된 학교를 연구·시범학교 및 100대 교육 과정 선정 시 우선 반영, 선택과제 실천 우수교 교육감 표창, 학교 성과급 평가 및 교육지원청 평가 지표에 반영' 등을 보고 하는 지적이었다. 물론 열린교육 때처럼 승진가산점이 주어지는 것이 아니어서 심각한 문제는 아니라고 본다. 하지만 인센티브를 통해 자발성을 강요한다는 지적은 일리가 있다.

또 추진 방식에 있어서 생각할 것은 지역교육청의 역할 강화와 함께 혁신학교 수가 늘어나는 데 따른 합리적인 네트워크를 어떻게 만들 것인가 하는 문제다. 1기에는 혁신학교 지정, 운영, 평가를 사실상 도교육청이 전담했다. 그 이유는 업무를 이관할 정도로 지역교육청에는 인력이 없고, 준비 상태도 미흡했기 때문이다. 그러나 앞으로 혁신학교 수가 점점 늘어날 텐데, 지역교육청에서 감당하지 않을 경우 질 관리에 심각한 문제가 생길 것을 우려했다. 그래서 지정이나 운영 과정에서 지역교육청의 역할을 점차 확대해 왔다. 그리고 광역 단위 혁신학교 네트워크 구성을 지역교육청 단위로 좁혀서 지역교육청 내 초, 중등 네트워크를 구성하는 것이 효과적이라고 판단했다.

그러나 2기에 와서 광역 단위 혁신학교 네트워크를 확대 운영하면서 지역교육청 단위 네트워크도 구성하는 형태를 가졌다. 한 혁신학교로 봐선 사실상 중복되는 일을 하는 셈이다. 앞으로 혁신학교 질 관리와 운동성을 갖자면 지역교육청 단위로 초, 중등별 활동을 유도하고, 지역교육청의 역할이 확대되도록 역량을 키워야 한다.

전문적 학습공동체 추진 방식과 관련된 문제도 있다. 혁신학교가 아니어도 많은 학교에서 소박한 형태의 학습공동체가 존재했다. 학교마다 횟수의 차이는 있지만, 대체로 수업, 교직 교양 등 전문성 신장 연수 등의 내용으로 운영되어 왔다.

1기에는 전문적 학습공동체에 대해 개별 학교 차원의 정책을 수립하지 않았다. 혁신학교이거나 혁신학교를 준비하는 학교는 당연히 그 과정을 거칠 수밖에 없었다. 다만 혁신학교나 일반 학교 모두에 대해서 학교의 신청에 따라 연수기관으로 지정하여 운영하는 연수원 학교(2013년 기준 56개교), 단위 학교 차원의 다양한 혁신 연수를 기획, 운영하는 배움과 실천 공동체(344개교), 교과별로 지역별, 도 단위별 교과연구회 운영 지원(380개 연구회), 5년마다 교사 전문성 신장을 위한 교과연수년제(모든 교사 대상 127개 프로그램)를 운영했다.

2기에 와서 거의 없어지고 단위 학교별로 전문적 학습공동체를 운영하면서 연수학점을 부여하기로 했다. 여기서 문제 되는 것은 전문적 학습공동체의 개념이다. '2015년 학교 안 전문적 학습공동체 학점화 계획'을 보면 '단위 학교 교원들이 동료성을 바탕으로 함께 수업을 개발(공동연구)하고, 함께 실천(공동실천)하며, 교육활동에 대하여 대화하고 협의하는 과정에서 함께 성장(집단성장)하는 학습공동체 활동'이라고 제시하고 있다. 개념에서 나와 있듯이 실제 연수 편성에서도 '수업과 연계될 수 있는 주제'에 중점을 뒀다. 이 전문적 학습공동체의 개념과 연수 편성 지침에 따르면 거의 모든 학교가 수업 중심으로 운영될 수밖에 없다.

　이것의 문제점으로 수업 이외에 학교별로 요구되는 다양한 연수 주제가 있고, 시기별로 우선 과제가 있음에도 수업 관련 활동에 집중해야만 하는 어려움이 있다. 단위 학교의 연수 내용을 교육청에서 점검하면서 학점 부여 대상이 되는지를 판단하고 학점을 인정해주는 방식이있다. 단위 학교의 전문적 학습공동체를 도교육청의 특정 요구로 진행하는 방식은 무리라는 생각이다. 무엇보다도 수업 관련으로 해야 한다는 제한적 지침은 마치 열린교육 당시 학교운영 혁신과 교육과정 혁신이라는 총체성이 나중에는 수업 방법으로 협소하게 추진된 것처럼 혁신학교의 총체성을 잃게 할 가능성이 있다.

　1기의 혁신학교 기본문서에도 전문적 학습공동체의 개념은 2기와 큰 차이는 없었다. 다만 운영에서 수업을 포함한 다양한 혁신교육 관련 내용을 담도록 정책을 추진했다는 차이가 있다. 왜냐하면 수업을 잘하기 위해서는 수업 이외의 다양한 분야에 대한 안목이 필요하기 때문이다. 전문적 학습공동체를 지원하는 연수원 학교, 배움과 실천 공동체, 교과연구회, 교과연수년제 등의 새로운 교사연수 프로그램(NTTP)이 그것이었다.

　2기에서 혁신학교나 혁신공감학교의 과제 중에서 비중을 두는 것으로 전문적 학습공동체와 함께 윤리적 생활공동체라는 것이 도교육청의 사업을 통해 드러난다. 사업 추진 방식이나 과제의 중요성에서도 미묘한 차이가 있다. 1기에서 자율적, 민주적 학교운영과 전문적 학습공동체는 교육과정 운영을 위한 지원 과제 성격으로 교육과정에 비중을 뒀다면, 2기는 교육과정 운영을 위해서는 전문적 학습공동체, 윤리적 생활공동체가 중요하다는 입장으로 전문적 학습공동체와 윤리적 학습공동체에 비중을 두는 것 같다.

- 4 -
일반 학교와 혁신학교의 관계

혁신학교를 추진하는 초기에 많은 일반 학교에서 '교육감이 바뀌면 사라질 학교', '나와 상관없는 학교', '하고 싶은 사람들만 하는 학교'라는 말을 많이 했다. 혁신학교가 공교육 정상화를 위한 학교라면 진보와 보수, 교육감과 관계없이 추진되어야 한다. 하지만 많은 교원이 지금까지 정권이 바뀌거나 진보나 보수 관계없이 교육감이 바뀌면 정책도 바뀐다는 것을 수없이 경험했다. 지금의 혁신학교도 그럴 것이라고 생각하고 있다. 그동안 일관성이 없었던 교육부나 시도교육청의 교육 정책이 그렇게 생각하도록 만들었다.

경기도교육청이 혁신학교 추진과 관련하여 고민한 것 중의 하나는 혁신학교가 아닌 일반 학교 교원들을 혁신에 동참하게 하는 것이었다. 그러기 위해서 혁신학교 지정 여부와 관계없이 일반 학교도 혁신학교에 근접한 여건을 만드는 것과 앞으로도 지속 가능한 정책이란 것을 확신시키는 것이 주요 과제였다. 그 사례로 혁신학교를 포함하여 모든 학교를 대상으로 추진된 '2012년 경기혁신교육 방안'과 '2013년 경기 혁신교육 방안'을 통해 어떤 내용이 추진되었는지 주요 내용만 살펴보 겠다.

2012년, 2013년 혁신교육 방안 수립을 위해 대체로 다음과 같은 과 정을 거쳤다.

- 과제 설정을 위한 교원 대상 설문조사 실시: 9월 중

- 정책공모 및 홈페이지를 통한 교원 의견 수렴: 9~10월 중

- '혁신교육 방안 수립 TF' 구성 및 계획 수립: 9월 초부터 수시

- 지역교육청 담당 장학사 협의회 운영: 필요에 따라 2~3차례

- 도교육청 담당 장학관(사무관) 협의회: 수시

- 권역별 공청회: 11월 중

- 혁신 방안 수립 및 발표: 12월 초

2012년 경기혁신교육 방안

그동안 추진된 무상급식, 학생인권, 고교평준화, 혁신학교, 경기도교 육과정은 경기혁신교육의 중점정책이자 혁신교육 기반 조성의 성격이 었다. 이를 바탕으로 혁신학교만이 아닌 모든 학교를 위한 혁신의 단 계적인 추진이 필요했다. 이것이 2012년 경기혁신교육 방안의 추진 배 경이었다.

2012년에 추진될 중점과제는 경기혁신교육의 지향을 구체화하면서

우리 교육의 누적된 과제 해결에 기여하는 것으로 했다. 또 모든 학교를 혁신학교로 만들기 위한 일반 학교의 여건 조성과 교원의 자발적 참여를 유도하기 위한 교육여건의 획기적인 개선이 필요했다.

2012년 경기혁신교육 방안의 핵심은 학교의 자율성 확대와 획기적인 업무경감, 혁신을 지속하게 하는 인사제도 개선, 혁신의 방향과 내용의 공감대 확보를 위한 연수지원이었다. 추진과제별 연관성과 주요 내용의 일부를 소개하면 다음과 같다.

첫째, 학교자율운영의 지원이다. 단위 학교가 자율적, 창의적인 운영을 하도록 지원하여 학교자치의 토대를 마련하는 것이다. 이 사업 내용은 단위 학교의 창의적 기획력 신장과 업무경감, 교원과 학생, 학부모가 집단지성을 발휘하도록 지원하는 것이었다. 학교자율운영의 결

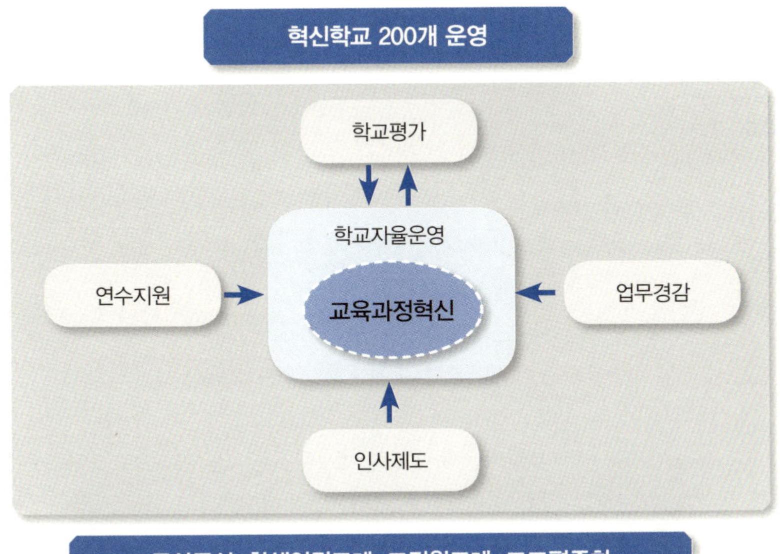

과로서 가장 중요한 목표를 교육과정 혁신에 뒀다. 또 자율운영을 위해서는 단위 학교 내에서 민주적인 소통이 필요하고, 이 과정을 통해 교육력을 높이도록 지원해야 했다.

세부 추진 내용은 다음과 같다.

- 모든 학교가 교육활동을 스스로 기획하여 운영하도록 교육청은 자율운영을 저해하는 지시, 명령, 간섭을 하지 않고 학교자치의 토대를 마련한다.
- 교육청은 단위 학교에 법적인 사항 외의 계획, 프로그램 수립, 대회나 행사 실시, 실시 결과 보고 등의 획일적 요구를 지양한다.
- 교육청에서 단위 학교 차원의 교육활동(사업) 관련 예산 수립을 지양한다.

[보기]
○교육청은 단위 학교의 자율, 다양한 사업 기획을 위해 구체적 사업 명시 지양
○교육청 차원의 특색, 역점사업 획일적 시행 요구 및 각종 대회, 행사에 학생, 교원 의무 참가 요구 금지

○교육적인 효과가 적거나 민원이 자주 발생하는 교육청 차원의 대회 폐지
○각종 사례 의무 제출이나 학기 도중 새로운 시책사업 기획으로 단위 학교에 사업시행을 요구하고 보고하는 관행 금지
○어떤 사안이 발생했을 경우 교육청의 시행 실적 차원에서 구체적인

계획과 실적 요구 금지
○학기 중 업무 전달을 위한 회의나 회의를 연수 명목으로 교사 소집 금지
○시범(연구)학교 운영 참석 학교별 인원 배정 금지, 희망자 참석 원칙 (운영 성과 공유는 교육청 홈페이지 동영상, 자료 활용)
○학교교육과정이나 방학 계획서 제출 요구 금지(홈페이지 게시로 대체)

- 기존 업무경감 모니터링 요원을 통해 교육청의 학교자율운영 보장 여부를 월별로 점검한다.
- 학년 단위, 교과 단위의 자율적 기획력과 운영 능력을 신장하도록 교육과정 운영 중심으로 조직 혁신을 지원하고, 단위 학교는 학년, 교과 단위의 교육활동 자율 기획 및 예산 운영을 지원한다.

[보기] 집단지성으로 창의적 기획력을 높이기 위한 구성원의 역할
• 학교장
  - 학교에서는 개략적인 학교교육과정의 방향과 운영 방침을 제시하고 학년, 교과 단위 창의적 운영 보장(학년, 교과 단위 자율운영을 위한 예산 편성)
  ※ 학년 단위를 학교 개념으로 자율성을 부여하여 교육활동의 창의성 유도(학교 안의 작은학교)
  - 학년부장 및 학년 담임 공모(업무경감에 따른 학년 담임 연임제

도입 가능)
※ 담임 배정은 겨울방학 전~1월 초순에 완료하여 다음 학년 교
육과정 준비
– 교사들의 자발적 참여를 위한 각종 협의회 민주적 운영

그러나 이 과제의 성격은 법적으로 강제할 수 있는 일이라기보다 교육청의 일하는 방식, 관행이나 관점의 문제여서 지속 가능을 위해서는 도교육청과 지역교육청의 여러 부서가 이 사안에 대한 가치 공유와 유기적인 노력이 필요했다. 가장 중요한 것은 '경기도교육감 행정권한위임에 관한 조례'의 개정을 통한 법적 근거를 마련하는 것이라고 본다. 이 조례 개정으로 곧바로 단위 학교의 자율성 보장을 위한 과제 추진이 어려웠던 것은 단위 학교의 자율운영의 준비 정도가 실질적인 권한을 단위 학교로 이양하기에는 미약했기 때문이다. 2012년 수준의 사업이 추진되면서 단위 학교의 역량이 발전하는 정도를 봐 가면서 추진할 일로 본 것이다.

'경기도교육감 행정권한위임에 관한 조례'에서 교육장에게 위임하는 사항인 제6조의 1항 '공·사립의 유치원·초등학교·중학교·공민학교·고등공민학교 및 이에 준하는 각종학교(이하 "관할학교"라 한다)의 운영·관리에 관한 지도·감독' 관련 조항과 2항 '관할학교의 교수학습 활동 및 진로지도, 강사확보·관리 등 교육과정 운영지도'를 학교장에게 위임하여 법적 근거를 마련하는 것이 좋다고 본다. 학교장에게 권한위임은 학교의 자율성을 위한 것이지만, 자칫 학교장의 독선과 전횡

으로 이어질 수 있다는 우려를 극복하는 것이 중요하다. 이를 위해서 학교의 자율운영을 지원하는 별도의 조례로 뒷받침하는 것도 좋을 것이다.

둘째, 교사들이 교육활동에 전념하도록 획기적인 업무경감을 추진하는 것이다. 교원들의 업무경감이 중요한 것은 단위 학교의 자율성 보장이나 학습공동체 형성과 관련이 있기 때문이다. 교육부나 시도교육청, 지역교육청의 관리, 감독 차원의 여러 업무가 업무경감을 저해하는 요인이기도 하다. 교육부나 시도교육청이 단위 학교 수준의 구체적인 사업을 기획하거나 요구하는 것으로 인해 업무 부담이 크기 때문이다. 이 부분의 해결 없이는 업무경감을 위한 인력지원이 이루어져도 근본적인 해결이 어렵다.

다음으로 문제가 되는 것은 도의원이나 국회의원의 자료 요구다. 이 문제에 관해 국회, 도의회와 교육청 간의 일정한 합의가 필요하지만, 피감기관인 도교육청이 강하게 요구할 수 없는 처지다. 교원단체나 시민단체가 이 문제에 대해 더 적극적인 고민이 필요하다.

업무경감을 위한 세부 추진 내용은 다음과 같다.

- 교사는 공문을 처리하지 않고 직접적인 수업, 생활지도만 담당한다는 취지에서 학교별 업무경감 방안을 지원한다.
- 각급 학교의 '교무보조'를 '교무행정원'으로 개명하고 역할을 교무행정 업무 중심으로 조정, 교무행정원을 모든 학교에 추가 배치한다.
- 작은 학교(초 20학급, 중 14학급 이하)는 교감＋교무행정원＋회계직(상

담, 과학보조, 사서, 전산보조 등)이 중심이 되어 업무를 지원하고, 초 20
학급, 중 14학급 초과 학교는 교감＋교무행정원＋교무행정 전담교
사 2~4명으로 공문 처리를 전담한다.
- 교육지원청, 교장, 교감의 각종 평가에 교사를 위한 업무경감 노력
을 반영하되 학교성과급 평가 지표로는 활용하지 않는다.

세부 추진 내용 중에서 모든 학교에 교원의 업무경감을 위한 지원 인
력의 추가 배치는 그동안 우리나라에서 업무경감을 위한 여러 노력 가
운데 가장 획기적인 것이다. 이 효과가 지속되자면 앞에서 지적한 것
처럼 단위 학교가 자율적 운영을 하도록 시도교육청의 지원이 중요하
다. 그러나 교육부의 초, 중등교육에 대한 관리, 감독의 역할이 계속되
는 한 시도교육청의 업무경감 노력도 큰 효과를 발휘하기 어렵다. 교
육부가 초, 중등교육에 관한 대부분을 시도교육청에 위임하는 것이 지
방교육자치의 취지에 맞다고 본다. 이를 바탕으로 시도교육청은 단위
학교가 자율성을 갖도록 법적, 제도적 정비가 필요하다고 본다. 지금
까지 교육부나 시도교육청이 단위 학교로 위임한 것은 내용적인 것보
다는 업무가 대부분이었다.

셋째, 단위 학교의 교육과정 혁신을 지원하는 일이다. 단위 학교의
자율적 학교운영과 획기적 업무경감은 모든 학생을 위한 교육과정 혁
신이 목적이다. 따라서 경기혁신교육의 핵심인 창의지성 교육과정, 배
움중심수업, 평가혁신을 가져오자는 취지였다. 창의지성 교육과정은
앞서 설명한 대로 우리 교육의 해묵은 과제인 왜곡된 학력과 교육과정
운영상의 문제를 해결하고, 창의성과 인성교육의 내실화를 위한 것이

다. 하지만 단위 학교만의 노력으로는 한계가 있을 수밖에 없어서 도교육청이 교실에서 활용할 수 있는 프로그램이나 교과서를 개발하여 지원하는 방식을 추진했다. 특히 초, 중, 고등학교 철학 교과서를 개발했는데 창의지성교육이 지향하는 비판적 사고력을 기르는 것과 함께 시민성 교육에 중요한 교과라고 생각했기 때문이다.

세부 추진 내용은 다음과 같다.

- 창의지성 교과서 개발: 중고등학교 철학, 음악, 수학 교과 인정도서 개발
- 학생의 '교육프로그램 기획권' 확대 권장(학생 스스로 학습내용, 활동을 선택할 수 있도록 교과 활동이나 체험학습, 창의적 체험활동의 동아리, 자치활동, 봉사 등에서 '교육프로그램 기획권' 확대 권장)
- 창의지성교육 및 배움중심수업 내실화를 위한 초·중등 '배움중심수업 인증제' 운영(단위 학교 자체 운영으로 외부평가는 없으며 현재 실시 중인 승진 부가점이 있는 외부평가에 의한 수업실기대회는 폐지함)
- 창의지성교육 프로그램 지속적으로 개발 보급(기초교양, 통합교과, 교과별, 커뮤니케이션 프로그램)
- 창의지성교육과 평가혁신을 위한 초·중등 교사별 평가 단계적 확대. 초등은 혁신학교 우선 실시, 중등의 경우 평준화 지역 혁신중학교 우선 실시
- 교사별 평가 학교는 상시평가로 전환, 중간·기말고사 용어는 폐지하고, 초등학교의 경우 2012년부터 모든 혁신학교를 대상으로 하며 일반 학교는 희망교로 실시. 단, 논술평가 과목 수와 비율은

넷째, 학교자율운영과 교원역량 강화를 위해 NTTP 연수를 통해 지원하는 것이다. 경기도교육청의 NTTP(New Teachers' Training Program)는 운영 방법과 내용에서 기존의 연수와는 차별성이 있다.

단위 학교별로 희망에 따라 연간 15~60시간에 걸쳐 연수가 이루어지며 이웃 학교에서도 참여가 가능한 '배움과 실천 공동체', 단위 학교가 전문성을 가진 내용을 중심으로 연수원의 역할을 하는 '연수원 학교'가 있다. 도 단위, 지역교육청 단위의 '교과교육연구회 운영'을 지원하여 교과별 전문성 신장을 위해 노력했다.

그리고 '교과연수년제'가 있었다. 교사들의 연수 생애를 보면 1급 정교사 연수 이후에는 체계적인 전문성 신장을 위한 기회가 없다. 그래서 5년마다 전문성 신장을 위한 연수 기회를 마련한 것이다. 다른 연수는 개인이나 단위 학교의 희망에 따라 이루어지지만, 이 연수만은 의무적으로 시행했다. 이 교과연수년제의 의무적인 시행에 대해 많은 교원의 문제 제기도 있었다.

연수 운영은 모두 해당 교사, 해당 학교가 자율적으로 기획, 운영하도록 지원했고, 연수 내용이 혁신교육의 지향에 맞도록 방법과 내용의 혁신을 요구했다.

2012년 경기혁신교육 방안에서는 이 NTTP 연수의 내용이 혁신교육의 내실화와 확산에 기여하도록 과제를 추진했다. 그리고 단위 학교에서 창의적인 교육과정 운영 기획력이 높아지도록 세부 추진 내용을 설정했다.

- 단위 학교 자율운영에 따른 교육과정 기획력을 높이는 집중연수를 실시. NTTP 일환으로 '단위 학교 교육과정 매니저 육성 프로그램' 운영

- 혁신교육 지향의 '연수원 학교'와 단위 학교 '배움과 실천 공동체' 운영 내실화

- 도 단위, 지역 단위 교과연구회의 창의지성교육과 배움중심수업 연수, 컨설팅 역량 제고

- '경기혁신교육지원단' 구성 운영 및 컨설팅 역량 강화. 창의지성교육, 배움중심수업, 평가혁신, 혁신학교 운영을 지원할 전문성이 있는 교원, 각종 연구회나 연구, 실천 단체로 구성

다섯째, 지속 가능한 경기혁신교육을 위한 인사제도의 보완이었다. 보완 방향은 단위 학교의 교육력을 살릴 수 있는 인사제도 운용과 지속 가능한 혁신교육을 지원하기 위한 인사제도를 운용하는 것이다.

혁신학교나 혁신교육을 추진하는 과정에서 자발적 의지를 갖는 일부 교원 말고는 별다른 관심을 갖지 않는 이유 중에는 승진, 임용 등의 인사와는 무관하다는 것도 있다.

인사제도라는 것은 그 조직이 지향하는 가치나 내용을 잘 추진할 수 있는 사람들을 적재적소에 배치하기 위한 것이다. 혁신학교나 혁신교육은 승진가산점을 부여하여 자발성의 왜곡을 가져오는 방식을 취하지 않지만, 구성원 모두가 지향과 내용에 있어서 혁신학교나 혁신교육으로 일관성을 갖도록 지원하는 인사제도의 보완이 필요했다.

- 혁신교육 직무 평가요소 -

영역	직무내용	직무 수행 요소
1. 혁신교육 철학	공공성	교육활동에서 누구에게나 골고루 기회를 주고 격려를 하기 위한 실천 활동
	역동성	학생마다 서로 다른 능력을 인정하고, 수월성을 가꾸기 위한 실천 활동
2. 교육과정 운영	창의지성교육	교육과정 재구성을 통한 창의지성교육 실천
	배움중심수업	자기 생각을 기르는 배움중심수업을 실천
	평가혁신	논술형 평가, 교사별 평가의 실천
3. 혁신교육 활동	인권교육	인권(교원, 학생) 존중의 교육활동 실천
	학교문화 혁신	교원, 학생, 학부모가 더불어 성장하는 학교문화를 위한 실천 활동
	평화교육실천	더불어 살아가는 민주시민 육성을 위한 평화교육의 실천
4. 학교 · 학급 운영	민주적 학교운영	교육활동과 조직 운영에서 민주성과 자율성을 보장하는 실천 활동
	교육본질추구	전시성 행사, 실적 위주의 관행 폐지
	업무경감	교육활동에 전념하도록 업무경감의 실천

- 혁신교육을 체계적이고 목표지향적으로 추진하기 위한 '혁신교육 직무평가 요소' 개발 적용(각종 평가, 인사에 반영)

- 수석교사, 전문직 선발시 '혁신교육 직무 평가요소' 반영

　※ 기획, 논술, 면접, 현장 실사 시 심사기준 및 출제 방향에 반영

- 교감 근무평정, 교장의 성과급 심사 시 '혁신교육 직무 평가요소' 반영

- 학교장 초빙, 공모 심사 시 혁신교육 참여, 추진 실적 적극 반영

　※ 학교경영계획서, 면접 시 심사항목에 반영

- 혁신학교 운영 지원을 위한 교감, 교사 초빙 조건 완화

  ※ 혁신학교 경우 인사원칙의 범위 내에서 교사, 교감 적재적소 배치

- 혁신학교 근무 교원 인사상 우대

  ※ 혁신학교 교원은 당해 학교가 교장공모제 실시 학교로 지정될 경우 공모교장으로 지원 가능(일반 학교는 당해 학교 공모교장으로 지원 불가)

  ※ 혁신학교로 지정된 학교에서 지정 후 3년 이상 근무한 교사는 타 시군 전보를 희망할 경우 현임교 실제 근무연수에 100%(특구역 만기자는 연 1.0점)를 가산하여 전보에 적용

  ※ 혁신학교로 지정된 자율학교는 교장의 잔여임기가 1년 미만인 경우라도 교사 초빙이 가능함(일반 학교는 잔여 임기가 1년 미만이면 초빙 불가)

- 일반직(교육청, 행정실장, 주무관)의 혁신교육과 업무경감 지원에 대한 성과를 전보, 승진, 성과급에 반영

여섯째, 교육력과 집단지성을 살리는 지원청 및 학교평가 혁신이다. 그동안 혁신교육이 추진되는 가운데 도교육청에 의한 지역교육청 평가나 학교평가는 혁신교육의 지향이나 방식과 맞지 않았다.

지역교육청은 경기혁신교육 중심의 평가지표를 만들고, 학교평가 경우는 단위 학교의 자율성을 지원하는 차원에서 그동안 외부평가로 실시해 오던 것을 학교자체평가로 전환했다. 평가지표에서도 획일적, 양적 지표를 지양하고, 단위 학교의 자율성과 창의성을 지원하는 것으로 개선했다.

| 학교자체평가 |

- 구성원(교원, 학생, 학부모) 자체평가 중심, 외부평가는 컨설팅

  ※ 학교운영위원회(학운위)에서 평가 절차, 방법, 내용 결정하되 교
  직원, 학부모, 학생의 평가 참여로 자발성 제고(학운위 산하에 평가
  소위원회 구성 검토)

  ※ 기존에 학교별로 교육계획 수립을 위한 자체평가 형식이 있음.
  이를 내실화하고 학교평가와 일원화하기 위한 조치임

- 집단지성으로 단위 학교의 창의적 운영을 위한 질적 평가로 진행
  (양적 지표 최소화), 평가 영역은 단위 학교에서 결정

  ※ 도교육청은 최소화된 공통적인 혁신교육지표를 사전에 제시하
  여 창의적이고 질 높은 학교운영 지원

- 학교자체평가 내용을 매년 1월초 학교 홈페이지에 게시

  ※ 학교별 사례 공유 차원 및 투명성 제고

  ※ '연차보고서'를 학교자체평가 내용으로 작성, 사진이나 그림 없
  이 최소화 하여 작성 게시

- 교육청은 학교자체평가 결과에 따른 지원 방안 수립

  ※ 차등 지원이나 인센티브 관점이 아닌 컨설팅 및 예산 지원

| 지역교육청 평가 |

- 경기혁신교육 지원 중심의 평가지표 제시
- 단위 학교 지원 역량 중심의 평가지표

  ※ 학년 초에 단위 학교는 지역교육청에 컨설팅 지원 내용을 요청

- 단위 학교에 업무를 가중시키는 형식적인 양적 지표 지양

- 단위 학교의 교육청 평가 50％＋지역교육청 자체평가 30％＋외부 평가 20％ 반영

이상이 경기혁신교육을 위한 2012년 추진 방안이었다. 주요 방향은 혁신학교가 아닌 학교를 혁신학교 운영 내용과 근접하도록 기반을 조성하도록 지원하는 것이었다.

2013년 경기혁신교육 방안

2013년 경기혁신교육 방안은 2009년부터 추진해 온 경기혁신교육의 성과가 집약된 학교인 혁신학교의 일반화를 위한 준비기의 사업이었다. 혁신학교를 포함한 모든 학교가 사업 대상이었다.

주요 방향은 새로운 사업 기획보다는 기존 주요사업의 보완 및 질 관리에 집중했고, 혁신학교의 일반화(2015년)를 위하여 일반화 준비기(2013년)에 적합한 지역교육청별 기반을 만드는 것이었다. 2013년 경기혁신교육 방안의 개요와 추진과제는 다음에 나오는 그림과 같다.

첫째, 모든 학교에서 창의지성교육을 실시하여 혁신학교 일반화 여건을 조성하는 것이다. 창의지성교육을 논리적으로 구체화한 경기도교육과정을 기반으로 단위 학교 교육과정 운영을 지원하는 것이다. 혁신학교뿐만 아니라 일반 학교에서 단위 학교 수준의 교육과정 혁신이 일어난다면 혁신학교 일반화의 가장 중요한 여건이 될 것이기 때문이다.

'혁신학교 일반화'를 위한 준비기

창의지성교육	혁신학교 클러스터	학교민주주의 정착	학교지원 중심의 지역교육청
모든 학교에 창의지성 교육과정 편성·운영	모든 학교를 혁신학교화 하기 위한 여건 조성	지속 가능한 혁신교육을 위한 학교체제 정비	혁신학교 일반화를 위한 지역교육청 역할 재편

특히 경기도교육청이 우리 교육과정 혁신에 구체적 기여를 한 것 중의 하나는 초, 중등 시민교육 교과서와 철학 교과서 개발을 들 수 있다. 이 두 교과서는 우리나라 학력 혹은 교육과정 운영상의 왜곡을 극복하는 대안이기도 하면서 민주주의, 평화, 인권, 노동, 다문화, 미디어 등의 내용은 우리 교육목표인 시민 양성을 위한 중요한 내용들이다. 현재 경기도에서 개발한 창의지성 교과서는 비록 사용 학생 수는 적지만, 전국적으로 활용되고 있다.

세부 추진 내용은 다음과 같다.

| 교육내용 재구성 |

가. 모든 학교에서 경기도교육과정에 기반한 창의지성교육을 위한 교육과정 편성, 운영으로 혁신학교 일반화 여건 조성

　- 도교육청 개발 창의지성교육 프로그램을 활용한 재구성

영역	프로그램	대상 학년	시수
기초교양	철학	초등 5,6 / 중 1~3	학년군별 34차시
	예술	〃	〃
	사회과학	〃	〃
	자연과학	〃	〃
	의사소통(미디어)	〃	〃
융합	STEAM	초 5,6 / 중 1,2 (초 3,4 / 중 3은 2013. 3월 보급)	학년별 10차시

※ 다양한 재구성이 이미 이루어진 학교는 여건에 맞게 반영하며 도교육청 프로그램을 학교 실정에 맞게 재구성도 가능(급별, 학교별 여건에 맞게 2013년 학교교육과정 계획에 반영)

나. 창의지성 교과서 및 프로그램 개발, 보급

 - 2013년 적용, 보급된 창의지성 교과서: 중학교 철학, 음악

  ※ 2014년 적용, 개발 중인 교과서: 초중고 시민교육 교과서, 고등학교 철학, 음악, 수학I · II, 경제, 시민교육(초중고)

 - 2013년 시범 적용할 창의지성교육 프로그램: 고등학교 기초교양, 의사소통(미디어) 프로그램 시범 적용

| 배움중심수업 |

다. 배움중심수업 확산을 위한 '배움중심수업 나누기' 운영

 - 단위 학교의 우수 사례를 공유하기 위해 지역교육청에서 연 2회 실시

※ 〈보기〉 상반기 1회는 포럼, 하반기 1회는 단위 학교 우수사례

　발표회 형식

- 수석교사는 지역교육청별로 연 2회 '배움중심수업 나누기' 공

　개수업 실시

라. '배움중심수업 나눔방' 운영(도 · 지역교육청 홈페이지) 및 자료 보급

- 급별 우수 수업사례, 수업 동영상을 자료실 탑재 및 우수자료

　보급

※ 기존의 교수학습자료센터나 컨설팅 자료실을 활용하여 원활

　한 정보 공유 지원

| 평가혁신 |

마. 논술형 평가 확대 실시 및 정의적 영역 평가 문항 반영(급별, 학교

별 여건에 맞게 2013년 학교교육과정에 반영)

- 초중고 모든 학교, 전 교과에서 논술평가 실시

※ 논술평가 실시 방법 및 배점 비율 등은 급별, 학교별 여건에 따

　라 자율 운영(단, 고등학교 논술평가 실시 과목 수는 학교 여건에 따라 결정)

※ 학기당 2회 지필평가를 실시한다면 1회는 논술평가 중심으

　로 할 수 있음

※ 중등의 경우 수행평가의 한 형태로서 논술평가를 적용하는

　교과는 지필평가를 실시하지 않을 수 있음

※ 논술평가가 교육과정이나 교사의 지도내용 외에서 출제되어

　사교육이 발생하는 일이 없도록 유의. 특히 논술평가는 배움

　중심수업(자기 생각 만들기)을 전제로 실시되어야 함

- 초 · 중등 평가 시 참된 학력과 인성교육을 위한 정의적 영역 평
  가 문항 반영
  ※ 정의적 영역(자아개념, 가치관, 태도, 흥미, 책임, 협력, 동기 등) 문항
  개발, 보급: 2013년 3월
바. 교사별 평가 확대(급별, 학교별 여건에 맞게 2013년 학교교육과정에 반영)
- 초 · 중등 전 학교 대상(중등은 수행평가에 한해서 실시)
  ※ 급별, 학교 여건에 따라 전 학년 대상이 어려울 경우, 일부
  학년(군) 단위로 학교 내 시범운영을 거쳐 전 학년으로 확대
  하는 방안도 가능
- 초등학교 일제고사 단계적 폐지
  ※ 교사별 평가가 실시될 때 중간, 기말고사 등의 일제고사가
  필요 없게 되어 상시평가 가능
  ※ 교사별 평가가 일부 학년(군)에서 이루어질 경우 해당 학년은
  일제고사 폐지, 학교 전체가 교사별 평가일 경우 전면 폐지
  가능함

둘째, 모든 학교를 혁신학교로 전환하기 위한 지원 사업의 추진이다. 인근에 혁신학교가 있어도 그 학교에서 이루어지는 내용에 관심을 갖거나 공유하기 어려운 여건을 극복하기 위한 과제다. 하지만 자발성이 전제되지 않는다면, 교육청의 요구에 의한 사업으로 교원들이 수동화될 수 있는 점을 고려했다. 혁신학교 클러스터는 혁신학교를 중심으로 희망하는 인근 학교를 대상으로 했다. 혁신학교 추진 역량을 도교육청에서 지역교육청으로 중심을 옮기기 위한 준비 성격의 사업이기도 했다.

세부 추진 내용은 다음과 같다.

가. 혁신학교 일반화를 위한 '혁신학교 클러스터' 운영

 - 지역교육청에서 '혁신학교 클러스터 협의회', '혁신학교 클러스터' 조직·운영(현재 지역교육청별로 다양하게 운영 중인 클러스터 일원화)

 ※ 혁신학교 클러스터 협의회: 지역교육청 내 혁신학교를 중심으로 기존의 '지구장학협의회' 방식으로 모든 학교를 연계(고교는 특성화교 포함)

 ※ 혁신학교 클러스터: '혁신학교 클러스터 협의회' 내 1개 혁신학교(운영 2년 차 이상 혁신학교)를 중심으로 인근 희망학교와 연계하여 교육과정, 학교운영 시스템 등 전반적인 혁신을 추진하기 위한 학교공동체(고교는 특성화고도 포함)

나. 혁신학년제(창의지성학년) 확대 운영

 - 2012년 16개 학년에서 50개 학년으로 확대 운영

 ※ 혁신학교 클러스터 내 학교 희망에 의해 우선 지정

다. 지역 단위 혁신학교 연구회 운영(NTTP)

 - NTTP 지역 단위 교과연구회 지정 시 유, 초, 중등 '혁신학교 연구회' 지정 운영

 ※ 지역교육청 내 혁신학교 일반화를 위한 역량 강화와 혁신학교 클러스터 운영지원 사업 등 지역교육청 실정에 맞는 연구회 운영

셋째, 학교민주주의 정착으로 학교자치를 활성화하기 위한 과제 추

진이다. 혁신교육의 정착과 일반화를 위해 집단지성을 발휘할 수 있는 민주적 학교운영의 기반을 마련하기 위한 과제로서 학교 구성원의 자발적, 적극적 참여에 의한 소통과 공감의 학교문화를 형성하자는 취지였다. 민주적 운영의 선행 조건으로 학교의 자율운영을 지원하는 일이다. 2012년의 학교자율운영 방안의 후속 사업의 성격을 가진다.

세부 추진 내용은 다음과 같다.

가. 학교자율운영 지원을 위한 도교육청, 지역교육청을 대상으로 '정책평가' 실시
  - 혁신교육 관련 '정책평가단'이 구성될 경우 모든 과에 걸쳐 단위 학교 자율을 저해하는 지침, 지시 등을 평가
  - 학교자율운영 모니터단 운영으로 지속적인 학교자율운영 지원 추진
나. 학교민주주의 운영 사례 보급
  - 초, 중등 학교별 우수 사례를 수집, 보급
다. 학교자체평가 사례 보급
  - 2012 학교자체평가 우수 사례 보급

넷째, 학교 지원 중심의 지역교육청 역할을 혁신하는 일이다. 지역교육청을 단위 학교 교육과정 운영과 행정업무지원 중심으로 업무구조를 개선하고, 혁신교육 추진을 위한 지역교육청 전문직의 업무를 경감하기 위한 조치가 필요했다. 그리고 지역교육청이 행정업무가 주가 아니라 단위 학교 지원을 위한 센터로서의 역할을 중심으로 하는

것은 우리 교육행정체제 혁신의 과제이기도 했다. 이명박 정부에서 지역교육청의 이름을 '○○교육지원청'으로 변경한 이유도 그런 목적이 있었지만, 사실상 명칭 변경에 그친 것을 보완하고자 하는 노력이기도 했다.

세부 추진 내용은 다음과 같다.

가. 지역교육청 전문직 업무 재구조화 및 현장 지원 역할로 전환

　　- 지역교육청 전문직은 학교 지원 활동에 전념하여 혁신교육 정착 및 일반화를 위한 역할

　　※ 혁신학교 일반화를 위해 '혁신학교' 업무 전담 장학사 지정 (교육청 사정상 전담 업무가 어려울 경우 관련 업무 최소 배정)

　　- 전문직의 학교 지원에 전념하도록 전문직 부서에 행정업무를 전담할 일반직 배치

나. 지역교육청 역할 재편에 따른 권한 위임

　　- 고등학교 교장의 각종 평가권, 지역교육청에 50% 권한 위임(지역교육청에서 '평가서' 작성으로 50% 반영할 수 있는 여건 마련)

　　- 고등학교 교감의 근무평정 및 성과 상여금, 지역교육청에 50% 위임

　　- 일반계 고등학교의 교육과정 운영 · 관리에 관한 지도 · 감독(조례 개정)

혁신학교 지속 가능성의 문제

1기 당시 학교혁신과를 중심으로 한 일부 혁신교육 정책이 어떤 내용이 있었는지 살펴보았다. 주로 추진 내용을 중심으로 제시했는데, 사업별로 추진 과정에서 문제점과 한계 등도 많았다. 문제점이나 한계도 많았지만, 모든 학교를 대상으로 교육과정 혁신과 학교자율운영, 업무경감, 연수 지원을 통해 일반 학교가 혁신학교에 내용적으로 근접할 수 있는 정책을 추진한다는 데 의의가 있었다. 이것이 일반화를 추진할 수 있는 배경이 되기도 했다.

그러나 2기에 와서는 그동안 추진되었던 혁신 정책에 대한 검토가 충분하지 않았거나 검토하지 않았다는 평가가 있다. 앞서 살펴본 일부 정책이 지속되지 않았기 때문이다.

그것은 도교육청 수준에서 우리 교육의 본질적인 과제를 어떻게 설정하느냐의 문제라고 보인다. 예를 들어 우리 교육과정에서 시민교육의 부재, 고등정신능력과 정의적 영역이 소홀하게 운영되는 것이 본질적인 문제가 아닌가? 학교의 자율성을 보장하기 위한 정책이 학교의 민주적 운영과 함께 중요한 과제가 아닌가? 교육행정체체의 경직성을 해결하기 위한 단위 학교 자율성 보장과 지역교육청의 지원센터화가 중요한 과제가 아닌가? 혁신교육의 지속 가능을 보장하기 위해 순환근무와 각종 승진, 임용제도에서 혁신교육 지향의 지표를 적극 반영하거나 인사제도의 혁신이 필요하지 않은가? 등에 대한 인식이다.

1기의 정책은 이런 관점에서 우여곡절을 겪으면서 도교육청의 법적 권한과 학교 현장의 상황에 맞게 정책을 수립해 온 것이다. 이 관점에 동의했다면 교육과정 정책은 시민교육을 어떻게 내실화할 것인가, 고등정신능력과 정의적 영역을 보완하는 교육과정 운영을 통해 역량 중심 교육과정으로 나아가는 기반을 마련할 것인가, 교사별 평가 확대를 통해 초, 중학교에서 교사의 전문성 신장과 함께 사교육비를 어떻게 경감할 것인가 등의 과제들을 이어갔어야 바람직했다.

또 단위 학교의 실질적 자율성을 위한 법적, 제도적 정비로 한 걸음 더 나아갔어야 했다. 이전 시기에 이뤄진 도교육청의 업무 분석을 재검토하여 단위 학교의 자율성을 저해하는 지침이나 관행에 대한 점검이 더 필요했고, 실질적 자율운영을 위한 도교육청·지역교육청·단위 학교와의 관계를 재정립하는 모델 운영도 필요했다.

그동안 지역교육청의 지원센터화가 필요하다고 했지만, 한계가 있었다. 이를 극복하기 위한 보다 적극적인 방안을 추진했어야 한다. 지원센터로서의 역할을 하기 위해서는 인력 지원도 중요하지만, 도교육청의 업무를 수행하는 기관이라는 관점이 계속되는 한 지원센터의 역할을 하기는 요원하다. 단위 학교 자율성 신장을 위한 모델학교 운영과 함께 일부 지역교육청이라도 실질적인 지원센터로서 역할이 어떻게 가능한지를 시범운영 정도는 했으면 좋았을 것이다. 혁신학교 역시 혁신공감학교라는 혁신학교와 유사하나 다른 개념의 학교를 추진할 것이 아니라 혁신학교로 일원화하여 집중성을 가져야 바람직했다.

물론 2기의 정책이 잘못이란 관점에서 말하는 것이 아니다. 보다 혁신적이고 본질적인가 하는 문제와 함께 관점의 차이로 인해 혁신교육의 지속 가능에 대한 문제가 발생한다는 점을 말하는 것이다. 이에 따라 일관성 없는 정책으로 학교 현장으로부터 정책에 대한 신뢰가 떨어지는 문제를 지적하는 것이다.

혁신학교의 의미

우리 교육에서 혁신학교가 갖는 의미를 몇 가지로 살펴보겠다.

첫째, 우리나라 학교 교육의 과제에 본질적인 대응을 했다. 역대 교육개혁에서 진단된 과제들은 앞서 지적했듯이 획일적이고 경직된 교육행정이나 학교운영, 획일적인 교육내용과 입시 위주 교육으로 인한 개성과 창의성 무시, 교육재정의 열악으로 인한 교육환경과 교육여건의 미비를 들 수 있고, 이런 문제들 때문에 교원의 자발성이 부족한 것으로 요약할 수 있다.

여러 문제 중에서 '획일적 교육내용과 입시 위주의 교육' 극복이 중요한 과제라고 본다. 그 이유는 교육내용은 아이들에게 직접적인 영향을 주며, 획일적인 교육내용은 획일적인 학교문화를 낳기 때문이며, 교원의 자발성을 저해할 뿐만 아니라 사교육 문제, 입시 문제, 평준화와 비평준화 갈등, 왜곡된 학력관의 온상이 되기 때문이다.

또 경기혁신교육은 지원행정 분야에서 국가 수준의 다양한 대안을 추진했다. 무상급식, 학생인권조례 제정, 지역교육청 실질적 지원센터화, 교원과 전문직 업무경감 등이 대표적인 사례다.

　교원의 자발성을 존중하여 경직된 학교운영이나 획일적 교육내용을 극복하기 위한 혁신학교의 운영은 전국적인 확산을 가져와서 우리 교육의 주요 흐름을 형성했다고 볼 수 있다.

　둘째, 열린교육 이후 교원의 집단적 자발성을 발휘하게 했다. 우리 교육에서 교원들의 교육활동과 관련하여 집단적인 자발성을 발휘한 예로는 90년대 열린교육 운동이 있었다. 열린교육은 초기에 교육과정 혁신과 학교운영 혁신의 총체적인 변화의 시도였으나 그 과정에서 수업 방법으로 좁혀져 현장에서 실천되었으며 초등에 국한된 운동으로 전개되었다. 그러나 혁신학교 운동은 교육과정 혁신과 학교운영 혁신의 총체적인 혁신을 꾀하고 있으며 중등도 함께 참여하고 있는 점에서 90년대 열린교육 운동보다 양적, 질적 성장을 가져왔다.

　셋째, 학교혁신의 지향 혹은 철학의 정립을 들 수 있다. 1995년 5 · 31 교육개혁의 시대적 의미를 부여한다면 7~80년대를 거치면서 절차적인 민주주의가 신장되는 상황을 바탕으로 교육에서 절차적 민주주의를 일부분 진전시켰다는 점을 들 수 있다. 그러나 5 · 31 교육개혁의 문제는 시장경쟁 원리에 기초한 한계와 교육에 대한 국가의 지원을 줄이고 학생, 교원의 경쟁을 통한 효율성 확보 시도, 입시 경쟁 교육을 넘어설 방도를 제시하지 못한 채 학교의 다양화, 자율화를 내건 신자유주의 교육정책의 결과 학교 교육의 시장화, 사교육의 팽창, 교육 양극화를 조장한 문제가 있었다. 혁신학교는 지금까지 우리 교육정책에 대한 문제 제기와 대안으로서 혁신학교 철학과 운영 원리를 제시하고 있는데, 철학으로는 공공성, 민주성, 창의성, 역동성, 국제성이며 운영 원리로는 교육과정과 학교운영 원리로 나눠서 제시하고 있다.

넷째, 시도교육청이 지방교육자치 기관으로서의 위상을 정립했다. 혁신학교는 한국교육의 새로운 흐름을 주도했으며 세계적 경향과 함께하고 있다. 세계적 혁신교육은 경쟁에서 협동, 소수의 수월성이 아닌 모든 학생의 수월성, 학생의 자발성에 기초한 교육, 창의성을 지향하고 있으며 경기혁신교육 역시 이 지향을 명확히 하고 있다. 혁신학교의 주요 추진과제인 창의지성교육에 기반을 둔 경기도교육과정은 교육자치 기관으로서 혁신교육의 철학에 입각한 교육의 방향, 길러야 할 인간상, 교육내용과 방법, 평가의 일관성을 가진 최초의 문서였다. 뿐만 아니라 국가에서 시도하지 못한 역량중심의 교육과정 도입, 반영을 준비하는 것으로도 의미를 가진다.

경기도교육청 혁신교육의 주요 사업들인 혁신학교를 비롯한 무상급식, 학생인권조례 제정, 경기도교육과정과 창의지성교육, 교육청의 실질적인 지원센터화, 교원 행정업무 경감 등은 우리 교육의 해묵은 과제들을 해결하기 위한 의미 있는 조치였다. 또한 국가 차원에서 추진이 미진하거나 수립되지 않았던 것을 도교육청 차원에서 추진한 교육자치의 본보기라고 평가할 수 있으며, 주요 정책의 전국화가 진행되고 있어서 경기혁신교육이 우리 교육에서 선도적인 역할을 했다고 평가할 수 있다.

다섯째, 지원행정의 관점과 방법의 차별성을 들 수 있다. 혁신학교가 의미 있는 평가를 받을 수 있는 이유 중의 하나는 교원의 자발성을 지원하며 존중한다는 데 있었다. 그동안 연구, 시범학교도 구성원의 형식적인 동의 절차는 있었지만, 혁신학교 경우는 동의 절차의 진정성뿐만 아니라 구성원의 역량 준비 정도까지 검토했다. 승진가산점이 없는 상태에서 교원의 자발성이 혁신학교 추진의 진정한 동력으로 보고 있다.

질 관리에 있어서 기존의 연구, 시범학교와 차별성으로 기초과정(15시간), 직무연수(33시간), 리더양성과정(120시간), 전문가과정(1년, 연구년)으로 단계적인 연수를 실시하는 '혁신학교 아카데미'를 들 수 있다. 혁신학교의 질적 성장과 지속 가능을 위한 교원의 성장과 역량 축적을 추진하면서 혁신학교의 철학과 운영 원리에 기반을 둔 일관된 혁신학교 운영을 지원한다는 점이다.

여섯째, 학부모와 기초단체의 참여를 들 수 있다. 지금까지 학교혁신의 추진은 대체로 학교, 교원 중심이었다. 그러나 혁신학교 지정 과정에서 학부모의 요구가 강한 것이 특징이었다. 6개 기초단체와 도교육청의 협약에 의해 운영되는 혁신교육지구에서 보듯이 기초단체의 적극적인 참여는 학교혁신의 새로운 가능성을 열어주었다. 지금까지 기초단체는 시설, 대응사업 혹은 제한된 교육활동에 예산을 지원했으나 혁신교육지구는 기초단체가 혁신학교를 지향하는 총체적 학교운영을 지원한다는 점에서 의미가 컸다. 그동안 기초단체가 특목고, 자율고 유치, 기숙학교 운영 등 입시 중심의 교육에 지원한 것에 비하면 진일보한 것으로 평가할 수 있다.

혁신학교의 과제

혁신학교가 추진되는 과정에서 많은 문제 제기가 있었다. 지금도 여전하다고 볼 수 있는데, 혁신학교의 평가는 '공교육 정상화의 선도학교'에 맞는 기준으로 평가하는 것이 바람직하다고 본다. 우리 교육에서 공교육의 정상화를 위한 과제는 획일적 교육내용의 극복, 점수 위주의 왜곡된 학력관의 극복, 인성교육의 소홀, 교원의 자발성 미흡, 교육행정의 경직성, 학교운영체제의 관료성, 비민주성 등일 것이다. 따라서 혁신학교에서 이런 과제를 어떻게 극복했는가가 주요 평가 기준이어야 한다. 그러나 일부에서는 혁신학교 평가를 비본질적인 문제로 접근하기도 한다. 혁신학교를 여전히 점수 위주의 학력관으로 평가를 시도하거나 특정 단체 회원의 유무 문제, 예산지원의 문제 등 비본질적인 것을 가지고 정치적 접근을 하는 것이 문제라고 본다. 특정 단체 회원의 유무를 따지는 것은 혁신학교에 근무하는 연령대를 비교하거나 남녀 비율을 조사하여 혁신학교를 재단하는 것과 동일하다. 결국 '혁신학교 = 특정 단체 중심'으로 왜곡시키려는 의도가 있다.

예산지원의 문제를 보면 지금도 교육부나 모든 시도교육청은 연구, 시범학교 운영에 정도의 차이는 있어도 예산을 지원하고 있다. 혁신학교보다 더 많은 예산을 지원하는 교육부 사업이 있음에도 유독 혁신학교의 예산지원을 일반 학교에 비해 특혜라고 문제 제기를 한다. 오히려 일반화를 통해 모든 학교에 예산을 지원하려는 시도는 이전의 행정 관행과 다른 획기적인 조치로 평가해야 한다.

일부에서 학업성취도평가 결과를 가지고 혁신학교 학력 문제를 제기하는데 그 근거를 '학교향상도'에서 찾고 있다. 그러나 교과부가 한때 발표한 학교향상도 우수학교는 자율학교나 지역에서 선호하는 학교가 다수로, 선발 효과와 함께 교육과정 자율이 주어져 국, 영, 수 중심의 입시교육의 결과라는 문제 제기도 있다.

혁신학교의 한계 혹은 문제점을 지적하는 것으로 전입생으로 인한 과밀학급, 부동산 가격 상승, 구성원 간의 갈등, 수업혁신에서 오는 혼란, 교육과정 운영에 대한 학부모의 불만 등이 있다. 하지만 이런 것들도 엄밀히 말해 한계나 문제점이라기보다 오히려 일부는 혁신학교의 성과를 반증하는 것이거나 추진 과정상 일반적으로 발생하는 상황으로 봐야 한다. 이것을 한계나 문제점으로 규정하는 것은 혁신학교의 성과나 의미를 부정적으로 인식시키기 위한 의도적 연구로 오해를 줄 수 있다.

이러한 문제 제기는 주로 혁신학교에 부정적인 시각을 가진 사람들의 일반적인 내용이기도 했다. 이것이 추진 과정에서 많은 어려움을 준 것도 사실이다. 경기도교육청의 경우 일반화를 추진하면서 예산상의 특혜라는 문제 제기는 약화되었다.

혁신학교의 질적 발전을 위한 과제를 다음과 같이 정리할 수 있다. 이 과제는 1기가 끝나는 시점인 2013년 상황에서 정리한 것이다.

첫째, 혁신학교의 질적 성장이 어떻게 지속 가능한가가 중요한 과제라고 본다. 이를 해결하기 위해 교원의 자발성의 지속과 혁신학교 성장에 따른 연수나 지원체제의 지속적인 혁신이 요구된다.

둘째, 일부에서 '혁신학교 200개' 공약이 달성되면 더 이상 지정하지 않고, 교육감의 임기가 만료되면 혁신학교 사업은 종료될 것이란 오해가 혁신학교에 대한 관심을 일부 교원이나 학교에 제한하는 현상을 가져왔다. 이것을 극복하기 위해 혁신학교 일반화 사업이 추진되고 있으나 현장의 적극적인 참여를 위해 효과적인 지원 행정이 필요하다.

셋째, 고등학교에서 혁신학교의 안정적인 운영이 중요하다. 경기도

교육연구원 정책개발팀의 '혁신학교의 성과 분석'에서는 고등학교에서 혁신학교 정착에 대해 다음과 같이 과제를 제시하고 있다.

우선은 급별로 살펴볼 때 일반계 고등학교 혁신학교의 평균 점수가 학교공동체감 영역을 제외하고는 낮게 나타났다. 또한, 급별로 평균 점수를 살펴볼 때, 초〉중〉고 순으로 나타났다. 이는 혁신학교의 방향과 비전이 초등학교나 중학교의 경우 어느 정도 자리 잡아가고 있지만, 고등학교는 아직 그렇지 못하고 있음을 시사한다. 그 이유는 우리나라의 입시 구조의 특수성 때문일 것이다. 입시를 통한 경쟁 교육의 가치가 지배적으로 작용하고 있는 고등학교에서 혁신 교육이 학생들의 학업 성적을 떨어뜨릴 수 있다는 학부모 내지는 교사, 학생들의 불안감이 작동할 수 있기 때문이다.

최근 변화하고 있는 입시 제도의 흐름이라든지 기업의 인재 채용 방식의 변화 등을 고려해볼 때 수업과 교육과정, 평가를 혁신하는 것은 학생들 개인에게 결코 손해가 아님에도 불구하고 기존의 인문계 고등학교의 관성으로부터 벗어나기란 쉽지 않을 것이다.

혁신고등학교에서 이 지적을 극복하는 교육과정 체제를 어떻게 구축하고, 신뢰를 확보하는가는 어쩌면 혁신학교 전체의 성공이 달려있다고 해도 과언이 아닐 것이다. 이 문제의 해결을 위한 체계적이고, 집중적인 노력이 필요했다.

넷째, 혁신학교는 새로운 기획이 많아서 교원들이 근무에 부담이 있다. 이 문제는 혁신학교에 승진가산점을 주지 않을 경우 동력을 잃을 것이라는 일부의 문제 제기와 맞닿아 있지만, 많은 교원이 승진과 무관하게 교육과정을 통해 학생과의 행복한 만남을 원하는 것도 사실이다. 이것은 또 교원의 자발성과 맞닿아 있는 문제여서 교원의 자발성을 살릴 수 있는 정책적 노력이 지속적으로 필요하다.

다섯째, 혁신학교 운동의 지속 가능성과 자발적 교원의 운동으로 확산하기 위해서는 가치와 비전의 공유와 함께 지속 가능을 지원할 역량을 배출하고 구축하는 안정적인 기구를 검토해야 한다. 특히 지역교육청을 중심으로 한 혁신학교 정책 추진을 어떤 방식과 내용으로 해야 할지 검토가 필요하다. 아울러 혁신학교 운동의 이론과 실천적 활동을 전국화할 수 있도록 전문 연구, 실천 인력을 확보해야 한다.

혁신학교의 지속 가능한 동력

혁신학교가 열린교육처럼 총체성을 가진 운동에서 수업 방법으로 전락하지 않고 총체성을 유지하면서 지속 가능하게 하는 동력은 무엇인지 몇 가지 살펴보고자 한다.

첫째, 지향하는 가치, 운영 원리, 교육내용, 방법의 총체성을 확보해야 한다. 교원의 지속 가능한 자발성을 유도하고 발휘할 수 있게 하는 원동력은 혁신학교의 지향하는 가치와 원리로 볼 수 있다. 혁신학교가 추구하는 교육적 가치는 예를 들어 자발성, 경쟁이 아닌 협력, 모든 학생을 위한 수월성 등으로 볼 수 있다. 이에 따른 교육과정, 학교운영의 원리는 우리 교육의 누적된 문제점을 극복하는 대안이며 우리의 실정에서 학생, 교원, 학부모의 삶과 사회의 변화를 가져올 수 있다는 신념에서 자발적 참여가 이루어질 수 있다고 본다.

둘째, 교원의 자발성을 발휘할 여건을 조성해야 한다. 교원의 자발성은 무엇보다 지향하는 가치도 소중하지만, 이 가치의 실현을 뒷받침할 수 있는 운영 체제와 내용도 중요하다. 혁신학교 4대 추진과제인 '창의지성 교육과정 운영', '자율운영체제 구축', '민주적 자치공동체', '전문적 학습공동체'의 실현은 교원의 자발성을 높이기 위한 핵심적인 내용으로 설정되었다. 혁신학교는 교원의 자발성과 지원 행정이 결합된 형태인데 행정에 의해 자발성이 침해될 수 있다는 문제 제기를 늘 염두에 둬야 할 것이다.

셋째, 학부모와 지역사회의 참여를 들 수 있다. 학부모의 동의나 참여는 혁신학교가 질적으로 성장하는 데 중요하다. 특히 학부모의 왜곡된 학력관에 의한 성적지상주의, 입시 위주 교육의 요구는 혁신학교의 질적 성장과 일반화 과정에서 극복해야 할 문제라고 본다. 일부 학교의 사정이기는 하지만 학부모들은 혁신학교 지정 요구가 강하나 교원들이 동의하거나 참여하지 않는 상태에서 외부의 힘에 의해 추진되면 학교공동체가 훼손될 수 있으며, 내실 있는 추진이 어려울 수 있다.

지금까지 기초단체들의 학교 교육에 대한 요구 중 가장 큰 것이 대학입시 성적이었다. 그런 관점에서 일부 기초단체에서 특목고, 자율고 유치나 기숙형 학교 등을 추진했지만, 경기도 내 많은 기초단체의 혁신학교 지원에서 알 수 있듯이 혁신학교의 지속성과 질적 성장에 지역사회의 참여가 중요함을 보여준다.

넷째, 자발성을 지원하는 교육청의 역할이 중요하다. 우리의 교육정책 혹은 교원정책은 하향식이어서 수동적인 교원문화가 만들어졌다. 교원의 자발성을 신장시키기 위해서는 교원 및 단위 학교의 자율성을 보장하는 국가 정책의 변화와 도교육청 차원의 노력이 필요하다. 교원의 자발성을 위한 교원과 학교 자율성의 보장은 교육부의 지원 없이 도교육청의 권한으로는 한계가 있지만, 혁신학교 일반화 과정에서 교원과 단위 학교 자율성을 획기적으로 보장하는 방안이 필요하다. 자율성 속에서 책무성이 신장되고, 민주적 운영이 가능하며 교육내용과 활동이 획일성에서 다양성으로 진전될 수 있다.

특히 인사제도는 지속 가능한 혁신학교 일반화를 추진하는 데 많은 변화가 필요하다. 교장공모제의 취지에 맞는 적용과 순환근무제도의 검토가 필요하다. 한 학교에 2~3년 근무하면 전보하거나 5년 만기의 근무제도는 혁신학교의 지속 가능성을 훼손하게 되는데 이것은 한 혁신학교의 지속 가능에 가장 큰 문제일 수 있다.

다섯째, 국가 교육정책과의 연계가 필요하다. 교육부와 도교육청의 관계 역시 도교육청의 자발성과 창의적 기획력을 살리는 관점에서 재정립되어야 한다. 특히 도교육청은 지방교육자치 기관임을 인식하고 교육부가 일방적인 사업을 지시, 전달하는 관행에서 벗어나 도교육청 스스로 여건에 맞는 정책을 기획하도록 지원해야 한다.

국가 교육정책의 가치나 철학이 각 시도교육청이 추진하는 정책과 일관성이 있어야 한다. 지난 정부에서 창의성과 인성을 중시하면서 창의성, 인성교육을 저해할 수 있는 일제고사에 의한 학업성취도평가나 성적 공개, 고교다양화 정책 추진 등은 일관성이 없을 뿐만 아니라 오히려 도교육청 차원의 혁신학교를 추진하는 데 장애를 가져왔다.

그리고 도교육청은 교육부가 추진하는 자유학기제와 혁신학교와의 연계를 적극 고민해야 한다. 자유학기제의 긍정적인 측면을 혁신학교가 수렴하여 보완, 발전시키는 것은 혁신학교의 질적 성장에도 도움이 될 수 있다. 또 무엇보다도 혁신학교의 동력을 약화시키지 않고 일원화할 수 있다는 점도 고려해야 한다.

- 6 -
혁신학교 일반화의 문제

경기도교육청은 혁신학교 일반화를 위해 2013년을 준비기로 설정하고 추진했다. 혁신학교 일반화의 개념을 다음과 같이 설정했다.

1) 경기도 내 초, 중등학교의 50%가 혁신학교를 지향하거나 혁신학교의 내용을 실천할 경우(과반 참여), 2) 기존 혁신학교가 운영하던 프로그램을 그대로 적용하는 것이 아니라 사례를 참고하여 학교별로 여건에 맞게 창의적인 기획·운영(모방이 아닌 학교별 기획), 3) 혁신학교와 일반 학교가 상호보완을 위해 좋은 사례를 함께 나누는 활동(상호협력), 4) 개별 학교 차원의 노력을 혁신학교 클러스터를 통해 공동 발전을 추구하는 활동(상생발전)이 이루어질 경우를 말한다. 물론 일반화는 모든 학교가 대상이지만, 자발성이 전제되지 않거나 준비가 되지 않은 학교도

혁신학교로 지정한다는 것은 아니었다.

혁신학교 일반화를 추진한 배경에는 혁신학교가 어느 정도 성장해야 일반화가 가능한가 하는 질적 성장 기준의 모호성이 있었다. 뿐만 아니라 2012년 당시 195개 학교 중에서 어느 정도의 양적 성장을 가져와야 일반화가 가능한가 하는 양적 성장 기준도 모호했다. 따라서 질적 성장, 양적 성장 기준의 모호성은 일부 혁신학교에 역량이 집중되고, 일반 학교의 변화는 소홀히 할 가능성도 있었다.

195개 지정, 운영 과정에서 일반 학교의 무관심이 있었고, 일부에서는 혁신학교의 의미를 축소하기도 했다. 예를 들어 혁신학교는 예산 효과이며 특정 단체 사람들이 하는 것이고, 교육감 임기가 끝나면 없어질 학교, 공부 안 하고 노는 학교라는 것이 그것이다. 따라서 혁신학교 일반화를 통해 일부 학교, 일부 교원 중심에서 모든 학교, 모든 교원의 참여로 전환이 필요했고, 교사 개인과 학교가 현재의 조건에서 질적 성장을 위한 노력의 과정이 중요시 되는 운동의 성격으로 전환해야 하는 것이 중요하다고 봤다. 여기서 운동의 성격이란 것은 아무 학교나 혁신학교로 지정하는 것이 아니라 혁신학교에 동참하고자 하는 자발성에 근거한다는 의미이다. 그리고 혁신학교 운영 관점을 운동의 관점으로 전환한다는 것은 잘하고 못 하고의 관점이 아닌 자기의 조건에서 변화와 발전을 위한 노력을 중요시 한다는 점이다.

2013년을 일반화 준비기로 설정할 때 제기되었던 문제를 좀 더 자세히 살펴보겠다. 지금도 이 문제는 많은 논란이 있을 수 있고, 앞으로 정책 추진을 위해 다시 한 번 짚어 볼 문제들로 보인다.

첫째, 당시 혁신학교별로 역량의 편차가 심한 편이어서 양적 확산인 일반화보다는 개별 혁신학교의 질 관리가 더 중요하다는 지적이 있었다. 당연한 문제 제기였다. 그런데 모델학교의 질적 수준의 기준은 무엇이며, 어느 수준이어야 일반화 선도학교로서 위상을 갖는가 하는 문제가 있다. 아예 혁신학교 숫자를 제한하고 더 이상 지정하지 않고 모델학교로서 역할만 수행할 때 많은 학교에서 자신의 과제로 공감하지 않아 일반 학교가 성장하지 못할 우려가 있었다. 또 어떤 혁신학교라도 완성형은 없으며 혁신의 지속 가능의 관점에서 볼 때 무늬만 혁신학교라는 비판은 앞으로 변화가 전제될 때는 문제가 되지 않을 수 있다. 따라서 잘하고 못 하고의 기준이 아닌 함께 노력하는 운동으로서의 의미를 생각해야 한다는 점도 있었다.

둘째, 혁신학교를 추진할 주체가 부족하고, 역량의 준비가 충분하지 않다는 지적이었다. 현재 혁신학교 자체 역량도 편차가 있는데다 양적 확대를 위해 준비된 교원의 역량이 충분하지 못하다는 지적을 수용한다면 혁신학교의 추가 지정도 문제가 될 수 있다. 오히려 일반화 과정이 교원의 역량을 기르는 방안이 될 수도 있다는 의견도 있었다.

셋째, 일반 학교 교원의 무관심과 부담감으로 일반화 여건이 충분하지 않다는 것과 함께 자발성이 존중되어야 한다는 지적이 있었다. 그러나 일반 학교 교원의 무관심은 일반화 정책을 통해 극복할 과제로 보는 시각도 있었다. 왜냐하면 김상곤 교육감이 2010년 선거에서 공약한 '혁신학교 200개 지정, 운영'이 200개 지정 이후에는 더 이상 혁신학교 지정이 없으니 일부 교원이나 학교는 혁신학교와 무관하다는 생각을 갖게 한 측면이 있었기 때문이다. 또 혁신학교가 교원의 자발성을 존중하지만, 그 자발성이 저절로 생기길 때까지 기다리는 것이 아니라 교육청의 정책으로 유도한다는 생각도 있었다. 그 자발성을 불러 일으키기 위한 정책 수단이 일반화일 수 있다는 것이다.

그리고 혁신학교 지정 학교 수를 일정하게 제한할 경우 많은 학교나 학부모, 지역의 요구를 수용할 수 없다는 부담이 있다. 그러나 계속 지정을 해 나간다면 앞서 지적한 문제가 생길 수밖에 없다. 결국 어느 입장이 옳고 그른가의 문제가 아니라 2012년 상황에서 선택의 문제였다고 본다. 물론 그 선택은 많은 부담을 안을 수밖에 없고, 일반화에 부정적인 교원들을 설득하는 것이 필요했다.

혁신학교 일반화를 추진하면서 지역별, 학교별로 자율적인 혁신 역량을 기르는 것이 중요했다. 혁신학교가 일반 학교의 혁신을 위한 선도적인 역할도 필요했다. 또 혁신학교를 추진하기 위한 교사 동력의 확보는 혁신학교 일반화를 위한 클러스터에 참여하는 가운데 가능할 것으로 봤다. 또 200개 지정이라는 목표가 강하게 전달되어서 일반 학교 교원들은 혁신학교를 자신의 문제로 보지 않았는데, 이것이 무관심과 소극성을 낳는 하나의 원인이었다. 따라서 모든 학교를 혁신학교로 전환하는 로드맵 제시로, 시간의 문제일 뿐 언젠가 해야 하는 일로 인식할 때 관심을 높일 수 있다고 본 것이다.

넷째, 2014년 지방선거를 1년 앞둔 시점에서 만약 교육감이 바뀐다면 혁신학교가 지속될 수 있을까 하는 우려에서 일반화를 검토했다. 교육감이 바뀌어도 더 이상 정책을 폐기할 수 없을 정도로 일반화 분위기를 조성하는 것은 혁신학교 정책의 유지에 도움이 될 수 있다는 정치적 판단도 있었다. 내 개인적으로는 이 문제가 일반화 추진을 고민하게 된 중요한 이유였다.

2012년 당시 일반화를 추진할 수 있는 내적, 외적 정책 여건을 살펴
보면 다음과 같다.

| 내적 여건 |

- 200개의 혁신학교가 있음

- 지역교육청에 지원단이 구성되어 있음

- 혁신학교 아카데미를 통해 리더, 전문가 과정 수료자 100여 명(직무
  연수 이수자를 포함하면 약 900여 명)

- 2013년 연구년 교사 중 창의지성교육 관련 연구자 250명, 수석교
  사 400여 명

- 2013년에 지역교육청별 유, 초, 중등 '혁신학교연구회' 구성

- 모든 학교 대상 경기도교육과정 전달 연수(11월)와 2013년 학교교
  육과정에 '창의지성교육' 프로그램 반영(10월 연수)

- 모든 학교에 배움중심수업의 확산 및 평가혁신 지속 추진(논술평가,
  교사별 평가 도입)

- 혁신학교 지원에 집중할 전담 장학사 배치 및 지역교육청 실질적
  현장 지원 역량을 위한 업무경감

- 2013년 주요 정책에 대한 '정책평가단' 운영

- 지역청 단위 혁신 동력으로 지원단＋전담 장학사＋혁신학교 연구
  회＋혁신학교 직무연수 이상 이수자＋연구년 교사

| 외적 여건 |

- 6개 혁신교육지구, 화성 창의지성교육 도시 기초단체가 예산 지원

- 용인, 성남, 부천, 고양 등의 기초단체에서 지원과 관심
- 학부모들이 혁신학교에 대한 요구가 높아짐

현재 2기의 일반화 정책과 1기의 일반화 정책을 비교하면 차이가 있다. 우선 일반화 개념의 차이다. 앞서 일반화 개념을 설명했듯이 이전에는 경기도 내 50% 정도 학교가 혁신학교이거나 함께 노력하는 학교일 경우를 일반화로 본 것이다. 그러나 2기는 혁신학교 일반화에 대한 정책이 모호하다. 혁신공감학교의 지정을 일반화로 보는 사람도 있지만, 혁신공감학교는 혁신학교와 다른 개념으로 설정하고 있다. 엄밀히 말하면 혁신공감학교의 전면화 정책이다. 그리고 이전에는 일반화를 위해서 혁신학교를 중심으로 희망하는 학교가 클러스터를 구성하여 함께 나누는 활동을 통해 혁신학교를 준비하도록 지원했지만, 그 방식을 폐기하고 희망하는 모든 학교를 혁신공감학교라는 이름으로 혁신학교와 이원화하여 운영하고 있다.

이것은 혁신학교 일반화는 물론 아니며 혁신공감학교의 일반화로서도 문제가 있다는 지적이 있다. 지정 과정에서 준비되지 않은 학교를 상대로 모두 지원하는 방식은 자발성을 강요하는 것이라는 문제를 제기하고 있다. 무엇보다 중요한 것은 도교육청이나 지역교육청이 경기도 내 초, 중등학교의 약 96%인 1,800여 혁신공감학교의 질 관리를 할 수 없는 처지에서 단계적으로 확대해도 될 것을 너무 준비 없이 전면적으로 확대했다는 지적을 받고 있다. 물론 100% 지정한 상태에서 학교마다 변화를 추구하는 과정으로서 혁신공감학교의 전면화를 설정할 수는 있다. 그렇다면 앞으로 체계적인 질 관리를 통해 이 과제를 해결

할 수 있는가가 혁신공감학교의 성패를 좌우할 것이다. 그리고 혁신학교와 다른 개념의 학교라는 것으로 지속해야 하는지도 과제라고 본다.

1기와 2기의 혁신학교 확대 정책을 보면서 제3의 방안으로 경기도의 25개 지역교육청 단위로 초, 중등 5~6개 학교당 1개 정도 선도학교로서의 혁신학교를 둘 수 있다고 본다. 그럴 경우 경기도에서 약 400개의 혁신학교가 있게 된다. 하지만 시군별 지정학교 수가 달라 조정해야 할 것이다.

400개 이외에는 더 이상 혁신학교 지정을 중단하고 일반 학교가 혁신학교 수준의 내용을 갖도록 행·재정적 지원을 하는 형태도 생각할 수 있다. 무엇보다도 지역교육청 단위에서 지역별 교원이 중심이 되어 자발적인 혁신학교 운동이 지속되도록 하는 방안을 제안해 본다.

경기도교육청은 혁신학교 일반화를 혁신학교 운동으로 생각했다. 혁신학교 운동의 시작은 내 주변의 사람을 동참시키는 것이고, 동참시키기 위해서는 주변 사람의 현재 처지에서 관심이나 요구 수준을 높여주어야 한다. 이것이 교육청 장학의 핵심이고, 혁신학교 운동을 앞장서 추진하는 교원들이 운동을 추진하는 주요 관점이어야 한다. 그런 만큼 혁신학교에 열정적인 활동가들은 그동안 혁신학교 초기에 지칠 정도로 많은 지원을 해왔지만, 앞으로도 많은 시간과 노력이 필요한 시점이다. 열정적인 활동가가 의욕을 잃거나 방향을 잃는다면, 혁신학교는 다시 한때 반짝하고 만 학교로서 수많은 교원에게 학교는 바뀔 수 없다는 낭패감을 안길 것이다.

흔히 한 사람의 열 걸음보다 열 사람의 한 걸음이 소중하다고 말하듯이 조급해 하지 말고, 모든 교원은 더 나은 교육을 위한 자발성이 있다는 것을 신뢰해야 할 것이다.

또 혁신학교 일반화의 지향과 목표를 명확히 해야 한다. 교원마다 처지가 다르고, 학교마다 여건이 다르듯이 혁신학교 일반화 추진은 교원, 학교마다 차이가 날 수밖에 없으며 이것을 잘잘못으로 구분 짓거나 평가하는 것은 오류라고 본다. 각자의 처지에서 한걸음씩 나아가는 것이 혁신학교 일반화의 지향이고 그 가운데 교사의 자존감 회복과 학생과의 행복한 만남을 갖는 것이 그 목표일 것이다.

6장

혁신학교를 넘어서기 위한 제안

경기도를 비롯하여 전국의 혁신학교는 대체로 '공교육 정상화의 모델학교'라고 정리하고 있다. 앞서 공교육 정상화의 과제는 무엇이며, 그 과제 해결을 위해 혁신학교가 추진해야 할 내용은 무엇인가를 살펴봤다. 만약 혁신학교가 질적인 성장을 이루어서 공교육 정상화의 실질적인 모델학교로서 지위를 갖는다고 해도 그 수준은 유럽의 혁신학교라고 할 수 있는 공립학교인 프랑스의 프레네 학교, 독일의 헬레네랑에 학교 혹은 사립학교인 발도르프 학교나 덴마크의 자유학교와 비교하여 상당한 차이가 있다.

우선 지향하는 가치나 철학에 차이가 있다. 유럽의 혁신학교들은 나름의 교육적 가치나 철학을 가지고 오랜 시간 교육력을 축적해 왔다. 반면 우리의 혁신학교가 지향하는 가치나 철학은 어느 나라, 어느 학교나 기본적으로 추구할 일반적인 교육적 가치이다. 그리고 무엇보다 그 가치나 철학에 따른 교육방법과 교육내용의 정립이 부족한 편이다. 혁신학교를 '공교육 정상화의 모델학교'라고 부르는 것에서 알 수 있듯이 '정상화' 수준으로 볼 수 있다.

그리고 우리 혁신학교는 질적 성취도가 높다 하더라도 교육과정이나 학교운영, 인사에 있어서는 유럽의 혁신학교들은 말할 것도 없고, 유럽의 일반 학교가 가진 자율성 수준을 확보하지 못하고 있다. 따라서 우리 실정에서 공교육 정상화 수준이지 세계적인 수준에서 본다면 유럽의 혁신학교와 질적으로 비교하기에는 무리가 있다고 본다.

경기도 혁신학교의 4대 추진과제는 우리 교육에서 보편적 수준의 가치, 내용, 방법을 갖추는 '학교 정상화'의 측면이 있지만, 교육과정이나 학교제도, 교원정책 등의 국가 정책에 의해 제한을 받는다는 한계가 있다. 따라서 교원의 자발성을 지원하는 국가 정책의 변화 없이 도교육청 차원의 지원 행정으로는 한계가 있을 수밖에 없을 것이다.

학교의 변화는 시대 상황을 반영한다. 예를 들어 프레네 학교는 1차 대전 이후 확산된 반전, 평화의 사상, 러시아 혁명 이후 시대적 상황, 자유를 강조하는 20세기 초의 신교육운동의 영향이 있었다. 헬레네랑에 학교는 전통적으로 '김나지움'에 오랜 시간 존재하던 체벌과 훈육 중심의 교육 방식에 대한 비판, 산업사회의 요구에 의한 근대적 패러다임을 극복하고자 했다. 덴마크의 자유학교가 덴마크 교육에서 자리 잡을 수 있었던 것은 그룬트비의 노력과 민주주의는 소수자들이 어떤 대우를 받는가에 따라 판단될 수 있다고 한 덴마크 헌법의 영향이 크다. 민중의 자발성과 이를 보장하기 위한 다양한 학교에 대한 허용이 있었기 때문이라고 한다.

유럽의 많은 혁신학교가 '인간과 사회의 진보에 교육이 기여한다'는 관점을 갖고 있다. 경기도의 혁신학교 역시 교육을 통한 사회의 변화에 기여한다는 관점이었다. 그러나 우리 사회에서 교육을 정치, 사회와 분리하고자 하는 기능적인 관점과 함께 보수와 진보의 갈등은 교육의 적극적인 역할을 '정치적'이라고 왜곡시키는 '정치적' 상황이 만들어졌다.

경기도에서는 2009년부터 혁신학교를 운영하여 2017년 현재 8년 차에 이른다. 이제 경기도의 혁신학교는 공교육 정상화의 모델학교 수준을 넘어 정상화된 이후 유럽의 혁신학교의 수준으로 나아갈 준비를 해야 한다. 이 수준의 학교를 편의상 혁신학교 2.0이라고 부르자. 박일관은 『혁신학교 2.0』이란 책에서 혁신학교의 일반화, 곧 학교혁신을 2.0으로 불렀지만, 여기서는 유럽의 혁신학교 수준의 학교 가치나 철학, 그에 따른 교육내용과 방법을 가진 진정한 혁신 학교를 말한다. 혁신학교 1.0은 지금까지 공교육 정상화를 위해 노력한 학교지만, 혁신학교 2.0을 전망하지 않은 상태에서는 세계적인 혁신학교와 비교하여 혁신학교라고 부르기는 아쉬움이 있다. 또 혁신학교 2.0을 전망하면서 현재 1.0을 추진하는 것은 현재의 과제가 어떠한 방향과 내용으로 발전해야 하는지를 가늠할 수 있기 때문이다.

그러나 8년 차를 맞은 경기도 혁신학교는 혁신학교 재지정교 중에서 운영이 잘 되는 학교를 '모범 혁신학교'라는 이름을 주는 상태로 2.0을 전망하지 못하고 있다. 1.0도 제대로 못 하는데 2.0은 무리라는 생각도 가질 수 있으나 소수지만 2.0을 준비할 수 있는 학교는 있다고 본다. 이것을 지원하는 도교육청의 혁신학교 정책이 수립되어야 한다.

2014년, 세월호 사건이 났을 때 도교육청에서는 진정한 혁신학교의 상을 단원고를 통해 시도하려고 했다. 단원고를 세계적인 수준의 혁신학교로 만드는 것이 세월호 이후의 우리 교육에 대한 대안 제시의 하나이기도 하고, 희생자에 대한 경기도교육청의 책무성이기도 하기 때문이었다. 그러나 이 시도는 담당 간부의 교체로 초기 논의가 진행되다가 폐기되었다.

- 1 -
유럽의 혁신학교

유럽의 혁신학교로 우리가 많은 관심을 갖는 곳은 프랑스의 프레네 학교, 독일의 헬레네랑에 학교, 발도르프 학교, 덴마크의 자유학교 등이다. 혁신학교를 운영하기 전부터 우리나라 교원들에게 많이 알려진 학교들이다. 또 혁신학교를 지정, 운영하는 과정에서 참고를 많이 하기도 했다. 실제로 이들의 일부 프로그램을 도입하여 실행하는 학교도 있다.

새삼스럽게 우리가 잘 알고 있는 유럽의 혁신학교를 살펴보는 것은 우리도 학교 나름의 교육철학, 방법, 내용이 일관성 있는, 말 그대로 혁신학교를 준비할 때가 되었다는 판단에서다. 물론 유럽의 혁신학교를 살펴본다는 것은 참고할 뿐이지 그들의 철학과 방법, 내용을 그대로 도입하자는 것은 아니다.

프랑스 프레네 학교[1]

프레네 학교의 창시자 셀레스탱 프레네가 1964년에 발간한 『교육 불

---

1 안승문의 '프레네 학교, 프레네 교육학, 프레네 교육운동 이야기'라는 글에서 발췌함

변 요소』라는 책이 있다. 이 책에는 프레네가 35년간의 교사생활에서 정리한 30가지의 교육 불변 요소가 있는데 프레네의 아동관, 교육관이 잘 나타나 있다.

| 아동의 본성 |

1) 아동은 성인과 동일한 본성을 지니고 있다.

2) 교사들이 크고 나이가 많다고 학생들보다 위에 있어야 하는 것은 아니다.

3) 학생들이 학교에서 취하는 행동은 그의 생리학적, 유기체적, 체질적인 상태에 따라 다르다.

| 아동의 반응 |

4) 성인만큼이나 아동도 권위적인 명령을 좋아하지 않는다.

5) 어느 누구도 외부의 규율에 수동적으로 복종하는 것을 좋아하지 않는다.

6) 어느 누구도 어떠한 작업에 구속되어 완성하는 것을 좋아하지 않는다. 그 작업이 특별히 싫지 않더라도 구속되어 작업하는 것은 의욕을 더욱 상실하게 한다.

7) 아동은 유익하지 않은 것이더라도 자신의 작업을 스스로 선택하는 것을 좋아한다.

8) 어느 누구도 자신이 참여하지 않는 기계적인 사고와 행동을 좋아하지 않는다.

9) 작업의 동기가 필요하다.

10) 실생활과 관련 없는 학교만의 삶과 규칙은 더 이상 의미가 없다.

10-1) 모든 사람은 성공하고 싶어 한다. 학업 실패의 경험은 학습에
대한 에너지와 정열을 파괴한다.

10-2) 아동에게 자연스럽게 나타나는 것은 놀이가 아니라 작업이다.

| 수업기술 |

11) 학교에서 본질적으로 수행하는 지식 습득의 과정은 관찰, 설명,
시범이지만 프레네 교실은 가장 자연스럽고 보편적인 방법으로
실험적 모색이 있다.

12) 학교에서 많이 강조해왔던 기억을 통한 학습은 아동의 삶과 연
관이 있을 때와 실험적 모색 과정에 통합되어 이루어질 때만 유
효하고 소중하다.

13) 학습은 규칙과 법을 공부하는 것이 아니라 경험을 통해 가능하
다. 국어, 미술, 수학, 과학에서 규칙과 법을 연구하는 것은 소 앞
에 쟁기를 놓은 것과 마찬가지이다.

14) 지능은 개인의 생명력과 분리되어 닫힌 채 기능하는 능력이 아
니다.

15) 학교는 생생한 삶의 밖에서 기억력에 묶인 단어와 고정된 생각
만으로 움직이는 지능의 추상적인 형태만을 키운다.

16) 아동은 교사의 수업만 듣는 것을 좋아하지 않는다.

17) 아동은 삶의 연장에 있는 작업을 실행하는 데 피곤할 줄 모른다.

18) 아동이나 성인은 만인 앞에서 평가받는 것을 좋아하지 않는다.
이런 시험이나 벌은 자신의 존엄성을 손상시킨다고 생각하기 때

문이다.

19) 성적과 분류는 잘못된 것이다.

20) 말을 아껴야 한다.

21) 아동은 개별성이 드러나지 않는 대집단의 작업을 좋아하지 않는다. 대신에 협동적 공동체 속에서 개별 작업과 소집단 작업을 좋아한다.

22) 질서와 규율은 수업에서 필요하다.

23) 처벌은 항상 잘못된 것이다. 모든 학생에게 치욕적인 것이며, 교사가 원하는 목표에 이르지도 못한다.

24) 학교의 새로운 삶은 바로 학교 협동이다. 학교 협동은 교사를 포함하여 모든 학생의 학교생활과 학업의 관리 및 경영이다.

25) 교실의 학생 수가 많으면 교육적 실수를 범하게 된다.

26) 단위 학교의 학생 수가 많아지면 교사와 학생 간의 익명성이 높아진다. 이 역시 교육적 실수이자 장애이다.

27) 내일의 민주주의는 학교 내 민주주의 실천으로 가능해진다. 학교의 권위적인 체제는 민주시민의 양성에 위반될 수 있다.

28) 학교 개혁의 첫 번째 조건은 아동을 존중하는 것이다. 존중받는 아동은 자연스럽게 교사도 존중하게 된다.

29) 교사에 대한 학부모들의 대립적 반응은 사회적이며, 정치적인 요소와 결부되어 있기 때문에 변함없는 자세를 보여주어야 한다.

30) 위에서 언급한 이 모든 불변 요소는 프레네 교육의 실천에 대한 정당성을 부여해주며 결국에는 삶의 낙관적인 희망을 불어넣어준다.

독일에서 프레네 교육과 관련된 연구를 해 온 잉그리트 디틀리히는
프레네의 교육철학을 오늘날의 교육 관점에서 경쟁 교육 배제, 학생의
다양성 인정, 학생의 자발성 존중, 학습에서 차이 인정, 기쁨과 성취감
느끼기, 실험과 탐구를 통한 학습, 학습의 자기 주도성, 주입·암기식
에서 비판적 사고력 중시, 자치와 협동의 중시 등으로 정리하고 있다.

독일 헬레네랑에 종합학교[2]

헬레네랑에 종합학교는 에냐 리겔이라는 교장의 열정과 노력으로 새
롭게 탈바꿈한 학교다. 에냐 리겔은 당시 학교 개혁의 필요성을 절감
하고 수개월에 걸친 토의를 통해 세운 계획을 토대로 근본적인 혁신을
시도했다.

1995년부터는 헤센 주 실험학교로 발전했는데, 실험학교란 우리의
시범학교와 유사한 성격으로 하나의 학습하는 기구로서, 그 연구와 실
천의 성과를 공개적으로 다룬다는 뜻이다. 과제는 외부에서 주어지는
것이 아니라, 학교 스스로 찾아내고 그 해결을 모색했다.

헬레네랑에 학교는 제도를 쇄신하기 위해 근본 토대로부터 포괄적으
로 이루어졌다. 그 중요한 명제로서 '인간화', '민주화', '학습에서의 자
율화' 등을 제기할 수 있는데, 그 몇 가지 지향점은 다음과 같다.

2 송순재 교수의 '독일 헬레네랑에 종합학교'라는 글에서 발췌함

- 많은 지식을 피상적으로 배우지 말고, 지식의 근본 원리와 의미를 심화시켜 체험하도록 한다.
- 실천적 학습을 발전시킨다.
- 개인의 자유로운 작업을 통한 학습을 지향한다.
- 공동의 학습을 모색한다.

헬레네랑에 학교는 프레네, 몬테소리, 발도르프 등의 교육 이념의 장점을 수용하는 학교로서 '자발성 존중', '협력 중시', '프로젝트나 실습 중시', '삶에 바탕을 둔 학습' 등을 지향한다.

프레네 학교는 셀레스탱 프레네의 교육철학을 바탕으로 하는 학교다. 뚜렷한 교육철학을 바탕으로 하는 또 다른 학교로 인지적 영역에 치우친 교육에 반대하고, 신체와 정신적 성장에 따라 의지, 감각, 사고의 조화로운 발달을 추구한다는 루돌프 슈타이너의 발도르프 학교가 있다. 또 덴마크의 자유학교는 진정한 민주주의와 건강한 사회는 사회의 모든 구성원이 깨어있는 상태에서 역동적으로 참여할 때 가능하다는 그룬트비의 교육철학을 바탕으로 한 학교다.

이에 비하면 헬레네랑에 학교는 다른 학교들처럼 교육철학의 독자성이나 완결된 구조를 갖지 않다. 하지만 여러 교육 사상가의 이념과 방법을 수용하여 학교 구성원에 의해 그 나름대로 정리된 지향과 방법을 갖고 있다.

프레네 학교와 헬레네랑에 학교를 언급한 이유는 혁신학교 2.0은 해당 학교의 철학이나 지향하는 가치, 그 철학에 기반을 둔 교육방법과 교육내용 등의 일관성을 갖추는 것이 핵심적인 과제라는 것을 말하기 위해서다. 가치나 철학에 기반을 둔 교육활동을 지원하기 위한 적절한 학교운영 체제도 가져야 한다.

현재 혁신학교에서 추구하는 경쟁에서 협력, 민주적 공동체 지향, 구성원 자율성 등은 우리에게는 정상화의 과제지만, 교육의 상식적인, 일반적인 가치나 지향이다. 이 정상화의 과제를 넘어 학교 나름의 가치나 지향으로 교육 방법과 내용의 일관성을 갖는 학교, 그것이 우리 혁신학교의 질적 성장의 과제이고, 혁신학교라는 이름에 어울리는 학교일 것이다. 그러나 그러한 학교가 지금 혁신학교처럼 많이 생길 수 없음은 물론이다. 소수의 선도학교로서 의미를 가질 수 있고, 지금의 혁신학교의 전망을 열어갈 수 있다고 본다.

경기도의 조안초등학교는 논리적이지는 않지만, 소박하게나마 가치나 지향을 갖추기 위한 시도를 하고 있다. 비록 혁신학교로 지정되기 전이었지만, 학교가 지향하는 가치를 마련하고 공유하기 위해 다음과 같은 논의 과정을 거쳤다. 많은 학교가 혁신학교를 준비할 때 흔히 논의하는 내용이다.

일정	협의 내용	비고
	○ 우리가 원하는 학교, 교육 　- 내가 바라본 학교, 교육의 문제와 대안	자체 협의
2013.10	○ 조안교육이 추구할 교육 방향이나 가치는 무엇인가? 　- 학력의 문제와 대안(창의지성교육) 　- 교육과정과 학교운영의 원리(혁신학교 운영 원리)	자체 협의
	○ 아이들을 어떻게 볼 것인가? 　- 우리 아이들의 문제를 보는 시각	외부 강사

	o 보다 좋은 교육과정이란 무엇인가?	자체
	– 교육내용: 창의지성교육을 위한 교육내용 재구성(창체 포함)	협의
	– 교수–학습: 배움중심수업	
	– 평가: 논술평가, 정의적 능력 평가, 교사별 평가	
2013.11	o 교사, 학생의 자발성을 위한 학교운영은 어떻게 할 것인가?	자체
	(소통과 공감의 학교문화 만들기)	협의
	– 자율운영체제	
	– 민주적 자치공동체	
	– 전문적 학습공동체	
	o 혁신학교 사례 Ⅰ	외부
	– 교육철학, 교육과정과 학교운영	강사
	o 혁신학교 사례 Ⅱ	외부
	– 교육철학, 교육과정과 학교운영	강사
	o 학년교육과정 운영 사례	외부
	– 학년교육과정 구성 관점 및 운영 사례	강사
2013.12	o 조안초 교육과정, 어떻게 할 것인가?	자체
	– '조안교육의 길' 제정	협의
	– 학교교육과정의 교육내용 재구성 / 수업 / 평가	
	o 조안초 교육과정 지원체제를 어떻게 할 것인가?	자체
	– 학년 담임, 학교 행사, 시상제도, 회의나 연수, 업무경감 등	협의
	o 전체적인 점검과 예산 반영	자체 협의
2014.1	o 학교교육과정: 세부 추진 계획, 학년교육과정 작성 기반 마련	개별,
	o 외부 연수 참석(교사 6명)	전체
	o 집중 검토 및 수정, 보완	
2014.2	o 학교교육목표 최종 검토 및 합의	개별,
	o 학교교육과정 학부모와 함께하는 협의회	전체
	o 2014 조안나래교육과정 완성	
	o 전입교사(3명)와 함께하는 교육과정 워크숍 실시	

비록 충분한 시간은 아니었지만, 이러한 논의 과정을 통해 '조안교육의 길'을 제정하고, 이러한 관점이 반영되는 교육과정과 교육활동을 추진하고자 했다. 조안초등학교 교육의 지향을 담은 '조안교육의 길'은 다음과 같다.

조안교육의 길

2014. 1월 제정

2015. 12월 일부 개정

'조안교육의 길'은 조안초등학교 교육공동체가 함께 아이들을 건강한 사회구성원으로 성장하도록 돕기 위한 약속이며 조안초등학교 교육 가치를 지속하기 위해 함께 노력해야 할 내용을 담은 문서이다.

1. 아이들은
① 아이들은 어른과 동일한 인격을 가지고 있다. 아이들은 무시, 차별, 지시의 대상이 아니다.
② 아이들은 스스로 삶을 살아갈 수 있는 힘이 있다.
③ 아이들은 무한한 잠재능력을 가진 존재이며, 저마다 개성을 존중받아야 한다.

2. 교사는
① 교사는 아이들을 관심과 사랑으로 보살핀다.
② 교사는 지식을 가르치는 일을 넘어 삶을 가꿔 주는 사람이다.
③ 교사는 끊임없이 아이들과 함께 배우며 성장한다.

3. 학부모는
① 부모는 아이가 꿈꿀 수 있는 보금자리이다.
② 부모는 비교보다는 인정, 비난보다는 격려, 지시보다는 질문으로 아이가 건강하게 자라도록 하는 밑거름이다.
③ 우리 아이들이 행복해야 내 아이가 행복하다. 내 아이만이 아닌 모든 아이를 위한 관심과 사랑을 베푼다.

4. 학교란

① 아이들이 <u>스스로</u> 꿈을 꾸도록 돕는 학생, 교원, 학부모의 공동체다.

② 아이들이 성장하듯이 학교도 아이들을 위해 변화해야 한다.

③ 사랑과 신뢰를 바탕으로 한 제2의 가정이자 즐거운 배움의 놀이터
  이다.

5. 가르치는 것은

① 수많은 책, 문화예술작품, 체험도 좋은 교과서이다.

② 아이가 만나는 자연은 훌륭한 동반자이자 교과서이다.

③ 아이들 <u>스스로</u> 배우고자 하는 내용을 존중한다.

6. 배움이란

① 배움은 아이 <u>스스로</u> 할 때 가치가 있다. 어른은 아이가 <u>스스로</u> 배움
  이 일어나도록 도와야 한다.

② 배움은 혼자 하는 것보다 함께할 때 유의미하다.

③ 실패에서 훌륭한 배움이 일어난다. 실패를 비난하거나 두려워해서
  는 안 된다.

7. 평가란

① 평가는 분류, 서열화가 아니다. 배움의 과정이며 아이의 성장을 돕
  는 일이다.

② 평가는 삶을 살펴보고 만들어가는 과정이다.

8. 아이들을 성장시키는 힘은

① 아이들은 누구나 서로 다른 재능이 있다. 학교는 그것이 자라도록
  돕는 자양분이 되어야 한다.

② 아이들은 관계 속에서 성장한다. 학교는 그 관계를 품어주는 따뜻
  한 둥지가 되어야 한다.

③ 아이들은 자존감으로 한 걸음씩 나아간다. 학교는 아이들이 자존감
을 키우는 텃밭이어야 한다.

- 2 -
혁신학교 2.0을 위한 구상

교육의 가치나 철학을 어떻게 만들까

프레네 학교나 발도르프 학교, 자유학교는 프레네, 슈타이너, 그룬트비와 같은 사상가에 의해 교육철학이 제시되고, 방법과 내용을 갖춘 학교들이다. 그리고 그러한 방법과 내용을 지원할 수 있는 학교운영 체제를 갖췄다. 우리의 경우 이와 같은 교육 사상가에 의해 혁신학교 2.0을 시작할 처지는 아닐 것이다. 헬레네랑에 학교와 같이 여러 사상가, 여러 교육의 장점과 함께 지역사회의 여건을 반영하여 구성원의 합의에 따라 정리하고 발전시켜 나가는 형태일 것이다.

지금의 혁신학교는 시도교육청마다 공공성, 민주성, 창의성, 자발성, 공동체성 등의 가치나 지향을 제시하고 있지만, 교육과정이나 학교운영과 일관성을 갖는 것은 아니다. 각 시도의 가치나 지향은 일반적인

혁신학교 운영 원리에 가깝다.

혁신학교 2.0을 위해서는 지금의 혁신학교가 운영되면서 교육철학과 방법, 내용의 일관성을 가지면서 우리 공교육 혁신의 선도학교로서 역할을 할 수 있다면 좋을 것이다.

그러나 공교육 정상화 수준의 지금의 추진과제도 단위 학교 구성원의 공감대 형성에 어려움을 겪는 것을 볼 때 쉽지 않고, 일시적인 실험일 수 있다는 생각이 들 수도 있다. 하지만 시도교육청별로 극소수의 학교는 가능할 수 있다고 본다. 또 시도하는 학교가 좀 더 많아져서 다양한 수준에서 시도된다면 그 자체가 혁신학교의 질적 성장인 셈이다.

혁신학교 2.0의 가치나 철학을 만들기 위해서는 해당 학교 교원의 의지와 준비가 필요하다. 그 힘으로 학부모와 지역사회가 움직여질 수 있다고 본다. 혁신학교 2.0의 가치나 철학을 만들기 위해서는 최소한 다음과 같은 논의가 필요하다고 본다.

- 우리 교육의 문제는 무엇인가?
- 우리 아이들의 삶의 모습은 어떠한가?
- 아이들 삶과 관계되는 국가교육과정의 문제는 무엇인가?
- 우리 학교는 우리 교육의 문제와 아이들의 삶의 문제에 대해 어떤 교육과정으로 대응하고 있는가?
- 아이들의 건강한 삶을 위해 학교가 추구해야 할 교육적 가치나 철학은 무엇인가?(교육관, 학교관, 학생관, 교사관, 학력관, 교육과정관, 수업 및 평가관 등)
- 그 교육적 가치나 철학은 학부모와 지역사회도 동의가 가능한가?

- 가치나 철학에 따른 우리 학교 교육방법과 내용은 무엇인가?

- 교육내용을 지원할 학교운영 시스템의 변화를 어떻게 할 것인가?

- 가치나 철학, 방법, 내용, 지원 시스템을 문서화할 수 있는가?

- 현재 교육 관련법과 충돌은 없는가? 있다면 대체 방안은 무엇인가?

어떤 교육 방법과 내용을 가질 것인가

프레네 학교의 교육활동[3]은 당연히 프레네의 핵심적인 교육철학이라고 볼 수 있는 '교육 불변 요소' 30가지를 바탕으로 이루어진다. 프레네는 자유 의지를 중요시했고, 교육을 통한 민주주의 학습으로 사회개혁을 이룰 수 있다고 봤다. 학생의 자발성을 존중하고, 자발성을 유도하며 참여와 협력을 통한 학습으로 서로의 성장을 이루는 시민을 기르는 것을 목표로 했다.

이러한 프레네 교육철학의 실천 방법을 다음과 같이 제시하고 있다.

1. 모든 차원에서 이루어지는 자유로운 표현

   - 입으로: 자유로운 본문 활동

   - 형상으로: 자유로운 그림 활동, 표시, 콜라주

   - 몸으로: 팬터마임, 역할극, 춤, 그림자극

   - 음악으로: 소리를 자유롭게 실험하기, 스스로 작곡하기, 모든

---

3 https://www.youtube.com/watch?v=O8sT6t3GlrQ 동영상 참고했음

244

유(類)의 음악과 창조적인 교류

- 마음대로 고른 주제를 가지고 토론하고 논쟁하기

2. 본문과 미디어 및 정보와 창조적으로 교류하기

- 자유로운 본문 활동, 시 등을 스스로 짓기

- 역사를 발견하기

- 역할극을 구상하고 함께 해보기

- 슬라이드 만들기

- 비디오 제작하기

- 문서 인쇄하기(모든 유의 인쇄된 것을 비신화하기)

- 작업자료를 스스로 만들어 보기

3. 의사소통과 협동

- 학급위원회

- 학급 안에서의 협동작업

- 교류 학급과 만나기 위한 여행

- 학급 직책 수행하기

- 벽보 신문

- 아침 모임

- 자유롭게 고른 작업 모둠

4. 학교 학습을 실제 환경으로 지향시키기

- 학교와 삶 사이에 놓인 벽을 없애기

- 탐사

- 연구

- 프로젝트

- 학급교류

- 학업 활동 결과를 다양한 형태로 나타내기: 학급신문, 학급교류, 제안을 위한 벽보, 벽보 신문, 전시회, 보고서, 강연, 영화, 소리, 슬라이드, 몽타주

- 흥미 있는 사람을 학급에 초청하여 이야기하기

- 일상의 중요한 주제를 비판적으로 다루어 보기

- 컴퓨터, 전송기, 전화를 의사소통과 작업 수단으로 활용하기

5. 학습을 스스로 조직하기

- 자유로운 학습

- 개인과 공동학습 계획

- 개별화된 학습기재

- 학습도서관과 생생한 자료수집(함)

6. 더듬어 찾아보는 식의 학습, 자극을 불러일으키는 학습환경을 조성하기

- 발견학습

- 실험

- 자연적인 방법

7. 실천을 통한 학습

  - 작업실 안에서의 학습: 만들어 보고, 묘사해 보고, 생생하게 기
    록으로 채취하기 등

  - 기술공학과 창조적으로 교류하기

8. 간문화적 학습

  - 다양성과 차이를 받아들이기

  - 갈등을 해결하는 능력

  - 국제적인 안목에 대한 감각과 연대성

  - 유럽 중심적 사고를 벗어나기

9. 선발 없는 학습

  - 다양한 방식으로 성취 경험을 가능케 하기

  - 개별적인 학습 진도를 개개인에 따라 각기 평가하기

  - 개인의 다양한 활동을 존중하기

일부 활동을 예를 들어본다면 주간 학습 계획을 학생마다 스스로 세우고, 그 계획에 따라 학습을 수행한다. 학습 수행 방법은 자유협력학습으로 하는데, 말 그대로 공부할 내용을 학생이 선택하고, 학생들이 서로 협력하여 계획을 세우고 내용을 탐구해 간다. 이 과정에서 교사는 안내하고 조력하는 역할을 한다. 학생들은 자신들끼리 해결할 수 있는 것은 교사에게 묻지 않는다. 교사의 역할을 최소화하고 학생들 스스로 협동을 통한 공동작업으로 학생들 간의 관계도 증진시키고, 서

로 성장하는 기쁨을 맛보게 한다. 초등학교 때부터 톨레랑스 문화를 경험하는 것이다.

프레네의 교육방법 중에 '자유 글쓰기'가 있다. 이것을 실시하는 이유는 사물에 대한 관찰이나 삶에 대한 이해와 표현을 증진시키기 위해서다. 삶을 가꾸는 수단으로서 자유 글쓰기를 하고 있으며 이 결과는 학급신문 제작으로 이어진다.

물론 자유협력학습의 결과물도 학급신문에 싣는다. 학급신문 제작은 프레네 교육에서 중요한 방법으로 모든 기획과 편집을 학생 스스로 한다. 이 학급신문은 학급의 협력적인 배움을 통한 학습 결과물이자 소통의 수단으로 역할을 한다. 학급 내에서뿐만 아니라 이웃 학급, 학년에서 다른 학교까지 학급신문을 나누면서 소통을 학습한다.

학급회의도 매우 중요한 방법인데, 모든 규칙은 학생 스스로 정하며 공동체 일원으로서 서로 협력하고, 자기 책임을 다하면서 공동체의 발전에 참여하고, 문제점에 대안도 제시하는 학습을 한다. 스스로 생각하고, 행동하는 시민을 기르는 데 중점을 두고 있다.

또 학생들끼리 서로 장점을 나누고 배우는 과정을 학습한다. 소위 지식시장 수업인데 각자 자기의 지식을 대가 없이 친구에게 나누면서 나누는 기쁨과 새로운 것을 배우는 기쁨을 맛본다. 이 학습에서는 지식을 나눠주는 학생이 평가자가 된다.

이웃 반끼리 협력수업도 진행한다. 연극을 협력수업으로 하면서 공연 후 토론을 진행한다. 이 과정에서 협력을 통한 정보 공유와 이웃 반의 활동을 보면서 새로운 것을 학습하게 된다.

헬레네랑에[4]는 5학년에서 10학년까지 다니는 학교다. 헬레네랑에 학교의 교육방법이나 내용을 살펴보면 다음과 같다.

1. 열린학습과 프로젝트 수업. 열린학습은 교과의 경계를 유지하면서 각 교과의 주제를 연계하는 학습인 주 1회, 4시간의 수업이 있고, 교과의 경계를 넘어선 통합적 프로젝트 수업이 있다. 이 수업에서 학년마다 2개월간 지속하는 두 개의 프로젝트를 수행한다.
2. 주간계획표에 따른 공부. 주당 3~7시간까지 학생의 자기 계획에 따라 이루어지는 공부를 말한다. 보통 국어, 영어, 수학 같은 과목에 해당한다.
3. 주기집중수업. 수업 시간이 적게 배정된 생물학, 미술, 음악, 종교 교과에 한하여 주당 4시간의 단위학습시간을 배정하여 몇 주 동안 집중적으로 학습하는 형태를 말한다.
4. 개별화 수업. 국어, 영어, 수학 같은 교과 수업에서 수준이 다른 학생들이 함께 학습하는 형태다. 먼저 자기가 해 본 뒤, 동급생에게 도움을 청하고, 그다음에 교사에게 간다. 학생들은 다양한 교과나 특정한 과제를 위해 주중 시간표에서 시간을 할애하기도 한다. 교사는 능력이 떨어지는 학생을 돕거나, 수월한 학생들에게 주제를 더하여 준다.
5. 종교교육과 이웃 사랑의 실천적인 학습. 종교학습은 반드시 학부모와의 대화를 통해서 이루어지며, 학습 모둠마다 종파와 종교적 배경이 다양한 학생들이 있기 때문에 각기 다른 종교가 보여주는

---

4 http://www.ebs.co.kr/tv/show?prodId=7768&lectId=3089621 동영상 참고

다양한 양상에 의해 서로 풍부한 영향을 주고받을 수 있다. 하지만 종교수업을 받지 않을 권리도 보장된다. 이웃 사랑을 위한 실천적 학습은 학생들이 3개월 반 동안 한 사람을 1주일에 2시간씩 돕는 일에 배정된다. 학생들이 도울 사람들은 그들이 속해 있는 가까운 생활환경에서 찾아야 한다. 장애아를 돌보거나, 노인과 함께 산책하러 나가거나, 이야기를 나누거나 장을 보러 가거나, 외국인 아이의 숙제를 봐준다든지 하는 것이다. 이러한 활동에 성적을 매기지는 않는다. 다만 그들의 활동을 묘사해 주는 글을 받는다.

헬레네랑에 학교의 교육활동은 성적이 아닌 배움, 지식이 아닌 지혜의 교육을 중심으로 한다. 일부 활동을 예로 든다면 자유작문 낭독 시간의 경우, 수업 대부분이 발표 중심이면서 발표하는 아이들이 학습이나 삶의 주인공이 되도록 배려한다. 획일적 교육을 반대하며 모든 공부는 학생의 관심이나 적성에 따라 선택하도록 한다. 이것은 학생의 자발성을 중요시하여 시험이 없어도 스스로 열심히 하는 계기가 된다.

일주일간 진행하는 프로젝트 수업이 있는데 여러 프로젝트 중에서 학생의 관심에 따라 선택을 한다. 선택한 프로젝트의 주제 정하기, 방법, 학습내용 등을 학생들이 정하고 스스로 탐구해 간다. 헬레네랑에 학교의 철학은 여러 가지보다 한 가지에 좀 더 집중하고 장기간에 걸친 학습으로 내용을 심화하게 하는 것이다. 이 프로젝트는 협력을 통한 공동작업을 통해 목표를 추구한다. 그리고 학생들은 머리, 가슴, 손 등을 활용하여 보다 생생한 삶의 학습을 하게 된다.

덴마크의 자유학교[5]는 그룬트비의 교육사상을 바탕으로 한다. 그룬트비는 나라와 민족을 살리기 위해서는 당시 국민 대부분을 차지하는 농민을 교육하는 것이 중심이어야 하며 교육은 삶을 통해서 이루어져야 함을 역설했다. 곧 삶이 교육의 목표이자 방법이다.

자유학교에는 1~9학년까지 다니는 프리스쿨과 중학교 마지막 학년인 10학년이 다니는 기숙형 학교인 애프터스쿨이 있다. 프리스쿨의 교육활동으로 아침 모임이 있는데, 노래를 부르거나 학교 정보를 나누면서 공동체의 일원임을 확인하고 여유를 갖는 시간이다.

저학년의 이야기 수업의 경우 신화나 민담을 교과서 없이 이야기를 통해 전달하면서 학생들이 각자의 방식으로 이해하고, 각자의 방식으로 표현하도록 돕는다.

예술수업을 중시하는데 각자의 소질을 찾고 창조하는 교육을 통해 삶을 고양시킬 수 있는 지적인 것과 함께 감성적인 것을 학습하여 성장하는 데 도움을 준다.

학생자치활동의 경우 매점을 학생들이 직접 운영한다. 이러한 자치활동을 통해 자율을 익히고 다른 사람을 배려하는 시민으로서의 자질을 학습한다.

지금까지 공립학교인 프레네 학교와 헬레네랑에 학교, 사립학교인 자유학교의 교육방법과 내용을 개략적으로 살펴봤다. 이 세 학교가 혁신학교 2.0을 위해 시사하는 것은 다음과 같다.

• 철학에 따른 교육과정(내용, 수업, 평가)을 어떻게 가질 것인가?

---

5 https://www.youtube.com/watch?v=vBz9AdV4nkk 동영상 참고

- 교육에서 교사 중심, 학교 중심의 관행을 어떻게 극복할 것인가?

- 학생의 자발성을 중시하는 교육의 관점과 교사의 역할을 어떻게 준비할 것인가?

- 학습과 생활에서 학생들이 주체가 되는 교육과정 편성, 운영을 어떻게 할 것인가?(교과 중심을 벗어난 내용 재구성 방안)

- 학교의 가치나 철학을 반영하는 교육방법과 내용은 어떤 것인가?

- 수업에서 학생의 자발성이 발휘되도록 교실이나 학교의 물리적 환경은 어떻게 마련할 것인가?

- 학교의 가치나 철학에 따른 적절한 평가의 방법과 내용을 어떻게 마련할 것인가?

- 민주주의를 학습하는 학생자치활동을 어떤 방식, 어떤 내용으로 할 것인가?

- 학부모의 참여와 역할은 무엇인가?

- 지역사회가 학생들의 학습 공간으로 어떻게 활용될 수 있는가?

- 교육철학, 방법, 내용의 일관성을 위한 교사연수는 어떻게 할 것인가?

지원체제를 어떻게 할 것인가

한 학교가 가치나 철학을 갖기 위해서는 학부모의 동의와 함께 참여가 필수적이다. 기존의 학교와 교육과정 운영에서 차이가 클수록 학부모들의 불안감이 커질 수 있기 때문이다.

일단 학운위의 역할이 기존과는 달라야 할 것이다. 학운위의 법적 위상은 단위 학교에서 최고의 심의, 자문기관이기 때문이다. 현재 초·중등교육법 제32조의 학운위 기능을 보면 다음과 같다.

1. 학교헌장과 학칙의 제정 또는 개정

2. 학교의 예산안과 결산

3. 학교교육과정의 운영 방법

4. 교과용 도서와 교육 자료의 선정

5. 교복·체육복·졸업앨범 등 학부모 경비 부담 사항

6. 정규 학습시간 종료 후 또는 방학 기간 중의 교육활동 및 수련활동

7. 「교육공무원법」 제29조의3 제8항에 따른 공모 교장의 공모 방법, 임용, 평가 등

8. 「교육공무원법」 제31조 제2항에 따른 초빙교사의 추천

9. 학교운영지원비의 조성·운용 및 사용

10. 학교급식

11. 대학입학 특별전형 중 학교장 추천

12. 학교운동부의 구성·운영

13. 학교운영에 대한 제안 및 건의 사항

14. 그 밖에 대통령령이나 시·도의 조례로 정하는 사항

이 중에서 '1. 학교헌장과 학칙의 제정 또는 개정', '2. 학교의 예산안과 결산', '3. 학교교육과정의 운영방법', '4. 교과용 도서와 교육 자료의 선정' 등은 혁신학교 2.0을 추진할 수 있는 관련 근거가 된다. 학교헌장은 해당 학교의 철학과 교육방법, 내용을 담을 수 있는 중요한 문

서다. 혁신학교 2.0의 철학과 방법, 내용을 이 학교헌장으로 담아내면 되기 때문이다. 그렇다면 학교운영위원들의 전문성이 필요할 것이고, 필요하다면 교육과정소위원회 혹은 학교발전소위원회 등의 이름으로 소위원회를 구성하여 전문성을 확보하는 방법도 좋을 것이다. 특히 위원이나 소위원으로 혁신학교 2.0을 추진하는 데 동참하는 교수나 교육전문가가 함께한다면 좋을 것이다.

또 현재의 기능적인 학운위 운영과 활동에 변화가 필요하다. 우선 민주적 심의, 자문기관으로서 역할을 할 수 있는 학교자치의 활성화가 필요하다. 학운위에 제출할 안건에 대한 교무회의나 학부모회, 학생회의 민주적인 의결기구화가 선행되어야 할 것이다. 이것은 교무회의나 학생회가 법적 지위를 갖고 있느냐의 여부와 관계없이 민주적인 운영이라면 당연히 의결기구의 성격을 갖도록 지원해야 한다. 그런 의지 없이 혁신학교 2.0을 추진할 수 없을 것이다. 교무회의와 학부모회, 학생회의 다양한 안건은 그 자체로 결정되는 것이 아니라 최종적으로 학운위 심의를 통해 조정, 보완될 수밖에 없다. 하지만 이런 시스템을 운영할 수 있는 여건이 성숙되지 않았을 경우, 초기 단계에서는 교무회의의 역할이 소중할 수밖에 없다. 교무회의의 건강한 결정은 당연히 학부모회와 학생회의 동의를 받을 것이고, 학운위에서도 지지가 있을 것이다.

혁신학교 2.0에서는 학운위 활동의 변화가 필요하다. 혁신학교 2.0에 필요한 연수 활동, 학교 전체의 민주적 의견 수렴을 위한 학생, 교직원, 학부모, 지역인사가 함께하는 토론회, 학교자체평가를 위한 활동, 외부 기관, 전문가 초청을 통한 학교 발전 세미나 등도 고려할 수 있다. 그러나 현재 수준에서는 학운위가 이런 역할을 할 준비가 되어 있는 학교가 극소수에 지나지 않을 것이다. 역시 학운위가 이렇게 발전할 수 있도록 교원이 주도적으로 해 나갈 수밖에 없을 것이다.

아무튼 학운위, 학부모회의 자치 기능의 신장은 혁신학교 2.0의 운영을 위해서이기도 하지만, 혁신학교 2.0이 지속 가능할 수 있는 여건을 만드는 데 도움이 된다. 교장이나 교사가 바뀐다고 해서 교육철학이나 방법, 내용이 바뀌지 않도록 할 수 있는 장치이기도 하다.

혁신학교 2.0이 가능하기 위한 우선 조건으로 인사문제가 있다. 지금의 혁신학교도 교장과 교사들의 인사이동 때문에 정체성이 무너지고 있다. 초기 가치를 공유하고 함께 참여했던 교사가 해당 학교에서 전출이 되고, 새로 전입되는 교사가 생기는 가운데 초기의 가치나 방법, 내용의 공유 정도가 희박해졌다. 해당 학교는 그동안의 성과를 바탕으로 질적 성장을 가져오지 못하고 새로 전입한 교사들과 초기에 했던 과정을 다시 해야 하는 어려움이 있다. 이것이 소홀히 되었을 경우 혁신학교 동력은 현저히 약화될 수밖에 없다. 아마 전국적으로 모든 혁신학교가 동일한 과제를 안고 있다고 본다.

혁신학교 2.0을 위해서는 순환근무에 대한 보완이 절대적으로 필요하다. 혁신학교 2.0을 추진하는 학교가 극소수라면 그 학교에 대해서는 순환근무를 적용하지 않아야 한다. 유럽 대부분의 학교가 순환근무 없이 해당 학교에서 오래 근무할 여건이 되기 때문에 철학이나 방법, 내용의 지속이 가능한 것이다.

우리나라에서 학교혁신이 일어날 수 없는 조건 중의 하나가 순환근무다. 교장이나 교사가 2~3년 혹은 5년 정도 근무하고 학교를 옮기기 때문에 단위 학교의 교육력 축적이 불가능한 구조이다. 이런 관점에서 본다면 순환근무는 교사 편의 중심이지 학생이나 학교를 위한 제도가 아니다. 심하게 표현한다면, 우리 교육 혁신의 장애물이다.

혁신학교 2.0에 대한 자율운영을 보장하는 교육행정이 필요하다. 지금도 법적으로는 자율학교는 학교헌장에 따라 운영하게 되어 있다. 학교헌장에 따른 자율운영을 보장하기 위해서는 일반적인 행정 지침을 적용하도록 강요해서는 안 된다. 오히려 학교헌장에 따른 충실한 운영이 되도록 지원해야 할 것이다. 이것은 시도교육청 수준에서도 가능하지만, 교육과정 운영의 자율성을 위해서는 교육부의 지원도 필요하다. 최소한 '제주특별자치도 설치 및 국제자유도시 조성을 위한 특별법 시행령'의 수준이어야 한다. '제주특별자치도 설치 및 국제자유도시 조성을 위한 특별법 시행령' 제31조 자율학교 운영의 특례에서 초, 중학교의 경우 국어, 사회, 도덕의 경우는 20% 증감 운영, 나머지 교과는 총 수업 시간의 1/2 범위에서 자체 내용으로 운영할 수 있다. 이를 위해서 시도교육청과 교육부의 협력이 필요하다.

마지막으로 예산 지원의 문제다. 많은 사람이 혁신학교는 예산 효과이고, 예산이 중단되면 혁신도 중단된다고 지적한다. 그 지적에 일부 동의는 하지만, 그 지적 자체가 정당한 것은 아니라고 본다. 왜냐하면, 우리나라 학교의 예산은 그야말로 기본 운영 경비다, 경직성 경비를 제외하고 교육과정 혹은 프로그램 운영을 위한 경비는 거의 확보할 수 없는 상태다. 우리 교육 재정이 OECD 평균에도 미치지 못하듯이 단위 학교 지원 예산도 그러하다. 제대로 된 교육을 위해서는 단위 학교 예산 증액을 요구해야 한다. 혁신학교나 혁신학교 2.0의 경우 4년만 지원하고 중단하는 것이 아니라 지속 가능해야 하고, 궁극적으로는 모든 학교에 예산 증액이 필요하다. 이 점을 고려하지 않고 예산 없이 교원들의 헌신성에 의지해야 한다는 것은 문제가 있다.

지금까지 혁신학교 2.0에 대한 가치나 철학, 방법, 내용, 지원체제 등을 이야기했다. 이를 바탕으로 혁신학교 1.0과 혁신학교 2.0의 차이점을 정리하면 다음과 같다. 교육부의 정책이 큰 변화가 없다는 전제로 현재의 여건에서 정리한 것이다.

		혁신학교 1.0	혁신학교 2.0
학교의 성격		공교육 정상화 모델학교	혁신학교 모델학교
학교의 가치, 철학		일반적인 교육 가치 추구	학교 자체의 특성화된 가치나 철학 추구
교육과정	교육내용	• 교육과정 재구성 수준, 교과 중심 주간 학습 운영 • 학생 주도의 교육내용 미흡	• 학교의 가치나 철학에 따른 교육내용의 전면 재구성과 교과 중심을 벗어난 주간 학습 운영 • 학생의 자율 기획의 교육내용 강화
	수업	교사 주도하의 부분적 학생 중심	학생 주도와 교사의 조력
	평가	지필, 수행평가	수행평가, 학생 자기 평가 및 협력 평가
학교운영		• 교원 중심, 학교자치 약화 • 학교헌장에 따른 학교 자율 운영 미흡 • 학년, 교사 자율성 미흡	• 학생자치, 학교자치, 학부모 자치 강화 • 학교헌장에 따른 학교 자율운영 보장 • 교육과정 운영의 학년, 교사 자율보장
교육방법		• 학교 차원의 합의된 교육방법 미흡 • 학생의 자발성 유도 미흡	• 학교의 가치나 철학에 맞게 구성원이 합의한 방법 • 학생의 자발성 보장

지원행정	교육청의 학교자율 지원 소극적	학교자율운영 보장을 위한 교육청 차원의 법적 근거 확보
교원인사	• 순환근무 적용 • 제한적 교사 초빙	• 순환근무 적용하지 않음(최소 10~15년 정도) • 교사 초빙 제한 없음
예산지원	지원 예산 있음	지원 예산 있음

닫는 글

혁신학교나 혁신학교 2.0은 지속 가능한가? 이 질문에 자신 있게 대답할 사람은 그리 많지 않을 것 같다. 그 이유는 그동안 우리나라에서 교육개혁을 한다고는 했지만, 정권이 바뀔 때마다 과제, 방법, 내용도 바뀌었기 때문이다. 정권마다 초기에 교육개혁을 한다고 하지만 현장 교원들은 4년만 지나면 끝이라는 걸 경험으로 알고 있다.

전국에서 일어나는 혁신학교 운동은 학교의 변화를 구체적으로 보여주면서 일관성 있는 교육정책이 필요하다는 것을 인식시켜야 한다. 또 혁신학교의 운영 성과를 통해 국가의 교육정책이나 국정운영의 가치나 철학의 변화를 요구하는 사회운동의 성격으로 발전시켜야 한다.

그러나 현실적으로 혁신학교의 지속 가능 여부는 다음과 같은 교육 외적인 문제에 부딪히고 있다. 이 문제들이 우리나라에서 혁신학교만이 아니라 교육혁신을 어렵게 만드는 요인이 된다.

첫째, 우리나라에 사는 사람들의 삶을 규정하는 이데올로기의 문제가 있다. 우리나라에서 살아가는 개인을 규정짓는 것은 반공이데올로기와 성장이데올로기, 이 두 가지라고 생각한다. 반공이데올로기는 우리에게 의식의 지체와 왜곡을 가져왔고, 성장이데올로기는 삶의 가치를 왜곡시켰다고 생각한다. 반공이데올로기와 성장이데올로기가 날과 씨로 엮어지면서 우리의 의식, 우리 사회를 규정해 왔고 이것은 현재 진행형이다.

우리 교육의 크고 작은 문제 역시 크게 봐서 이 두 가지 이데올로기에서 비롯되었고 5·31 교육개혁은 이 문제를 성찰하지 못하고 신자유주의 이념을 기반으로 오히려 악화시킨 결과를 낳았다. 5·31 교육개혁의 성격을 단순하게 정리한다면 교육 분야의 일정하게 절차적 민주주의를 신장하면서 신자유주의 이념을 기반으로 한 경쟁과 효율 추구라고 말할 수 있다.

5·31 교육개혁은 87년 체제의 교육 부문 산물이며, 87년 체제가 정치적인 절차적 민주주의 신장은 가져왔지만 사회경제적인 내용적 민주주의를 확보하지 못한 한계처럼 5·31 교육개혁도 그 한계를 안고 있다. 그러니까 내용적 민주주의의 진전을 위해 반공이데올로기와 성장이데올로기 성찰이 필요하며, 이것이 없는 한 우리 교육의 본질적인 변화는 더딜 수밖에 없을 것이다.

혁신학교는 교육운동이면서 사회운동으로 나아가야 한다. 이것은 프레네 학교나 자유학교도 그러했다. 혁신학교는 바로 이런 관점을 지속할 주체가 있는가의 문제, 주체가 성장할 수 있는 사회적 여건이 중요할 것이다.

둘째, 대통령 선거 결과에 따른 정권의 성격이다. 혁신학교는 이명박, 박근혜 정권에 걸쳐 진행되고 있다. 그러나 두 정권의 교육부는 혁신학교를 공개적으로 검토하지 않았다. 이러한 태도는 열린교육 때 보인 교육부의 반응과는 현저하게 다르다. 열린교육처럼 교육부가 개입해서 교원들의 자발성을 훼손한다는 우려에서 반응하지 않은 것이 아니라 정치적인 이유다. 진보 교육감들이 하는 것이니 지원은커녕 갈등을 조장하는 측면도 있다.

전국에서 자발적으로 이루어지는 혁신학교 운동에 교육부가 지원해야 할 일은 무척 많고, 지원할 경우 우리 교육의 혁신에 많은 기여가 가능하다. 그러나 오히려 외면하거나 자유학기제 등을 전국적으로 실시하면서 혁신학교의 영향력을 희석하려는 태도를 보였다.

자유학기제 도입 취지나 일부 내용은 긍정적으로 볼 수 있다. 문제는 자유학기제와 같은 성격이 초·중등교육 전 과정을 통해 강조되어야 할 사항으로 한 학기로 규정하는 것은 본질적인 처방이 아니다. 기존의 혁신학교가 그러한 취지로 운영되는 학교라는 것을 이해했다면 혁신학교의 전국화를 통해 정책을 추진하는 것이 바람직했다.

정권이 혁신학교를 지원하여 우리나라 학교혁신을 위한 중요한 계기로 삼지 않는 한 혁신학교의 질적 성장과 확산은 일정한 한계를 가질 수 있다. 따라서 대통령 선거 결과에 따른 교육정책의 변화는 혁신학교의 지속 가능성이나 성장에 매우 중요한 요소가 된다.

셋째, 우리 사회의 학력 간 임금 격차를 줄여야 한다. 우리나라는 1995년의 대학진학률이 41%였는데 2011년에는 82%까지 상승했다. 2015년 기준으로는 약 68%로 떨어진 상태다. 고등학생의 대학진학률은 세계 최고 수준이다. 그러나 대학까지 사실상 무상교육을 실시하는 독일의 대학진학률은 40%, 유럽 평균은 약 45%, 일본도 약 50% 정도다. 그러나 우리의 경우 진학률이 높은 것은 대학 졸업장이 고임금을 보장하고, 정규직을 보장받는다는 생각에서 그렇다.

2011년에 통계청이 발표한 경제활동인구조사 결과에서 학력이 낮을수록 비정규직 종사자 비율이 높았다. 학력별 비정규직 비율은 고졸이 58.2%, 중졸 이하가 78.3%, 초졸 이하가 86.4%다. 그러나 대졸자의 비정규직 비율은 26.9% 정도였다.

외국의 경우 대학진학률이 낮은 것은 학력 간 임금 격차가 적고, 사회보장제도가 잘 갖춰졌기 때문이다. 몇 년 전 이탈리아에 갔을 때다. 동행한 어느 교사가 가이드에게 이탈리아에서 인기 있는 직업을 물었다. 아마도 우리의 경우 판·검사, 의사, 교수 등을 들듯이 이탈리아에서는 어떤 직업을 선호하는가를 알고 싶었을 것이다. 그러나 가이드의 대답은 그 질문을 이탈리아 사람들이 이해하지 못할 것이라고 했다. 왜냐하면 이탈리아 사람들은 직업에 귀천이 없고, 무슨 직업이든 소중하게 생각한다는 것이다. 그리고 학력 간 임금 격차가 적기 때문에 자신이 무슨 일을 얼마나 소중히 생각하고 열심히 하는가를 중요하게 여긴다고 대답했다. 사실 이러한 사고는 유럽에서는 일반적이다. 이런 이유로 자기가 태어난 곳에서 초, 중등 시절을 보내고 그 지역의 대학을 간다고 했다. 출신 대학은 졸업 후 직장 선택에 그리 중요하지 않다고 했다. 서울에 있는 소위 일류 대학으로 집중하는 우리와는 다르다.

이것을 생각하면 우리 교육이 교육의 본질을 찾기 위해서는 학력 간 임금 격차 해소 없이는 어렵다는 판단이다. 그동안 대학입시가 여러 번 바뀌었지만, 초, 중등교육을 정상화할 수 없었던 이유 중의 하나가 학력 간 임금 격차였던 것이다. 학력 간 임금 격차가 존속하는 한 혁신학교도 전국적으로 일반화되기는 어려울 것이다. 현재의 혁신학교가 공교육 정상화 수준인데도 그러한데 혁신학교 2.0은 말할 것도 없을 것이다.

넷째, 우리나라의 경제위기설의 현실화와 인구절벽의 문제다. 많은 사람이 2018년을 전후하여 우리나라에 국내외의 경제 여건 악화로 경제위기가 닥칠 것이라고 예상한다. 미국의 금리인상 이후에 전개될 우리의 금리인상, 2016년 말 기준 1,300조 원이 넘는 가계부채와 부동산 거래절벽, 중국과 유럽의 경기 침체에 따른 우리나라 경기 침체, 조선, 해운, 건설회사의 파산과 전자산업의 위기 등 우울한 전망을 내놓고 있다.

우리나라의 경우 인구절벽을 2018년으로 예상하고 있는데, 경제적으로는 소비절벽을 가져올 것이고, 교육적으로는 교육재정, 소규모 학교의 통폐합, 교원수급 문제 등과 맞물려 있다. 경제위기가 현실화될 경우 그 위기를 빌미로 교육 분야의 급격한 구조조정이 예상된다.

IMF 사태 당시 교원의 정년단축, 연금법 개정, 명예퇴직 유도, 학교 예산 감축 등의 조치가 있었다. 또다시 경제위기가 현실화될 경우 교원의 지위나 복지, 학교 예산은 물론 학생들은 가정의 해체에 따른 수많은 부작용이 우려된다. 이런 조건에서 혁신학교에 집중할 수 있는 여건이 마련되기는 어려울 것이다.

앞서 제기한 문제 외에도 혁신학교가 가야 할 길은 멀고 장애도 많을 것이다. 열린교육은 교원의 자발성이 집단적으로 발휘된 사례였다. 약

20년이 지나 다시 혁신학교를 통해 교원의 집단적인 자발성이 발휘되고 있다. 이 혁신학교 운동이 열린교육처럼 현장에서 한때의 유행처럼 지나간다면 또 얼마의 시간을 보내야 교원들의 집단적인 자발성을 맞이하게 될까? 이 생각에 이르면 정말 암담하다. 하지만 지금까지 그랬듯이 일부의 교원이라도 건강한 교육에 대한 꿈을 꾼다면 부침은 있더라도 지속하기 위한 몸부림은 계속될 것으로 믿는다.

덧붙이는 글

이 책이 나오면 몇 달 뒤에 40년간 머물렀던 교단을 떠나게 된다. 현재 남양주 조안초에서 교직의 마지막 생활을 하고 싶었던 것은 어쩌면 회귀본능일 수 있다. 내가 태어난 곳이 낙동강 가 마을이었고, 교사로 정식 발령을 받아 처음 근무한 곳도 낙동강 가에 있는 학교였다. 교직의 마지막을 북한강 가에 있는 작은 학교에서 보내고 싶었는데 마침 조안초등학교에서 4년 전 공모가 있었다. 떠나는 날 내 마지막 모습을 상상하면서 생활을 했는데, 이제 그 순간이 다가왔다.

이 책의 많은 내용은 교직 생활에서 내가 직접 했던 일을 중심으로 적은 것이다. 교직 생활의 흔적을 정리한 내용으로 어쩌면 지극히 작은 일이거나 별 의미가 없을지는 모르나 기록으로 남기는 것도 좋다는 생각이다. 그 이유는 앞으로 학교혁신은 계속될 것이고, 그 과정에서 수많은 실천 기록이 정리된다면 그것 역시 우리 교육의 작은 자산이 될 것이기 때문이다. 실제로 혁신학교가 추진되면서 많은 분들의 소중한 기록이 책으로 나오고 있다. 나는 그것이 무척 소중하다고 생각하며, 체계적으로 정리가 되었으면 하는 기대가 있다.

내가 쓴 내용은 주로 학급, 학교, 교육청에서 일하면서 실천한 것이나 사업들이어서 어쩌면 건조할 수 있다. 그러니까 '무엇인가' 혹은 '무엇을 했는가' 중심이어서 '어떻게 할 것인가'라는 내용이 부족하다는 생각이 든다. 그것을 좀 보태고 싶어서 덧붙이는 글을 쓴다.

교사의 성장은 어떻게 가능한가

많은 교원이 '교원들은 변화를 싫어한다'라고 말한다. 변화를 싫어하는 것은 교원뿐만 아니겠지만, 내 경험으로 볼 때 그리 틀린 말은 아니다. 수십 년간 교실에서 아이들과 생활하면서 교사는 자기 나름의 방식과 태도를 갖는다. 또 교실이란 공간은 자기 방식과 태도가 반복되어 체화되는 곳이다. 학교는 어디나 비슷하겠지만, 이질적인 사람들이 모여 분산된 업무를 수행하면서 유지하는 행정적인 공간이다.

교육에는 수많은 이론이 있다. 하지만 교실에서는 수많은 이론을 몰라도 교육의 초보적인 활동이 이루어지는 데 큰 무리가 없다. 그것은 교과서를 매개로 하여 가르치는 일이다. 이런 생활의 반복으로 10년, 20년을 생활하면서 자기 방식과 태도가 고착되고, 그것을 벗어나는 일이 그리 간단한 것이 아니다. 이 자기 방식과 태도를 부정적으로 말하면 아집이고, 긍정적으로 말하면 교사의 주관일 것이다.

이렇게 형성된 자기 방식과 태도의 변화를 가져오는 가치나 정책은 한 교사의 교직 생활에서 학습된 모든 것을 변화시키는 일이어서 쉽게 수용되지 않는다. 그것을 혁신학교가 추진되는 과정에서 많이 보고 있다. 예를 들어 '혁신이 가능한가? 그것 또한 시간이 지나면 혁신의 대상이 아닌가?' '그것만이 전부가 아니지 않은가? 여러 방법 중의 하나일 뿐이다' '교육은 하루아침에 변하는 것이 아니다. 지금까지 교육은 모두 나쁜 것이었나?' '교육과정 재구성을 이야기하지만, 우리가 교과서보다 더 잘 구성할 수 있는가? 교과서대로 가르치는 것이 무슨 문제가 있는가?' 등의 말들이 그것이다.

혁신학교를 운영하면서 많은 교원이 '교사의 성장'을 이야기한다. 교사의 성장은 앞에서 말한 자기 방식과 태도의 변화가 일어날 때 가능할 것이다. 내가 만난 선생님 중에 이런 분들이 있었다. 한 분은 어느 학교에 가든지 사고를 치는 교사였다. 주로 동료나 학부모와 폭력 시비 때문에 교사의 품위를 손상했다는 이유로 징계를 받아 오지 학교로 떠돌았다. 그러다 보니 벽지 점수가 많아서 의도하지 않은 교감 승진을 하게 되었다. 그런데 교감 승진 이후에는 모든 교사가 존경할 정도로 전혀 딴사람이 되었다. 이분은 교사 시절에 동료와 어울리지 못하고, 자기 방식 이외의 지적에 대해서는 동료든, 학부모든 감정 대립을 가져올 정도였다. 교감이 된 이후, 학교에는 자기와 비슷한 경우의 사람이 많다는 것을 경험했고, 그런 분들이 무엇을 요구하는지 자기 경험으로 잘 알기 때문에 사전에 예방이 가능했다. 미리 그런 교사들에게 다가가서 대화를 하고, 공감을 하는 과정에서 아주 훌륭한 교감이라는 칭찬을 받게 되었다.

이분의 경우는 부정적인 경험이 자산이 되어 교감으로 승진하였고, 그런 다른 환경이 계기가 되어 자신과 같은 주변 동료를 설득하는 역할을 한 셈이다. 자기 요구가 자신의 관심에서 벗어나 동료에 대한 관심으로 높아진 것이다. 한 개인의 자기 요구는 자발성 혹은 자주성의 다른 이름일 것이다.

또 이런 분도 있었다. 이분은 무척 이기적인 교사였다. 교실에서 할 일이 끝나면 거의 모든 시간을 취미 생활인 분재에 몰두했다. 산골 학교에 다니면서 수업이 끝난 오후에는 분재할 나무를 찾아서 이 산, 저 산을 찾아다녔다. 그렇게 모은 분재 여러 개를 환경 정리용으로 교실에 두기도 했다. 어느 날, 장학사가 분재가 여럿 있는 그분의 교실을 보고 극찬을 했다. 나중에는 분재를 이용한 교실 환경 구성을 주제로 한 연구보고서가 입상을 했고, 이후 생물 분야에서 다양한 실천 사례를 내기도 했다. 한 걸음 더 나아가 과학 교과 지도에 관심을 갖게 되었고, 그 분야에서도 여러 우수 사례도 냈다. 이 분의 경우는 개인의 취미에 지나지 않던 일이 교과 지도로 자기 요구가 확장된 사례이다.

보기로 든 두 분의 경우 말고도 우리는 주변에서 다양한 경로로 성장하는 교사를 많이 보고 있다. 사람은 시간과 공간과의 결합 속에서 변화를 겪게 된다. 시간이란 것은 한 교사가 걸어가는 시간, 경험의 시간일 수 있다. 공간이란 것은 한 개인을 둘러싸고 있는 사람이나 조직, 문화 등일 것이다. 취미 생활인 분재에서 과학 교과 지도로 자기 요구가 성장한 교사에게는 어느 장학사의 칭찬과 안내가 성장의 계기가 되었다.

앞서 말했듯이 교실이란 공간 속에 갇혀 자기 방식과 태도가 체화된 상태에서 교사의 성장은 그리 쉬운 일은 아니다. 한 교사에게 일생의 교직 생활 중에 성장의 계기는 많지 않을 것이다. 개인의 경험으로 얻는 특수한 경우 말고 영향을 줄 수 있는 상황은 쉽게 주어지지 않는다. 그러나 지금은 교원을 둘러싼 공간적인 상황으로 혁신학교가 있기 때문에 성장의 계기가 될 여건이 어느 정도 마련되어 있다. 실제로 혁신학교가 추진되는 과정에서 많은 교사가 급격한 성장을 하는 경우를 많이 봤다. 교사의 집단적인 성장의 계기를 주고 있다는 점이 혁신학교가 갖는 또 하나의 의의가 될 것이다.

내 경우도 돌이켜 보면 내가 성장할 수 있는 계기는 전교조와 전교조를 통해 만난 소중한 사람이었다. 개인적 관심에서 사회적 관심, 개인적으로 시를 쓰는 일을 넘어 여러 사람을 위한 문학운동을 할 수 있었던 것도 거기서 나왔다. 교육에 대한 관심도 교실의 수업을 넘어, 교육과정, 교육정책으로 확장할 수 있었던 공간을 그렇게 만났던 것이다. 내가 그렇듯이 다른 수많은 동료도 여건과 계기가 주어진다면 성장 혹은 변화를 이룰 수 있다고 믿었다. 혁신학교나 교육개혁에 부정적인 분들도 시간과 공간 속에서 내가 줄 수 있는 작은 도움이 더해진다면 성장할 수 있다고 생각했다. 이 책에 나오는 여러 일을 하면서 내가 놓지 않으려고 애썼던 생각이다.

교육은 운동이다

운동이란 말의 사전적 정의는 '사회 안에서 어떤 목적을 이루고자 하는 조직적인 활동'이다. 교육은 교실이나 학교, 학교 바깥에서 이루어지든 간에 목적이 있고, 그 목적을 위해서는 조직적인 활동이 있게 마련이다. 조직적인 활동의 주체는 사람이고, 운동에서 무엇보다 소중한 것은 그 주체인 사람이다. 그러니까 삶의 주체로 서도록 서로에게 변화의 계기를 주는 것이 운동의 중요한 요소일 것이다.

운동과 행정이 다른 것은 사람에 따라 구체적인 이해를 하고, 사람의 변화를 가져오는가의 차이라고 생각한다. 예를 들어, 행정 행위의 대표적인 예는 공문이다. 아무리 좋은 공문을 학교로 보내도 여건을 부분적으로 조성하는 기여는 할 수 있지만, 혁신이 이루어지는 것은 아니다. 공문은 많은 교원의 다양한 이해를 고려하지 않고 획일적으로 시행하길 바라는 행정 행위이다. 그래서 사람의 변화를 가져올 수 있는 힘은 거의 없다.

그러나 운동의 관점은 다양한 성장 경로를 갖고 있는 사람에 대한 이해와 함께 그 사람에게 적절한 역할을 주는 것이다. 한 사람이 성장하면서 혁신에 기여하게 된다. 그것이 비록 시간이 소요될지라도 어느 순간에 이르면 상당한 힘으로 전개될 수 있다. 그러나 교육청은 행정은 있되 운동은 없다. 이것을 극복하기 위한 노력이 혁신학교를 추진하면서 진행되었다. 곧 행정과 운동의 결합이 초기 혁신학교를 추진하면서 전개되었던 것이다.

공문에 의해, 행정 행위에 의해 이루어지는 대표적인 사업이 연구학교였다. 그 연구학교를 통해 교원이 성장하는 경우는 거의 없다. 하지만 혁신학교는 교원을 주체로 세우고, 교원의 성장을 통해 학교혁신을 이루려는 시도다. 따라서 변화의 폭이 크고, 지속력을 갖는다. 혁신학교를 추진하면서 연구학교를 없애려는 의미도 이런 것 때문이었다.

교육의 본질적인 속성은 운동이라고 생각한다. 교실에서 아이들을 가르치는 것도 예외는 아니다. 수업을 할 때 행정 공문과 같은 교과서를 가지고 아이들에게 학습내용을 획일적으로 전달한다면 거기서 어떤 교육적 효과를 얻을 수 있을까? 보다 적극적인 수업은, 이미 많은 교사들이 교사가 되기 전에 교·사대에서 배웠듯이 아이들 개개인의 처지를 고려하여 학습을 보다 개별화하고, 학습 의욕을 갖도록 아이마다 서로 다른 개성이나 환경 등을 이해하고 배려할 때 교육적 효과가 있다. 그것이 진정한 교사의 역할이라는 것도 잘 알고 있다. 이것은 운동의 관점이나 다름없다.

교육부나 시도교육청, 지역교육청, 단위 학교 내에서 장학지도도 운동의 관점에서 바라볼 때 올바른 역할을 할 수 있다. 장학의 사전적 정의는 '교육활동의 계획연구·행정관리·학습지도·생활지도를 포함하는 여러 영역에 걸친 일련의 봉사활동이며, 교사와 학생이 자기 성장을 이룩할 수 있도록 조장하고 유도하는 학교 행정 당국자들의 체계적이고도 지속적인 노력의 총체'라고 되어 있다. 여기서 '자기 성장을 이룩할 수 있도록 조장하고, 유도하는 체계적이고, 지속적인 노력'이란 말에 유의한다면, 앞서 말한 운동의 의미이지 행정 행위를 의미하는 것은 아니다. 일부 시도교육청에서 장학사 선발 방법을 개선하기도 하는데, 장학사들은 무엇보다도 사람은 어떻게 변할 수 있는가, 운동이란 무엇인가에 대한 철저한 이해가 없으면 장학의 본질을 달성할 수 없으며 단지 주어진 업무를 수행하는 사무 담당자에 지나지 않는다.

우리가 지역교육청을 현장을 지원하는 지원센터로 개편해야 한다고 주장하는 것은 바로 이런 운동의 관점에서 장학을 하도록 해서 교원의 변화, 현장의 변화를 유도하기 위함이다. 그렇지 않다면 지원센터로 변화된다 해도 업무 지원이라는 기능적인 역할에 그칠 것이다.

혁신학교 초기에 많은 변화가 요즘 들어서는 다소 답보 상태라는 이야기를 많이 듣는다. 물론 여건의 변화가 있지만, 기본적으로 운동성의 약화에 이유가 있다고 본다. 그리고 혁신학교가 여기까지 온 것은 행정의 힘, 장학진의 기여도 있었지만, 보다 중요한 원동력은 운동의 관점에서 혁신학교를 추진한 교원들이었다고 본다.

앞으로 혁신학교거나 교육혁신이거나 그것을 제대로 추진하기 위해서는 운동의 관점에 철저하지 않으면 지속 가능성의 힘은 약화될 것이고, 일정한 성과를 얻기 어려울 것 같다는 생각이다.

교육은 사회변화에 기여한다

광화문 광장 촛불집회에 초, 중, 고등학생들이 눈에 띄게 많이 참석했다. 이들은 학교에서 부정과 불의를 보면 사회적인 의사 표현을 해야 한다는 것을 배우지 않았다. 오히려 학교나 교사로부터 촛불집회 같은 불온한 집회에는 참여하지 말라는 지도를 받았을 것이다. 그런데도 수많은 학생이 혼자 혹은 친구끼리, 가족과 함께 참석했다. 학교에서 제대로 가르치지 못하는 시민교육을 광장에서 학습하고 있다.

2차 촛불집회 때였다. 종로1가 부근에서 중, 고등학생들이 집회를 마무리하면서 발언이 이어지고 있었다. 그때 발언한 어느 여중학생의 말이 아직도 귓가에 쟁쟁거린다.

"우리에게 꿈같은 나라를 만들어 달라는 것이 아니다. 우리가 꿈꿀 수 있는 나라를 만들어 달라."

이 학생의 이야기를 들으면서 아이들이 꿈꿀 수 있는 나라를 만드는 데 교육은 무엇을 할 수 있을까? 지금까지 교육은 아이들에게 무엇이었나? 아이들이 꿈꿀 수 있는 나라를 국가나 정치가 만들 수 있을까?

그렇다면, 지금까지 국가나 정치는 오늘 왜 이 지경까지 오게 되었나? 등의 질문이 떠올랐다.

『학교는 죽었다』의 저자인 라이머는 학교를 살리는 길은 전체 사회의 광범위한 변화 없이는 불가능하다고 말했다. 그렇지만 사회의 다른 분야가 변하면 교육도 변혁되리라고 기대해서는 소용없다면서 사회의 근본적인 힘이 될 수 있는 진정한 교육의 중요성을 강조했다. 이 말은 교육 분야만이 아니라 국가사회의 어느 분야에도 해당되는 말일 것이다. 전체 사회의 변화와 함께 교육의 변화가 이루어진다면 더없이 좋을 것이다. 그렇게 된다면 교육이 우리 사회의 변화에 기여할 수 있는 적극적인 역할을 하는 데 날개를 달 것이다.

좀 다른 성격이기는 하지만, 그동안 경제발전에 우리 교육이 큰 기여를 했다고 말하는 것도 교육이 사회 발전에 기여한다는 것을 부분적으로 말하는 것이다. 무엇보다도 학교 교육을 통해 산업 인력을 양성했고, 그것이 경제 발전에 기여한 것으로 보는 것이다. 그런데 진보 교육감이 등장하면서 교육이 새롭게 사회변화에 기여하는 모습을 봤다. 김상곤 교육감의 무상급식 정책이 2012년 대선에서 무상교육을 포함한 사회복지 차원의 정책에 영향을 준 것이 그것이다. 최근에 청년수당이나 기본소득 논의 역시 그 연장선에 있다고 봐도 큰 무리는 없을 것이다.

교육이 사회변화에 기여할 수 있는 가장 중요한 역할은 지속 가능한 민주공화국을 위한 시민 양성일 것이다. 그러나 지금 우리 교육은 시민을 기르는 데 두려움을 갖고 있다. 정권은 지속 가능한 민주공화국에 관심을 갖는 것이 아니라 지속 가능한 정권 창출에 관심을 갖고 있다. 그래서 비판적 사고를 통해 스스로 행동하는 시민을 기르는 교육이 불편한 것이 된다. 지금까지 우리 교육 이념은 민주시민을 기르는 것이었지만, 그동안 제대로 된 시민교육이 없다는 점, 최근 역사 교과서를 국정 교과서로 하겠다는 발상 등이 그 증거다.

혁신학교 혹은 우리 교육에서 내용적으로 가장 중요한 것을 말하라면 나는 주저 없이 제대로 된 시민교육을 들겠다. 정권과 관계없이 삶의 질을 위해, 지속 가능한 민주공화국을 위해 국민적 합의에 의해 추진해야 할 일이다. 이것이 세월호 이후의 교육, 100만 촛불이 말하는 교육일 것이며 우리 사회의 내일을 건설하는 주춧돌일 것이다. 라이머의 말처럼 전체 사회의 변화 없이 교육의 변화를 기대하는 것은 어렵지만, 그렇다고 교육이 사회변화에 기여할 수 없는 것은 아니다. 제한된 여건 속에서라도 사회변화 기여한다는 관점을 갖는 것은 우리 교육의 힘, 우리 삶의 내일을 위한 희망의 근거가 될 것이다.

30시간 2학점 원격연수

함께 만들어가는 학교

[학교혁신]
학교를 변화시키는 초등사례

전국 7개 **새로운 학교의 철학과 교육과정, 수업의 노하우와 현장의 목소리**를 담았습니다.

전국교직원노동조합과 함께 만들었습니다.
http://www.eduhope.net

참여교사 거산초등학교 복준수, 장종천, 최은희, 한진희 / 구름산초등학교 고은정, 김은숙, 김은혜, 양영희, 진정아, 홍명희
보평초등학교 서길원 교장, 하승대 / 백원초등학교 김현정, 서근원 교수님, 최진열
상주남부초등학교 김주영, 백미연, 이용운, 전종태, 조용기 교수님 / 송산초등학교 김현진, 오선영 / 조현초등학교 이중현 교장, 박성만

30시간 2학점 원격연수

함께 만들어가는 학교

[학교혁신]
학교를 변화시키는 중등사례

전국 6개 새로운 학교의 철학과 교육과정, 수업의 노하우와 현장의 목소리를 담았습니다.

전국교직원노동조합과 함께 만들었습니다.

http://www.eduhope.net

참여교사 수완중학교 김혁순 교장, 강구, 김치원, 정성홍, 표남수, 현병순 / 장곡중학교 김미경, 문경일, 박현숙, 백원석, 이경숙, 이정민
호평중학교 강범식 교장, 김은시, 김희진, 이경하, 정현숙, 황연이 / 홍동중학교 이정로 교장, 노경수, 남동원, 민병성, 박신자, 방인성, 안은자
회현중학교 이향근 교장, 이경자, 양은희, 정영수 / 흥덕고등학교 이범희 교장, 김주영, 김문겸, 이만주